高职高专交通运输管理类系列教材

道路交通法规

第 3 版

主　编　曾宪培
副主编　薛　林　柴英华
　　　　　　毛晓辉

机械工业出版社

本书共分为4部分，共11章，主要内容为公路管理法规、道路运输管理法规、道路交通安全管理法规、道路交通行政处罚管理法规。章末附有案例分析和复习思考题。

本书是"高职高专交通运输管理类规划教材"之一，可作为大专院校交通运输管理、道路交通行政管理、道路交通安全管理、高速公路管理等专业师生的教材和参考用书，也可以作为各类交通行政机关和交通运输企业管理人员的学习参考书和培训教材。

为方便教学，本书配备了电子课件等教学资源。凡选用本书作为教材的教师均可登录机械工业出版社教育服务网www.cmpedu.com免费下载。如有问题请致电010-88379375，QQ：945379158。

图书在版编目（CIP）数据

道路交通法规/曾宪培主编．—3版．—北京：机械工业出版社，2018.7（2023.6重印）

高职高专交通运输管理类系列教材

ISBN 978-7-111-59894-7

Ⅰ．①道… Ⅱ．①曾… Ⅲ．①道路交通安全法—中国—高等职业教育—教材 Ⅳ．①D922.14

中国版本图书馆CIP数据核字（2018）第092912号

机械工业出版社（北京市百万庄大街22号 邮政编码100037）
策划编辑：孔文梅 责任编辑：孔文梅 乔 晨
责任校对：佟瑞鑫 陈 越 封面设计：鞠 杨
责任印制：郜 敏
北京富资园科技发展有限公司印刷
2023年6月第3版第6次印刷
184mm×260mm・14.5印张・354千字
标准书号：ISBN 978-7-111-59894-7
定价：45.00元

电话服务 网络服务
客服电话：010-88361066 机 工 官 网：www.cmpbook.com
　　　　　010-88379833 机 工 官 博：weibo.com/cmp1952
　　　　　010-68326294 金 书 网：www.golden-book.com
封底无防伪标均为盗版 机工教育服务网：www.cmpedu.com

前言 PREFACE

道路交通法规是法学的一个重要分支，它由公路管理法规、道路运输管理法规、道路交通安全管理法规、道路交通行政处罚法规等内容组成。道路交通法规既非行政法所能涵盖，又非民法、经济法所能穷尽，它是集行政法、民法、经济法等为一体的，是调整道路交通关系的法律规范的总称。

改革开放以来，我国道路交通迅速发展，对经济、社会发展发挥了重要的推动作用。但从总体上看，我国的道路交通发展与经济、社会发展的要求仍然不相适应，公路管理水平低下，道路运输管理混乱，道路交通安全形势严峻，城市道路拥堵问题日趋严重，在一定程度上制约了经济、社会的进一步发展和人民生活水平的提高。主要表现在：

（1）道路交通安全形势十分严峻，道路交通事故多年持续上升。中国是世界上交通事故死亡人数最多的国家之一。2016年，中国的道路交通事故死亡人数约为40 824人，与2015年的36 178人相比，增加了4 646人。而2016年日本全国因交通事故死亡的人数为3 904人。因此我国在道路交通安全方面与发达国家还有相当大的差距，这种差距体现在许多方面，包括：交通法规制定和执行力度、驾驶人员安全意识和道德素质、事故发生后的自救互救能力、社会的救援体系建设等，这些都能够预防和挽救交通事故带来的死亡。

（2）道路交通拥堵问题严重。全国667个城市中，约有2/3的城市交通高峰时段主干道机动车车速下降，出现拥堵。一些大中城市更是交通拥堵严重，交通环境脆弱，路网通行效率低下，主、次干道车流缓慢，常发生大面积、长时间的拥堵，居民出行时间和交通运输成本明显增加。

（3）公路建设迅猛发展。截至2017年年底，我国公路通车总里程达到477万公里，其中高速公路达到13.6万公里。农村公路布局更加优化，99%以上的乡镇和建制村通公路，98%以上的乡镇和94%以上的建制村通沥青水泥路，实现了由"树状网络"向"网格化网络"的重大进步。但公路管理水平普遍较低，各级政府领导和社会群众对公路管理的重要性认识不够，任意破坏公路的现象相当严重且相当普遍。

（4）交通供需矛盾日益加剧。2015年，全国城市人均道路面积约为15.6平方米，远远低于发达国家人均25平方米的水平。36个大城市百辆车停车位不足20%，城市中心区停车困难。随着客、货运量和机动车保有量的增长，道路建设和安全管理设施远远满足不了形势发展的需要，这是导致交通事故发生概率增加，道路拥堵明显增多的一个重要原因。

（5）违反交通法规的现象十分普遍，交通秩序不好。国民的整体交通法律意识、交通安全意识和交通文明意识不够，道路通行秩序差。交通事故原因中，超速行驶，酒后驾驶，逆向行驶，闯红灯，不按规定超车、会车这五项违法行为导致的事故占较大比重。其中超速行驶和酒后驾驶导致的交通事故占到总数的一半以上；其他的交通事故包括疲劳驾驶、肇事逃逸、车辆事故等。违法通行、交通秩序混乱是影响通行效率、造成交通拥堵、危害交通安全、导致交通事故的直接原因。

（6）政府管理道路交通的整体水平不高。现有道路资源开发利用率不高，管理水平偏低，科技含量少。管理队伍人员素质不高，全国还没有完全形成各有关部门参与、全社会联动的道路交通管理的整体合力。

上述问题，归根结底，与道路交通法规教育有着直接关系。编者一直在交通院校从事交通法规的教学和研究工作，也有丰富的道路交通管理实践经验，深感道路交通法规至关重要，加强道路交通法规教育势在必行。本书为道路交通管理者、道路交通参与者、道路交通经营者、道路交通理论研究者和广大学生等提供了一种既具理论性，又具较强实用性的道路交通法规学习参考方式，希望对我国的道路交通法规教育有所裨益。

本书由广东交通职业技术学院曾宪培任主编，湖北交通职业技术学院薛林、天津交通职业技术学院柴英华、山西交通职业技术学院毛晓辉任副主编，广东交通职业技术学院吴毅洲、陈鹏、蔡远璐参与了本书的编写工作。湖北交通职业技术学院朱新民副教授负责全书的审定工作，对全书的编写提出了大量有参考价值的意见与建议。

曾宪培编写本书第一章、第三章、第八章、第九章（第一节、第二节、第三节），吴毅洲、蔡远璐编写第二章，陈鹏编写第四章，薛林编写第五章、第六章、第七章，毛晓辉编写第九章（第四节、第五节、第六节），柴英华编写第十章、第十一章。曾宪培负责全书的总体策划和结构设计。

本书在编写过程中参考了大量的书籍、文献、论文等，作者已尽可能地在参考文献中详细列出，在此对这些专家、学者表示衷心的谢意。可能有的引证参考资料由于疏忽或其他原因没有列出出处，在此表示十分的歉意。在这里由衷地感谢辽宁交通高等专科学校刘兴彬教授、广东交通职业技术学院阎子刚副教授和相关学校无私的支持和帮助。

道路交通法规时间性强，随着时间的推移还有可能发生变化。由于水平有限、时间仓促，作者的研究还不够深入，因此书中难免存在缺点和错误，在此恳请广大读者提出宝贵的意见和建议，并指正。

编　者

CONTENT 目录

前言

第一章　绪论 // 1

第一部分　公路管理法规

第二章　中华人民共和国公路法 // 6

第一节　概述 // 6
第二节　公路规划的法律制度 // 11
第三节　公路建设的法律制度 // 14
第四节　公路养护的法律制度 // 33
第五节　路政管理的法律制度 // 36
第六节　收费公路及其法律规定 // 38
案例分析 // 40
复习思考题 // 42

第二部分　道路运输管理法规

第三章　中华人民共和国道路运输条例 // 44

第一节　概述 // 44
第二节　道路运输经营 // 46
第三节　道路运输相关业务 // 49
第四节　国际道路运输 // 56
第五节　执法监督 // 59
第六节　法律责任 // 60
案例分析 // 62
复习思考题 // 65

第四章　道路旅客运输及客运站管理规定 // 66

第一节　概述 // 66
第二节　经营许可 // 67
第三节　客运车辆管理 // 77
第四节　客运经营管理 // 80
第五节　客运站经营 // 87
案例分析 // 91
复习思考题 // 95

第五章　道路货物运输及站（场）管理规定 // 96

第一节　概述 // 96
第二节　经营许可 // 98
第三节　货运经营管理 // 101
第四节　货运站经营 // 104
第五节　危险货物运输管理 // 105
案例分析 // 109
复习思考题 // 111

第六章　公路运输合同 // 112

第一节　概述 // 112
第二节　汽车货物运输合同 // 117

第三节　汽车旅客运输合同 // 127　　　　案例分析 // 136
　　第四节　承揽运送人与承揽合同 // 132　　复习思考题 // 137

第三部分　道路交通安全管理法规

第七章　道路交通安全法 // 140

　　第一节　总则 // 140　　　　　　　　　第六节　法律监督 // 164
　　第二节　车辆和驾驶人 // 144　　　　　第七节　法律责任 // 165
　　第三节　道路通行条件 // 152　　　　　案例分析 // 167
　　第四节　道路通行规定 // 154　　　　　复习思考题 // 168
　　第五节　交通事故处理 // 159

第八章　机动车辆保险与交通事故理赔 // 169

　　第一节　保险知识简介 // 169　　　　　案例分析 // 190
　　第二节　机动车辆保险条款解释 // 177　复习思考题 // 191
　　第三节　交通事故赔偿标准 // 188

第四部分　道路交通行政处罚管理法规

第九章　道路交通行政处罚规定 // 194

　　第一节　概述 // 194　　　　　　　　　第五节　交通行政处罚决定程序 // 197
　　第二节　道路交通行政处罚与设定 // 195　第六节　交通行政处罚执行程序 // 201
　　第三节　道路交通行政处罚的适用
　　　　　　与处罚 // 196　　　　　　　　案例分析 // 203
　　第四节　交通行政处罚的管辖 // 197　　复习思考题 // 203

第十章　交通运输行政复议规定 // 204

　　第一节　概述 // 204　　　　　　　　　第四节　交通运输行政复议程序 // 208
　　第二节　交通运输行政复议基本制度 // 205　案例分析 // 210
　　第三节　交通运输行政复议受案
　　　　　　范围与管辖 // 206　　　　　　复习思考题 // 211

第十一章　交通运输行政诉讼规定 // 212

　　第一节　交通运输行政诉讼的
　　　　　　基本知识 // 212　　　　　　　第四节　交通运输行政诉讼程序 // 219
　　　　　　　　　　　　　　　　　　　　　案例分析 // 223
　　第二节　交通运输行政诉讼的受案
　　　　　　范围和管辖 // 214　　　　　　复习思考题 // 224
　　第三节　交通运输行政诉讼证据与
　　　　　　法律适用 // 216

参考文献 // 225

第一章 绪 论

一、道路交通法规的概念

道路交通法规的调整对象为道路交通关系。道路交通法规是指调整道路交通关系的法律规范的总称。为说明道路交通法规的含义,必须先就交通及道路交通、道路交通关系等概念予以阐明。

1. 交通及道路交通

交通的含义,有广义与狭义之别。广义的交通指人类利用一定的工具,克服人、货物、音讯等在距离上的困难而进行的各种活动,包括普通的运输和邮电、通信等。狭义的交通则仅指人类利用一定的载运工具、线路、港站等,实现旅客、货物的空间位移的活动,包括铁路、公路、航空、水路、管道五种交通方式。道路交通是五种交通方式中的一种,指人们利用道路、机动车运输工具,将旅客、货物等进行空间位移的活动。

2. 道路交通关系

人们在社会生活中,基于各种需要而扮演着不同的社会角色,进行着内容不同的活动,因而也就形成了内容各不相同的社会关系,如人们在家庭生活中,形成了父母与子女的关系;在工作过程中形成了同事关系、上下级关系等。道路交通关系是指人们在进行道路交通活动的过程中所形成的各种社会关系,如人们在利用道路的过程中所形成的道路管理关系,人们在利用机动车辆进行运输的过程中所形成的运送关系、安全关系、保险关系等。作为社会关系的一种,道路交通关系存在于道路交通活动之中,没有道路交通活动就谈不上道路交通关系。道路交通关系的当事人即道路交通关系参与者。任何人,只要进行了道路交通活动,就会形成道路交通关系,如利用道路的人与道路经营者、管理者之间形成道路交通关系;机动车辆驾驶员在机动车辆运行过程中发生交通事故时与受害人等形成的关系;承运人与托运人在运输生产活动中形成的关系等。

3. 道路交通法规

道路交通法规是以道路交通关系为其调整对象的法律规范的总称,它是有关道路交通方面的法律规范的概括性说法,而不是指以道路交通法命名的法典,我国尚无法典形式的道路交通法。道路交通法作为道路交通方面的法规的总括,主要包括公路管理法规、道路运输管理法规、道路交通安全管理法规、道路交通行政处罚管理法规等。

二、道路交通法规的渊源

道路交通法规的渊源即道路交通法规的表现形式。目前,我国道路交通法的渊源主要有以下6个方面:

1. 宪法

宪法规范的是国家的根本制度,是一个国家的根本大法,具有最高的法律效力。我国宪法是1982年12月4日第五届全国人民代表大会第五次会议通过,1982年12月4日全国人民代表大会公告公布施行，根据1988年4月12日第七届全国人民代表大会第一次会议通过的《中华人民共和国宪法修正案》、1993年3月29日第八届全国人民代表大会第一次会议通过的《中华人民共和国宪法修正案》、1999年3月15日第九届全国人民代表大会第二次会议通过的《中华人民共和国宪法修正案》、2004年3月14日第十届全国人民代表大会第二次会议通过的《中华人民共和国宪法修正案》和2018年3月11日第十三届全国人民代表大会第一次会议通过的《中华人民共和国宪法修正案》修正。宪法是诸法之母，也是道路交通法规的重要渊源，如1993年3月29日第八届全国人民代表大会第一次会议通过的《中华人民共和国宪法修正案》第七条规定："国家实行社会主义市场经济""国家依法禁止任何组织或者个人扰乱社会经济秩序"。《中华人民共和国宪法》第八条第二款规定："城镇中的手工业……运输业等行业的各种形式的合作经济，都是社会主义劳动群众集体所有制经济。"2004年3月14日第十届全国人民代表大会第二次会议通过的《中华人民共和国宪法修正案》将土地征用补偿、平等保护非公有制经济、私有财产不可侵犯等通过国家根本法律的形式确定下来，具有极其重大的现实意义和深远的历史意义。宪法的这些规定，都是我国制定道路交通法规的重要依据。

2. 法律

法律是指全国人民代表大会及其常委会制定并通过的规范性文件。法律作为道路交通法规的渊源有两种情况：一种是法律的全部内容都是规范道路交通关系的法律规范，如《中华人民共和国公路法》《中华人民共和国道路交通安全法》；另一种情况是法律中部分内容涉及道路交通关系，《中华人民共和国刑法》第一百一十六条、一百一十七条、一百一十九条、一百二十五条的规定等。法律作为道路交通法规的渊源，其效力仅次于宪法。行政法规、地方法规、行政规章、地方规章等不得与之抵触。

3. 行政法规

行政法规是指由作为最高行政机关的国务院制定或批准的规范性文件。目前，国务院制定的道路交通方面的行政法规主要有《中华人民共和国道路运输条例》《中华人民共和国道路交通安全法实施条例》等。行政法规的效力次于宪法和法律，是道路交通法规的重要渊源。

4. 部门规章

部门规章是指国务院各部委制定的规范性文件。目前，部门规章是我国道路交通法规数量最多的渊源，在道路交通管理中占有十分重要的地位，如公安部颁布的《机动车登记规定》《机动车驾驶证申领和使用规定》《交通事故处理程序规定》等。部门规章的效力较低，不能与行政法规相抵触，更不能与宪法、法律冲突。

5. 地方性法规

地方性法规是指由省、自治区、直辖市的人民代表大会及其常委会，省、自治区人民政府所在地的市和国务院批准的较大市的人民代表大会及其常委会制定和颁布的在本地区发生效力的规范性文件，如广东省实施的《广东省道路运输条例》等。目前，在全国性的道路交通法规尚不完备的情况下，地方性法规是道路交通法规必要和有益的补充。地方性法规不得与宪法、法律、行政法规相抵触。

6. 地方规章

地方规章是指省、自治区、直辖市以及省、自治区人民政府所在地的市和国务院批准的较大的市的人民政府根据法律、行政法规、地方性法规等制定的在本地区发生效力的规范性文件。

目前，全国各地区制定了大量的道路交通方面的地方规章，这些地方规章为道路交通事业的发展，发挥了积极的作用。地方规章不得与宪法、法律、行政法规、地方性法规相抵触。

三、道路交通法规的内容

1. 公路管理法规

公路管理法规是指调整人们在进行公路规划、建设、养护、利用和管理等活动中所发生的各种社会关系的法律规范的总称。公路管理法规在实质上，不仅指《中华人民共和国公路法》，还包括《中华人民共和国公路安全保护条例》《收费公路管理条例》等行政法规和地方性法规、部门规章，为公路管理工作提供更加有力的法律保障。目前，全国大部分省、市、自治区制定了公路管理条例，多个省、市、自治区制定了路政方面的管理条例和管理规定，部分省、市、自治区还出台了高速公路管理方面的地方性法规，公路管理法规体系初步形成。在形式上，公路管理法规是指第八届全国人民代表大会常务委员会第二十六次会议于1997年7月3日通过、1998年1月1日起施行的《中华人民共和国公路法》；根据1999年10月31日第九届全国人民代表大会常务委员会第十二次会议《关于修改〈中华人民共和国公路法〉的决定》第一次修正；根据2004年8月28日第十届全国人民代表大会常务委员会第十一次会议《关于修改〈中华人民共和国公路法〉的决定》第二次修正；根据2009年8月27日第十一届全国人民代表大会常务委员会第十次会议《全国人民代表大会常务委员会关于修改部分法律的决定》第三次修正；根据2016年第十二届全国人民代表大会常务委员会第二十四次会议《关于修改<中华人民共和国对外贸易法>等十二部法律的决定》第四次修正。

2. 道路运输管理法规

道路运输管理法规是指人们在利用汽车等公路交通工具，从事客、货运输的活动中所形成的各种社会关系的法律规范的总称。有关法律规范有：《中华人民共和国道路运输条例》《道路旅客运输及客运站管理规定》《道路货物运输及场站管理规定》《道路危险货物运输管理规定》《机动车维修管理规定》《机动车驾驶员培训管理规定》《国际道路运输管理规定》《道路运输从业人员管理规定》等。

3. 道路交通安全管理法规

道路交通安全管理法规是指规范交通安全关系的法律规范的总称。我国现行有关道路交通安全方面的法规主要包括：《中华人民共和国道路交通安全法》《中华人民共和国道路交通安全法实施条例》《机动车登记规定》《机动车驾驶证申领和使用规定》《交通事故处理程序规定》等。

4. 道路交通行政处罚管理法规

道路交通行政处罚管理法规是指规范交通行政处罚关系的法律规范的总称。我国现行有关交通行政处罚管理方面的法规主要包括：《中华人民共和国行政许可法》《中华人民共和国行政处罚法》《中华人民共和国行政强制法》《中华人民共和国行政复议法》《中华人民共和国行政诉讼法》《中华人民共和国国家赔偿法》《道路运输行政处罚规定》《交通行政处罚程序规定》《交通行政复议规定》等。

四、道路交通法规的作用

（1）确保道路交通事业的发展。道路交通对于社会政治、经济、文化和国防具有重要促进作用，作为规范道路交通管理的道路交通法规，对于道路交通事业本身的发展就会产生重大影响。因此，必须健全道路交通法治建设，做到以法治交通确保道路交通事业的发展。

（2）保护公民、法人等的合法权益。道路交通事业的发展，必然涉及公民、法人的合法权益，如公民、法人等对公路事业、道路运输事业的利用等。因此，必须通过立法的手段，明确公民、法人在道路交通法律关系中的权利、义务，确保公民、法人合法权益的实现。

（3）加强国家对道路交通事业的管理。道路交通事业涉及依法行政，涉及人民群众合法权益的保护，因此政府必须依法对道路交通事业加强管理。

（4）协调人们在道路交通关系中的权利与义务，维持正常的道路交通秩序。法以社会关系为其调整对象，通过对人们在社会关系中的权利与义务的规定，有利于把人们的行为划一化、规范化，从而维护整个社会的正常秩序。道路交通法规作为法的组成部分，通过明确人们在道路交通活动中的权利与义务，使人们的行为能够有章可循，减少和避免纠纷，从而起到维护正常的公路交通秩序的作用。

综上所述，道路交通法规作为行政法的重要组成部分，有其独立的调整对象，是一个独立的法律的体系。道路交通法规对于促进道路交通事业的发展，维护道路交通秩序等具有重要作用。

五、道路交通法律关系构成要素

道路交通法律关系是法律关系的一种，是指道路交通关系被道路交通法规调整所形成的权利义务关系。道路交通法律关系由三个要素构成，即道路交通法律关系的主体、内容和客体。

（1）道路交通法律关系的主体。道路交通法律关系的主体是指参与道路交通法律关系，并且能够依法享有权利、承担义务的当事人。

（2）道路交通法律关系的内容。道路交通法律关系的内容是指道路交通法律关系的主体依法所享有的权利和承担的义务。

（3）道路交通法律关系的客体。道路交通法律关系的客体是指道路交通法律关系的主体享有的权利和承担的义务共同指向的对象。道路交通法律关系的客体主要包括物、行为等。

第一部分 PART 01

公路管理法规

第二章　中华人民共和国公路法

【学习目的】

通过学习本章内容，了解公路法的概念与特征，熟悉公路法的基本内容，掌握公路规划、公路建设、公路养护、路政管理等法律制度的相关内容。

第一节　概　　述

交通是国民经济的基础产业，也是社会发展和人民生活水平提高的基本条件。而公路是交通运输行业的基础，也是人民最普遍使用的交通运输方式。在现代社会中，公路的发展离不开公路的法制建设，公路法是公路法制的基础。《中华人民共和国公路法》的颁布是我国交通发展史上的一件大事，是我国交通法制建设的一个里程碑。

一、公路法的概念

（1）公路法的含义。狭义的公路法是指一个国家的立法机构所制定的相对统一、完整的一部公路法法典，如《中华人民共和国公路法》（以下简称《公路法》）。在我国，《公路法》已于1997年7月3日第八届全国人民代表大会常务委员会第二十六次会议通过，1998年1月1日起施行，并于1999年10月31日、2004年8月28日、2009年8月27日、2016年11月7日四次修正。

就广义而言，公路法内涵应是以《公路法》这一国家公路建设和管理的基本法为基础，以国家的相关法律为背景，辅之以配套的公路法规、规章等，是一个科学、完备、有序的公路法体系。

（2）公路法调整的对象。公路法是调整人们在公路规划、建设、养护、经营、使用和管理过程中发生的各种社会关系的法律规范。

（3）公路法的法律属性。公路法属于行政法中，国民经济管理法的范畴，它是创立、规定、规范公路行政机关及其行政权力的法。公路法既规定了公路主管部门、公路管理机构的法律地位，又规定了其行政组织及其工作人员在其公路行政行为中的权力配置和划分。

二、公路法的必要性

为了加强公路的建设和管理，国务院于1987年10月13日颁布了《公路管理条例》。这部行政法规的出台和实施，促进了公路事业的发展。但是，随着我国改革开放和公路事业的不断发展，《公路管理条例》的许多规定已不完全适应新形势的要求，迫切需要进行修改、补充，使之上升为国家法律。近年来公路事业发展较快，为社会经济发展起到了较好的推动作用，截至2015年底，我国公路通车总里程已达457万公里，其中高速公路12万多公里。根据《交通运输部公路交通运输行业发展统计公报》，我国客运量从2001年的140.34亿人上升至2014年的385.19亿人，年复合增长率达到8.08%；客运周转量从2001年的7 207.57亿人公里上升至2014年的20 986.46亿人公里，年复合增长率达到8.57%；货运量从2001年的105.58亿吨增加至2014年的385.89亿吨，年复合增长率达到10.48%；货运周转量从2001年的6 332.87亿吨公里增加至2014年的73 624.61亿吨公里，年复合增长率达到20.77%。但从总体上看，我国公路还存在通车里程少、技术等级低、路况差等问题，与社会经济发展的需要很不适应。改变我国公路建设的落后状况，继续保持和促进公路事业健康稳定的发展，需要用法律的形式对公路建设和管理中的各种关系予以肯定、规范和保障。

从社会主义法制建设的基本要求看，公路建设和管理缺乏龙头法，公路管理中的某些重大社会关系未得到《公路管理条例》的调整，致使公路管理工作有些方面仍然无法可依，公路法规和规章的制定以及公路行政执法缺少必要的、高层次的法律依据，不适应对行政执法的要求。

另外，公路工程建设市场存在着管理混乱、工程质量差等问题，各种破坏、非法占用公路、公路用地和公路附属设施的行为时有发生，公路效能的发挥需要用法律的形式给予保障。

从《公路法》的内容看，它所确定的一系列方针、原则和各项规定，符合我国国情和公路工作实际情况，符合公路改革与发展方向，符合建立社会主义市场经济要求。这些规定既总结了《公路管理条例》实施以来的成功经验，又借鉴了国外公路立法的先进之处，与国际通行做法相衔接；既体现了公路工作改革开放的成果，又按照改革决策与立法决策相结合的原则，为深化公路体制改革指明了方向；既为加强公路建设和管理提供了法律依据，又为公民、法人和其他组织投资、经营和使用公路提供了法律保障；既赋予了交通主管部门和公路管理机构明确的职权，又对其自身管理提出了严格要求。《公路法》的颁布实施，对于进一步加强公路建设和管理，促进公路事业的发展，推动国民经济持续、健康、稳定发展，满足人民生活的需要，促进社会全面进步，巩固国防，保障社会主义现代化建设的顺利进行都具有十分重要的意义。

三、公路法的主要特征

（1）公路行政管理机关的行政行为有国家强制力作保证。在公路法律规范的施行中，公路行政相对人违反公路行政义务或侵犯、破坏公路产权、路权时，公路行政管理机关等可依法追究其行政责任，或依法申请由人民法院强制执行，触犯刑法的直接依法追究其刑事责任。

（2）解决纠纷的手段完整。在公路法律规范中，既有对违法者予以处罚、制裁的处罚制度，如公路法中的申诫罚、财产罚、资格能力罚等规定，也有解决路政纠纷的法律监督制度和对路政行为不服的行政复议、行政诉讼制度。

四、公路法确定的基本制度

《公路法》是新中国成立后的第一部规范公路建设和管理的法律，是公路建设和管理的总章程。它在公路规划、建设、养护、经营、使用和管理等方面确立了一系列重要的法律制度。

（1）公路规划制度。这一制度进一步明确和规范了公路规划编制的原则和程序，理顺了公路规划与其他规划之间的关系，尤其是要防止公路街道化，保障公路的畅通。

（2）公路建设制度。这一制度的核心内容是交通主管部门应当依据职责维护公路建设秩序，并依法在公路建设中实行法人负责制度、招标投标制度和工程监理制度，同时要规范公路建设的筹资方式。

（3）公路养护制度。这一制度规定了公路管理机构及各级地方人民政府在公路养护中的职责和义务。在这一制度中，同时对征收燃油附加税代替公路养路费这一公路行政规费改革方向做了法律的规定。

（4）公路路政管理制度。这一制度规定了公路及其附属设施的保护制度以及建筑控制区的控制制度等。

（5）收费公路制度。我国公路法在参照国际通行做法的基础上，肯定和规范了我国收费公路的制度。该制度规定，收费公路的审批应从严掌握，并且由国家交通主管部门以专门的法规规范其行为。

（6）公路监督检查制度。公路监督检查制度是保证公路监督检查人员依法行政的一项专门制度。《公路法》及交通运输部的有关规章对此有专门的规定。

《公路法》明确了各级人民政府在公路建设和管理中的职责。要求各级人民政府做到：采取有力措施，扶持、促进公路建设，把公路建设纳入国民经济和社会发展计划；负责编制和审批公路规划；支持和协助公路建设征地拆迁，确定公路用地，划定公路控制区，组织公路抢险救灾，采取措施加强公路保护；乡镇人民政府还应当负责乡道的建设和养护等。这是对多年来公路事业发展经验的总结。

《公路法》进一步明确了交通主管部门和公路管理机构建设、管理公路的职权和责任。《公路法》不仅确定了国务院交通主管部门主管全国公路事业，县级以上地方人民政府交通主管部门主管本行政区域的公路工作，而且赋予了交通主管部门一些新的职权和责任，如县级以上人民政府交通主管部门应当依据职责维护公路建设秩序，加强对公路建设的监督管理；交通主管部门、公路管理机构应当依法对有关公路的法律、法规执行情况进行监督检查，有权检查、制止各种侵占、损坏公路、公路用地、公路附属设施及其他违反《公路法》的行为等。

五、公路法确定的基本原则

（1）公路的发展应当遵循全面规划、合理布局、确保质量、保障畅通、保护环境、建设改造与养护并重的原则。这一原则要求公路的发展必须处理好每条公路与国家整个公路网的关系；处理好公路与其他国家基础性设施和经济、社会发展的关系，防止盲目建设和重复建设；处理好公路施工与交通畅通的关系，最大限度地保证车辆便捷通行；处理好公路建设与质量的关系，避免出现只重数量、不重质量的倾向；处理好建设和养护的关系，克服重建轻养或忽视环保的倾向。

（2）公路的发展应当发挥中央和地方两方面积极性的原则。这一原则既注意到我国地域广阔，又考虑到我国各地经济和公路发展水平很不平衡的国情，要求在公路建设和管理中，发挥中央和地方两个积极性，使我国的公路事业从整体上取得较大的发展。

（3）合法使用公路和公路受国家保护的原则。这一原则表明，公路是社会公益性基础设施，是供车辆行驶的公共道路。基于这一属性，任何单位和个人均有依法使用公路的权利，不得以任何理由非法限制和禁止他人合法使用公路，任何违法者必将依法被追究责任。

（4）公路建设应当贯彻切实保护耕地、节约用地的原则。

（5）主管部门的职责权利与责任义务相统一的原则。

六、公路法所确定的重要方针

（1）各级人民政府扶持、促进公路建设的方针。

（2）国家鼓励、引导和规范多渠道筹集资金建设、经营公路的方针。

（3）国家帮助和扶持少数民族地区、边远地区和贫困地区发展公路建设的方针。

（4）国家鼓励公路工作方面的科学技术研究和应用的方针。

七、公路法的立法宗旨和意义

（1）《公路法》的立法宗旨。《公路法》第一条规定："为了加强公路的建设和管理，促进公路事业的发展,适应社会主义现代化建设和人民生活的需要,制定本法。"在这一立法宗旨下,公路法律规范将党和国家发展公路事业的战略目标和各项方针、政策以法律的形式固定下来,用法律规范调整公路规划、建设、养护、经营、使用和管理等行为,促进公路事业的发展,维护国家利益并保障公民、法人和社会组织的合法权益。

(2)《公路法》颁布的意义。

1)《公路法》的颁布实施有利于促进公路事业的发展,适应社会主义现代化建设和人民生活需要。

2)《公路法》的颁布实施有利于拓宽公路建设、养护等筹资渠道。

3)《公路法》的颁布实施有利于资金的筹集和投资。

4)《公路法》的颁布实施有利于强化公路工作科学、合理、现代的管理模式。

5)《公路法》的颁布实施有利于治理公路"三乱"(乱设卡、乱收费、乱罚款)。

6)《公路法》的颁布实施有利于完善公路法制建设。

八、公路及其分类

《公路法》总则第六条规定:"公路按其在公路路网中的地位分为国道、省道、县道和乡道,并按技术等级分为高速公路、一级公路、二级公路、三级公路和四级公路。具体划分标准由国务院交通主管部门规定。新建公路应当符合技术等级的要求。原有不符合最低技术等级要求的等外公路,应当采取措施,逐步改造为符合技术等级要求的公路。"

从上述规定中我们可以看出,公路以两种标准进行分类:第一种是根据公路在公路网中的地位、作用,将其划为具有"行政级别"的等级公路;第二种是根据公路所具有的技术等级来划分,具有"技术等级"的特征。当然上述两种划分只是角度不同,无理由认为"行政级别"低的公路一定"技术等级"也低。

(一)按技术等级分类

所谓公路的技术等级分类,就是根据公路的使用任务、性质和交通量的大小,依据交通运输部颁布的JTG B01—2014《公路工程技术标准》规定,将我国境内的公路分为两类、五个技术等级。各等级又根据不同地形规定了不同的行车速度及其相应的工程技术标准。2014年底,全国等级公路里程390.08万公里,等级公路占公路总里程的87.4%,其中二级及以上公路里程54.56万公里,占公路总里程的12.2%。

1. 高速公路

交通运输部颁布的JTJ 002—1987《公路工程名词术语》中对高速公路做了如下定义:"具有四个或四个以上车道,并设有中央分隔带,全部立体交叉并且具有完善的交通安全设施与管理设施、服务设施,全部控制出入,专供汽车高速行驶的公路。"根据《公路工程技术标准》中的规定,高速公路为专供汽车分向、分车道行驶并全部控制出入的干线公路。高速公路的年平均日设计交通量宜在15 000辆小客车以上。

2. 一级公路

一级公路为供汽车分方向、分车道行驶,可根据需要控制出入的多车道公路。一级公路的年平均日设计交通量宜在15 000辆小客车以上。

3. 二级公路

二级公路为供汽车行驶的双车道公路。二级公路的年平均日设计交通量宜为5 000～15 000

辆小客车。

4. 三级公路

三级公路为供汽车、非汽车交通混合行驶的双车道公路。三级公路的年平均日设计交通量宜为2 000～6 000辆小客车。

5. 四级公路

四级公路为供汽车、非汽车交通混合行驶的双车道或单车道公路。双车道四级公路年平均日设计交通量宜在2 000辆小客车以下；单车道四级公路年平均日设计交通量宜在400辆小客车以下。

公路技术等级选用应遵循下列原则：①公路技术等级选用应根据路网规划、公路功能，并结合交通量论证确定；②主要干线公路应选用高速公路；③次要干线公路应选用二级及二级以上公路；④主要集散公路宜选用一、二级公路；⑤次要集散公路宜选用二、三级公路。⑥支线公路宜选用三、四级公路。

上述公路等级的选用应根据公路网的规划，从全局出发，按照公路的使用任务、功能和远景交通量综合确定。在一条公路中，可根据交通量等情况分段采用不同的车道数或不同的公路等级。

各级公路远景设计年限如下：

（1）高速公路和一级公路为20年。

（2）二级公路为15年。

（3）三级公路为10年。

（4）四级公路为10年，也可根据实际情况适当调整。

根据《公路法》和《公路工程技术标准》的规定，对于不符合等级标准规定的已有公路，应根据需要与可能的原则，按照公路路网发展规划，有计划地进行改建，提高其通行能力及使用量，以达到相关的等级公路标准的规定。

（二）按公路在公路路网中的地位分类

我国《公路法》第六条规定："公路按其在公路路网中的地位分为国道、省道、县道、乡道，并按技术等级分为高速公路、一级公路、二级公路、三级公路和四级公路。具体划分标准由国务院交通主管部门规定。"这一分法既考虑到公路的行政区域位置，又兼顾了公路在国民经济中的地位和运输特点。2014年底，各行政等级公路里程分别为：国道17.92万公里（其中普通国道10.61万公里）、省道32.28万公里、县道55.20万公里、乡道110.51万公里、专用公路8.03万公里，剩余里程为村道。

1. 国道

国道是具有全国性的政治、经济、国防意义，并经确定为国家级干线的公路。依据我国《公路法》规定，国道由国务院交通主管部门会同有关部门规划，并依法由有关机构修建、管理和养护。

2. 省道

省道是具有全省性的政治、经济、国防意义，并经确定为省级干线的公路。省、直辖市、自治区交通主管部门，在国道网分布后，对具有全省意义的干线公路加以规划、建设、管理和养护。

3. 县道

县道是具有全县性的政治、经济意义，并经确定为县级干线的公路。同时，它又是县（市）与县（市）之间的联络线，包含不属于国道、省道的县（市）际间的公路，由县（市）公路主管部门依法规划、建设、管理和养护。

4. 乡道

乡道即乡公路，是直接或主要为乡、村（镇）内部经济、文化、行政服务的公路，以及不属于国道、省道、县道的乡、村（镇）际间的道路，由县人民政府协同有关部门规划、建设、管理和养护。

5. 专用公路

我国《公路法》第十一条规定："专用公路是指由企业或者其他单位建设、养护、管理，专为或者主要为本企业或者本单位提供运输服务的道路。"

第二节 公路规划的法律制度

科学、合理地编制和实施公路规划，是公路事业健康发展的必要前提。我国《公路法》从多角度对公路规划中的公路法律关系做了原则规定，公路法及其他公路法规、规章、标准等对公路规划做了具体规定，这一切均从法律和行政法规等方面保证了我国公路规划的法制化和规范化。

一、编制公路规划的总体要求

为了保证公路事业的发展和国民经济及社会发展相协调，保障不同运输方式之间的协调发展，《公路法》第十二条规定："公路规划应当根据国民经济和社会发展以及国防建设的需要编制，与城市建设发展规划和其他方式的交通运输发展规划相协调。"

二、我国公路规划总体要求的内容

我国公路规划总体要求，从内容上看，应在公路规划的编制上注意"三个要求""两个协调"与"一个符合"。

1. "三个要求"

（1）公路规划应满足和服从国民经济发展的整体需要与要求。公路是整个国民经济发展的基础设施，公路规划只有服从国民经济的发展，才能保证公路纳入国民经济综合平衡体系之中，才能保证编制公路规划符合党和国家的整体发展战略。交通运输部颁布《公路网规划编制办法》中规定：编制公路网规划必须坚决贯彻党和国家确定的战略方针和目标，充分体现国民经济'持续、稳定、协调发展'和'发展以综合运输体系为主轴的交通业'的方针，牢固树立全国一盘棋的思想观念，使公路网发展布局服从于社会经济发展的总战略、总目标，服从于生产力分布的大格局，服从于国家的综合运输方式路网的衔接，使公路网规划寓于社会经济发展之中，寓于综合运输体系之中。必须坚持实事求是、讲究科学、讲究经济效益的原则，从国情、本地区特点出发，既要有长远战略思想，又要从实际出发作好安排；要严格执行国家颁布的有关法规、制度，严格执行公路工程技术规范、标准。

（2）公路发展规划应服从社会发展的总体要求。当前，我国公路事业正以前所未有的建设速度高质量地发展着。我国公路规划的远期目标是，从总体上克服我国公路通车里程少、技术等级低、行路条件差等问题，解决公路发展与社会经济发展需要很不适应的矛盾。国家公路网规划总规模约40万公里，其中国家高速公路共36条，计11.8万公里；普通国道共200条，计26.5万公里。到2030年将建成布局合理、功能完善、覆盖广泛、安全可靠的国家干线公路网线，实现首都辐射省会、省际多线连通、地市高速通达、县县国道覆盖。

（3）公路发展规划应服从国防建设的总体要求。巩固国防、保卫边疆，是保证社会稳定发展的重要条件；我国公路法对公路规划服从国防总体需要的规定，体现了公路的公益性，更反映了公路的政治功能。《公路法》《公路安全保护条例》等诸多公路法律、法规、规章中，均对公路规划中的"国防需要"做了明确规定，如"按照平时建设与战时需要结合、需要与可能结合的原则，全面规划，统筹安排，从整体上提高公路网的使用效果。"

2. "两个协调"

（1）公路发展规划与城市建设规划相协调。

1）城市的建设规划是一个城市经济、人口、基础设施建设、车辆使用等情况的综合反映。我国《公路法》和《公路安全保护条例》，均对公路规划与城市建设发展规划的协调问题做了规定。这种规定，使得城市建设与公路建设在法制化基础上协调地发展。在我国，城市道路管理的法规主要是《城市道路管理条例》。城市道路作为城市基础设施的重要组成部分，在城市中占有十分突出的位置。公路与城市道路既有区别又有联系，城市道路系统是任何城市功能发挥和人民生活的重要物质基础，同时还具有对城市外部交通中转、集散的功能，在全国公路等交通网中起着"结合"的作用。城市道路建设的发展，改善了居民的居住条件，加快了旧城改造的步伐，同时，推动了商业、服务业、房地产业和第三产业以及水、电、气、暖、通信等其他基础设施的同步发展，加快了城市的现代化进程。城市道路还可以为城市开发创造条件，带动沿线土地增值，其社会意义深远。

2）正是基于这种原因，加上交通安全的因素，《公路法》针对公路与城市道路的连结，在规划公路和村镇时，做了"保持规定距离""防止造成公路街道化，影响公路的运行安全与畅通"的规定。《公路安全保护条例》规定，现有国道、省道改建时，要"靠城不进城""避开城区另辟新线"，地级市及其以上的大中城市出入口道路与干线公路连接处，已规划为城市范围但尚未形成街道的路段，其公路建设规划、计划及其实施，以当地城建主管部门为主，公路主管部门配合协助。

（2）公路发展规划应与其他方式的交通运输发展规划相协调。现代运输中有多种运输方式，它们各具所长，应相互配合、互相协调、取长补短、发挥优势，形成最优化的综合运输网络体系，才能最大限度地服务和满足国民经济与社会发展的总体要求。现代运输的主要方式是：①陆路运输，包括铁路运输、公路与城市道路运输；②水路运输；③航空运输；④管道运输。在现代综合运输体系中，公路与城市道路运输有着特殊的重要作用。它可以独立地开展运输活动，以补充其他运输形式的不足；也可以为其他运输形式集散旅客与货物，保证其他运输形式充分发挥其作用，提高其效益。所以，在公路规划时，《公路法》要求把公路运输的发展与其他运输方式相协调，才能最大限度地发挥公路运输的效益性和公益性功能，并保证公路运输在各种运输方式体系中具有独特的市场和作用，以促进运输市场有序、健康的发展。从这个意义上看，制定公路规划时，必须综合考察各类运输的潜在市场及效益因素、公益性因素和政策性因素。

3. "一个符合"

公路建设用地规划，应当符合土地利用总体规划，当年建设用地应当纳入年度建设用地计划。

土地是十分宝贵的资源、资产。我国人均耕地数量少，总体质量水平低，后备资源也不富裕。一要吃饭、二要建设，因此，国家在许多法律法规中都强调正确处理经济建设与保护耕地的关系，要求合理利用土地，切实保护耕地。党和国家更是把"珍惜和合理利用每一寸土地，切实保护耕地"作为一项基本国策。公路建设需要利用大量的土地，也不可避免地要占用部分耕地，而在公路规划时，必须遵守上述规定，既要保障公路建设顺利进行，适应社会主义现代化建设和人民生活水平提高的需要；又要合理利用土地，做到最大限度地节约和充分利用土地。任何公路建设的规划，都必须服从《公路法》和有关土地管理方面的法律、法规和规章，从全民族的根本利益出发，服从国家的统一管理与规划，要全面规划、合理布局，采用先进的科学技术手段，优化公路的设计和施工，保证国家经济建设的可持续发展。

三、我国公路交通的发展规划

根据《我国国民经济和社会发展第十三个五年规划纲要》，并与"一带一路"建设、京津冀协同发展、长江经济带发展等规划相衔接，全面贯彻党的十八大精神，统筹推进"五位一体"总体布局和协调推进"四个全面"战略布局。"十三五"时期，我国交通运输发展正处于支撑全面建成小康社会的攻坚期、优化网络布局的关键期、提质增效升级的转型期，将进入现代化建设新阶段。站在新的发展起点上，交通运输要准确把握经济发展新常态下的新形势、新要求，切实转变发展思路、方式和路径，优化结构、转换动能、补齐短板、提质增效，更好满足多元、舒适、便捷等客运需求和经济、可靠、高效等货运需求；要突出对"一带一路"建设、京津冀协同发展、长江经济带发展三大战略和新型城镇化、脱贫攻坚的支撑保障，着力消除瓶颈制约，提升运输服务的协同性和均等化水平；要更加注重提高交通安全和应急保障能力，提升绿色、低碳、集约发展水平；要适应国际发展新环境，提高国际通道保障能力和互联互通水平，有效支撑全方位对外开放。

根据我国提出的经济发展的宏伟战略目标，交通运输部在组织各方面专家论证的基础上，研究制定了我国公路、水路交通实现现代化的三个发展阶段：第一个阶段是从"瓶颈"制约、全面紧张走向"两个明显"（即交通运输的紧张状况有明显缓解，对国民经济发展的制约状况有明显改善），这个目标将于近期达到；第二个阶段是从"两个明显"到基本适应国民经济和社会发展的需要，这个目标将在2020年左右达到；第三个阶段是从基本适应国民经济和社会发展需要到基本实现交通运输现代化，达到中等发达国家水平，这个目标将在21世纪中叶实现。为实现我国公路、水路交通现代化的目标，关键是在2020年前后要努力完成公路主骨架、水运主通道、港站主枢纽和交通运输支持保障系统，即"三主一支持"系统的建设。

2004年，国家出台了《国家高速公路网规划》，提出规划7条首都放射线、9条南北纵向线和18条东西横向线，简称为"7918网"。

2013年，国务院批准了《国家公路网规划（2013年—2030年）》，国家高速公路网（简称"71118网"）由7条首都放射线、11条南北纵线、18条东西横线，共36条主线，以及地区环线、并行线、联络线等组成，约11.8万公里。规划建设展望线约1.8万公里，总里程13.6万公里，连接全国地级行政中心、城镇人口超过20万的中等及以上城市、重要交通枢纽和重要边境口岸。在国家公路网的基础上，各省（区、市）纷纷编制地方高速公路网规划，逐渐形成了以国家高速公路为骨架、以地方高速公路为补充的高速公路网规划格局。

2016年年底，全国高速公路通车里程共13.1万公里；国家高速公路9.92万公里。2016年8月，交通运输部发布了《交通运输部关于推进供给侧结构性改革促进物流业"降本增效"的若干意见》，首次提出了探索高速公路分时段差异化收费政策。

2017年2月，交通运输部发布了《关于印发"十三五"现代综合交通运输体系发展规划》，提出加快推进由7条首都放射线、11条北南纵线、18条东西横线，以及地区环线、并行线、联络线等组成的国家高速公路网建设，尽快打通国家高速公路主线待贯通路段，推进建设年代较早、交通繁忙的国家高速公路扩容改造和分流路线建设。

交通运输通过若干年的发展，实现了从"瓶颈制约"到"基本缓解"到"基本适应"的阶段过渡，整个交通运输或者是公路来讲的话，服务能力和水平都有大幅度的改善。但是和需求来比，尤其是和全面建成小康社会和现代化建设的要求相比，和人们对交通日益增长的个性化需求相比的话，还是存在一定的差距。

交通运输部正全面贯彻党的十九大和中央经济工作会议精神，以习近平新时代中国特色社会主义思想为指导，坚持稳中求进工作总基调，坚持新发展理念，紧扣我国社会主要矛盾变化，按照"五位一体"总体布局、"四个全面"战略布局和高质量发展的要求，坚持以交通运输供给侧结构性改革为主线，统筹推进稳增长、促改革、调结构、惠民生、防风险各项工作，大力推进交通运输改革开放和创新融合发展。2018年计划新增高速公路通车里程5 000公里，新改建国省干线公路1.6万公里，新改建农村公路20万公里，全面推动交通运输行业质量变革、效率变革、动力变革，不断满足人民日益增长的美好生活需要，为决胜全面建成小康社会当好先行，奋力开启建设交通强国新征程。

第三节　公路建设的法律制度

在公路建设中会涉及公路的建设资金、公路的质量、公路建设对环境破坏等多方面的问题。《公路法》针对我国公路建设市场的实际情况，借鉴国际通用做法，制定了我国公路建设的一系列法律规定，为我国公路建设的法治化管理奠定了良好的法律基础。

一、公路交通主管部门依法维护公路建设秩序

《公路法》第二十条规定："县级以上人民政府交通主管部门应当依据职责维护公路建设秩序，加强对公路建设的监督管理。"第二十二条规定："公路建设应当按照国家规定的基本建设程序和有关规定进行。"这些条款说明：

（1）公路建设项目的规划编制、设计、施工、监理等，均应根据国家的法律和法规，依法定程序，在法律授权的交通主管部门的监督管理下进行。

（2）上述公路建设活动，必须依法履行报批手续。

（3）县级以上人民政府交通主管部门在法律授权范围内，依法对所建公路建设项目的全过程进行监督和管理。

二、公路建设的基本程序

交通运输部2006年颁布的《公路建设监督管理办法》第九条规定，政府投资公路建设项目的程序如下：

（1）根据规划，编制项目建议书。

（2）根据批准的项目建议书，进行工程可行性研究，编制可行性研究报告。

（3）根据批准的可行性研究报告，编制初步设计文件。

（4）根据批准的初步设计文件，编制施工图设计文件。

（5）根据批准的施工图设计文件，组织项目招标。

（6）根据国家有关规定，进行征地拆迁等施工前准备工作，并向交通主管部门申报施工许可。

（7）根据批准的项目施工许可，组织项目实施。

（8）项目完工后，编制竣工图表、工程决算和竣工财务决算，办理项目交、竣工验收和财产移交手续。

（9）竣工验收合格后，组织项目后评价。

三、《公路建设市场管理办法》的主要内容

交通运输部颁布的《公路建设市场管理办法》（以下简称《办法》）是一部旨在加强公路建设市场管理，严格基本建设程序，规范公路建设市场行为，建立"统一、开放、竞争、有序"的公路建设市场体系的部门规章，该《办法》所指的公路建设市场主要包括公路工程建设管理和建设单位与勘察设计、施工、监理、咨询等单位之间的各种经营活动，规范的目的在于严格公路建设程序，确保工程质量和合理工期，控制工程造价，推动技术进步，提高投资效益，促进公路建设事业的健康发展。该《办法》同时规定，从事公路工程建设法人资格单位（业主），以及具备法人资格和与公路建设项目规模、技术要求相适应的资质（格）证书并通过资信登记的勘察设计、施工、监理、咨询单位，方可进入公路建设市场。

1. 管理职责

公路建设市场管理实行统一管理、分级负责。

国务院交通运输主管部门负责全国公路建设市场的监督管理工作，主要职责是：

（1）贯彻执行国家有关法律、法规，制定全国公路建设市场管理的规章制度。

（2）组织制定和监督执行公路建设的技术标准、规范和规程。

（3）依法实施公路建设市场准入管理、市场动态管理，并依法对全国公路建设市场进行监督检查。

（4）建立公路建设行业评标专家库，加强评标专家管理。

（5）发布全国公路建设市场信息。

（6）指导和监督省级地方人民政府交通运输主管部门的公路建设市场管理工作。

（7）依法受理举报和投诉，依法查处公路建设市场违法行为。

（8）法律、行政法规规定的其他职责。

省级人民政府交通运输主管部门负责本行政区域内公路建设市场的监督管理工作，主要职责是：

（1）贯彻执行国家有关法律、法规、规章和公路建设技术标准、规范和规程，结合本行政区域内的实际情况，制定具体的管理制度。

（2）依法实施公路建设市场准入管理，对本行政区域内公路建设市场实施动态管理和监督检查。

（3）建立本地区公路建设招标评标专家库，加强评标专家管理。

（4）发布本行政区域公路建设市场信息，并按规定向国务院交通运输主管部门报送本行政区域公路建设市场的信息。

（5）指导和监督下级交通运输主管部门的公路建设市场管理工作。

（6）依法受理举报和投诉，依法查处本行政区域内公路建设市场违法行为。

（7）法律、法规、规章规定的其他职责。

省级以下地方人民政府交通运输主管部门负责本行政区域内公路建设市场的监督管理工

作,主要职责是:

(1)贯彻执行国家有关法律、法规、规章和公路建设技术标准、规范和规程。

(2)配合省级地方人民政府交通运输主管部门进行公路建设市场准入管理和动态管理。

(3)对本行政区域内公路建设市场进行监督检查。

(4)依法受理举报和投诉,依法查处本行政区域内公路建设市场违法行为。

(5)法律、法规、规章规定的其他职责。

2. 市场准入管理

凡符合法律、法规规定的市场准入条件的从业单位和从业人员均可进入公路建设市场,任何单位和个人不得对公路建设市场实行地方保护,不得对符合市场准入条件的从业单位和从业人员实行歧视待遇。

公路建设项目依法实行项目法人责任制。项目法人可自行管理公路建设项目,也可委托具备法人资格的项目建设管理单位进行项目管理。

项目法人或者其委托的项目建设管理单位的组织机构、主要负责人的技术和管理能力应当满足拟建项目的管理需要,符合国务院交通运输主管部门有关规定的要求。

收费公路建设项目法人和项目建设管理单位进入公路建设市场实行备案制度。

收费公路建设项目可行性研究报告批准或依法核准后,项目投资主体应当成立或者明确项目法人。项目法人应当按照项目管理的隶属关系将其或者其委托的项目建设管理单位的有关情况报交通运输主管部门备案。

对不符合规定要求的项目法人或者项目建设管理单位,交通运输主管部门应当提出整改要求。

公路工程勘察、设计、施工、监理、试验检测等从业单位应当按照法律、法规的规定,取得有关管理部门颁发的相应资质后,方可进入公路建设市场。

法律、法规对公路建设从业人员的执业资格做出规定的,从业人员应当依法取得相应的执业资格后,方可进入公路建设市场。

3. 市场主体行为管理

公路建设从业单位和从业人员在公路建设市场中必须严格遵守国家有关法律、法规和规章,严格执行公路建设行业的强制性标准、各类技术规范及规程的要求。

公路建设项目法人必须严格执行国家规定的基本建设程序,不得违反或者擅自简化基本建设程序。

公路建设项目法人负责组织有关专家或者委托有相应工程咨询或者设计资质的单位,对施工图设计文件进行审查。施工图设计文件审查的主要内容包括:

(1)是否采纳工程可行性研究报告、初步设计批复意见。

(2)是否符合公路工程强制性标准、有关技术规范和规程要求。

(3)施工图设计文件是否齐全,是否达到规定的技术深度要求。

(4)工程结构设计是否符合安全和稳定性要求。

公路建设项目法人应当按照项目管理隶属关系将施工图设计文件报交通运输主管部门审批。施工图设计文件未经审批的,不得使用。

申请施工图设计文件审批应当向相关的交通运输主管部门提交以下材料:

(1)施工图设计的全套文件。

(2)专家或者委托的审查单位对施工图设计文件的审查意见。

（3）项目法人认为需要提交的其他说明材料。

交通运输主管部门应当自收到完整齐备的申请材料之日起20日内审查完毕。经审查合格的，批准使用，并将许可决定及时通知申请人。审查不合格的，不予批准使用，应当书面通知申请人并说明理由。

公路建设项目法人应当按照公开、公平、公正的原则，依法组织公路建设项目的招标投标工作。不得规避招标，不得对潜在投标人和投标人实行歧视政策，不得实行地方保护和暗箱操作。

公路工程的勘察、设计、施工、监理单位和设备、材料供应单位应当依法投标，不得弄虚作假，不得串通投标，不得以行贿等不合法手段谋取中标。

公路建设项目法人与中标人应当根据招标文件和投标文件签订合同，不得附加不合理、不公正条款，不得签订虚假合同。

国家投资的公路建设项目，项目法人与施工、监理单位应当按照国务院交通运输主管部门的规定，签订廉政合同。

公路建设项目依法实行施工许可制度。国家和国务院交通运输主管部门确定的重点公路建设项目的施工许可由省级人民政府交通运输主管部门实施，其他公路建设项目的施工许可按照项目管理权限由县级以上地方人民政府交通运输主管部门实施。

项目施工应当具备以下条件：

（1）项目已列入公路建设年度计划。

（2）施工图设计文件已经完成并经审批同意。

（3）建设资金已经落实，并经交通运输主管部门审计。

（4）征地手续已办理，拆迁基本完成。

（5）施工、监理单位已依法确定。

（6）已办理质量监督手续，已落实保证质量和安全的措施。

项目法人在申请施工许可时应当向相关的交通运输主管部门提交以下材料：

（1）施工图设计文件批复。

（2）交通运输主管部门对建设资金落实情况的审计意见。

（3）国土资源部门关于征地的批复或者控制性用地的批复。

（4）建设项目各合同段的施工单位和监理单位名单、合同价情况。

（5）应当报备的资格预审报告、招标文件和评标报告。

（6）已办理的质量监督手续材料。

（7）保证工程质量和安全措施的材料。

交通运输主管部门应当自收到完整齐备的申请材料之日起20日内做出行政许可决定。予以许可的，应当将许可决定及时通知申请人；不予许可的，应当书面通知申请人并说明理由。

公路建设从业单位应当按照合同约定全面履行以下义务：

（1）项目法人应当按照合同约定履行相应的职责，为项目实施创造良好的条件。

（2）勘察、设计单位应当按照合同约定，按期提供勘察设计资料和设计文件。工程实施过程中，应当按照合同约定派驻设计代表，提供设计后续服务。

（3）施工单位应当按照合同约定组织施工，管理和技术人员及施工设备应当及时到位，以满足工程需要。要均衡组织生产，加强现场管理，确保工程质量和进度，做到文明施工和安全生产。

（4）监理单位应当按照合同约定配备人员和设备，建立相应的现场监理机构，健全监理管理制度，保持监理人员稳定，确保对工程的有效监理。

（5）设备和材料供应单位应当按照合同约定，确保供货质量和时间，做好售后服务工作。

（6）试验检测单位应当按照试验规程和合同约定进行取样、试验和检测，提供真实、完整的试验检测资料。

公路工程实行政府监督、法人管理、社会监理、企业自检的质量保证体系。交通运输主管部门及其所属的质量监督机构对工程质量负监督责任，项目法人对工程质量负管理责任，勘察设计单位对勘察设计质量负责，施工单位对施工质量负责，监理单位对工程质量负现场管理责任，试验检测单位对试验检测结果负责，其他从业单位和从业人员按照有关规定对其产品或者服务质量负相应责任。

各级交通运输主管部门及其所属的质量监督机构对工程建设项目进行监督检查时，公路建设从业单位和从业人员应当积极配合，不得拒绝和阻挠。

公路建设从业单位和从业人员应当严格执行国家有关安全生产的法律、法规、国家标准及行业标准，建立健全安全生产的各项规章制度，明确安全责任，落实安全措施，履行安全管理的职责。

发生工程质量、安全事故后，从业单位应当按照有关规定及时报有关主管部门，不得拖延和隐瞒。

公路建设项目法人应当合理确定建设工期，严格按照合同工期组织项目建设。项目法人不得随意要求更改合同工期。如遇特殊情况，确需缩短合同工期的，经合同双方协商一致，可以缩短合同工期，但应当采取措施，确保工程质量，并按照合同规定给予经济补偿。

公路建设项目法人应当按照国家有关规定管理和使用公路建设资金，做到专款专用，专户储存；按照工程进度，及时支付工程款；按照规定的期限及时退还保证金、办理工程结算。不得拖欠工程款和征地拆迁款，不得挤占挪用建设资金。

施工单位应当加强工程款管理，做到专款专用，不得拖欠分包人的工程款和农民工工资；项目法人对工程款使用情况进行监督检查时，施工单位应当积极配合，不得阻挠和拒绝。

公路建设从业单位和从业人员应当严格执行国家和地方有关环境保护和土地管理的规定，采取有效措施保护环境和节约用地。

公路建设项目法人、监理单位和施工单位对勘察设计中存在的问题应当及时提出设计变更的意见，并依法履行审批手续。设计变更应当符合国家制定的技术标准和设计规范要求。

任何单位和个人不得借设计变更虚报工程量或者提高单价。

重大工程变更设计应当按有关规定报原初步设计审批部门批准。

勘察、设计单位经项目法人批准，可以将工程设计中跨专业或者有特殊要求的勘察、设计工作委托给有相应资质条件的单位，但不得转包或者二次分包。

监理工作不得分包或者转包。

施工单位可以将非关键性工程或者适合专业化队伍施工的工程分包给具有相应资格条件的单位，并对分包工程负连带责任。允许分包的工程范围应当在招标文件中规定。分包工程不得再次分包，严禁转包。

任何单位和个人不得违反规定指定分包、指定采购或者分割工程。

项目法人应当加强对施工单位工程分包的管理，所有分包合同须经监理审查，并报项目法人备案。

施工单位可以直接招用农民工或者将劳务作业发包给具有劳务分包资质的劳务分包人。施工单位招用农民工的，应当依法签订劳动合同，并将劳动合同报项目监理工程师和项目法人备案。

施工单位和劳务分包人应当按照合同按时支付劳务工资，落实各项劳动保护措施，确保农民工安全。

劳务分包人应当接受施工单位的管理，按照技术规范要求进行劳务作业。劳务分包人不得将其分包的劳务作业再次分包。

项目法人和监理单位应当加强对施工单位使用农民工的管理，对不签订劳动合同、非法使用农民工的，或者拖延和克扣农民工工资的，要予以纠正。拒不纠正的，项目法人要及时将有关情况报交通运输主管部门调查处理。

项目法人应当按照交通运输部《公路工程竣（交）工验收办法》的规定及时组织项目的交工验收，并报请交通运输主管部门进行竣工验收。

4．动态管理

各级交通运输主管部门应当加强对公路建设从业单位和从业人员的市场行为的动态管理。应当建立举报投诉制度，查处违法行为，对有关责任单位和责任人依法进行处理。

国务院交通运输主管部门和省级地方人民政府交通运输主管部门应当建立公路建设市场的信用管理体系，对进入公路建设市场的从业单位和主要从业人员在招投标活动、签订合同和履行合同中的信用情况进行记录并向社会公布。

公路工程勘察、设计、施工、监理等从业单位应当按照项目管理的隶属关系，向交通运输主管部门提供本单位的基本情况、承接任务情况和其他动态信息，并对所提供信息的真实性、准确性和完整性负责。项目法人应当将其他从业单位在建设项目中的履约情况，按照项目管理的隶属关系报交通运输主管部门，由交通运输主管部门核实后记入从业单位信用记录中。

从业单位和主要从业人员的信用记录应当作为公路建设项目招标资格审查和评标工作的重要依据。

5．法律责任

对公路建设从业单位和从业人员违反本办法规定进行的处罚，国家有关法律、法规和交通运输部规章已有规定的，适用其规定；没有规定的，由交通运输主管部门根据各自的职责按照本办法规定进行处罚。

项目法人违反本办法规定，实行地方保护的或者对公路建设从业单位和从业人员实行歧视待遇的，由交通运输主管部门责令改正。

从业单位违反本办法规定，在申请公路建设从业许可时，隐瞒有关情况或者提供虚假材料的，行政机关不予受理或者不予行政许可，并给予警告；行政许可申请人在1年内不得再次申请该行政许可。

被许可人以欺骗、贿赂等不正当手段取得从业许可的，行政机关应当依照法律、法规给予行政处罚；申请人在3年内不得再次申请该行政许可；构成犯罪的，依法追究刑事责任。

投标人相互串通投标或者与招标人串通投标的，投标人以向招标人或者评标委员会成员行贿的手段谋取中标的，中标无效，处中标项目金额5‰以上10‰以下的罚款，对单位直接负责的主管人员和其他直接责任人员处单位罚款数额5%以上10%以下的罚款；有违法所得的，并处没收违法所得；情节严重的，取消其1～2年内参加依法必须进行招标的项目的投标资格并予以公告；构成犯罪的，依法追究刑事责任。给他人造成损失的，依法承担赔偿责任。

投标人以他人名义投标或者以其他方式弄虚作假，骗取中标的，中标无效，给招标人造成损失的，依法承担赔偿责任；构成犯罪的，依法追究刑事责任。

依法必须进行招标的项目的投标人有前款所列行为尚未构成犯罪的，处中标项目金额5‰以上10‰以下的罚款，对单位直接负责的主管人员和其他直接责任人员处单位罚款数额5%以上10%以下的罚款；有违法所得的，并处没收违法所得；情节严重的，取消其1～3年内参加依法必须进行招标的项目的投标资格并予以公告。

项目法人违反本办法规定，拖欠工程款和征地拆迁款的，由交通运输主管部门责令改正，并由有关部门依法对有关责任人员给予行政处分。

除因不可抗力不能履行合同的，中标人不按照与招标人订立的合同履行施工质量、施工工期等义务，造成重大或者特大质量和安全事故，或者造成工期延误的，取消其2～5年内参加依法必须进行招标的项目的投标资格并予以公告。

施工单位有以下违法违规行为的，由交通运输主管部门责令改正，并由有关部门依法对有关责任人员给予行政处分：

（1）违反本办法规定，拖欠分包人工程款和农民工工资的。

（2）违反本办法规定，造成生态环境破坏和乱占土地的。

（3）违反本办法规定，在变更设计中弄虚作假的。

（4）违反本办法规定，不按规定签订劳动合同的。

违反本办法规定，承包单位将承包的工程转包或者违法分包的，责令改正，没收违法所得，对勘察、设计单位处合同约定的勘察费、设计费25%以上50%以下的罚款；对施工单位处工程合同价款5‰以上10‰以下的罚款；可以责令停业整顿，降低资质等级；情节严重的，吊销资质证书。

工程监理单位转让工程监理业务的，责令改正，没收违法所得，处合同约定的监理酬金25%以上50%以下的罚款；可以责令停业整顿，降低资质等级；情节严重的，吊销资质证书。

公路建设从业单位违反本办法规定，在向交通运输主管部门填报有关市场信息时弄虚作假的，由交通运输主管部门责令改正。

各级交通运输主管部门和其所属的质量监督机构的工作人员违反本办法规定，在建设市场管理中徇私舞弊、滥用职权或者玩忽职守的，按照国家有关规定处理。构成犯罪的，由司法部门依法追究刑事责任。

四、公路工程的招标与投标，公路建设项目的招标、投标制度

公路工程的招标与投标，公路建设项目的招标、投标制度，就是依照《公路法》的规定，再将经济合同法等有关法律、法规中关于工程承包合同的招标、投标的有关程序引入公路建设项目管理的一种制度。该制度明确当事人双方在公路建设工程承包合同中所具有的权利与义务，以明确的方式、具体的约束、合法的形式履行义务、享有权利。

《公路工程建设项目招标投标管理办法》已于2015年12月2日经第23次部务会议通过，现予公布，自2016年2月1日起施行。

（一）公路工程的招标

公路工程建设项目招标人是提出招标项目、进行招标的项目法人或者其他组织。

对于按照国家有关规定需要履行项目审批、核准手续的依法必须进行招标的公路工程建设项目，招标人应当按照项目审批、核准部门确定的招标范围、招标方式、招标组织形式开展招标。

公路工程建设项目履行项目审批或者核准手续后,方可开展勘察设计招标;初步设计文件批准后,方可开展施工监理、设计施工总承包招标;施工图设计文件批准后,方可开展施工招标。

施工招标采用资格预审方式的,在初步设计文件批准后,可以进行资格预审。

有下列情形之一的公路工程建设项目,可以不进行招标:

(1) 涉及国家安全、国家秘密、抢险救灾或者属于利用扶贫资金实行以工代赈、需要使用农民工等特殊情况。

(2) 需要采用不可替代的专利或者专有技术。

(3) 采购人自身具有工程施工或者提供服务的资格和能力,且符合法定要求。

(4) 已通过招标方式选定的特许经营项目投资人依法能够自行施工或者提供服务。

(5) 需要向原中标人采购工程或者服务,否则将影响施工或者功能配套要求。

(6) 国家规定的其他特殊情形。

招标人不得为适用前款规定弄虚作假,规避招标。

公路工程建设项目采用公开招标方式的,原则上采用资格后审办法对投标人进行资格审查。

公路工程建设项目采用资格预审方式公开招标的,应当按照下列程序进行:

(1) 编制资格预审文件。

(2) 发布资格预审公告,发售资格预审文件,公开资格预审文件关键内容。

(3) 接收资格预审申请文件。

(4) 组建资格审查委员会对资格预审申请人进行资格审查,资格审查委员会编写资格审查报告。

(5) 根据资格审查结果,向通过资格预审的申请人发出投标邀请书;向未通过资格预审的申请人发出资格预审结果通知书,告知未通过的依据和原因。

(6) 编制招标文件。

(7) 发售招标文件,公开招标文件的关键内容。

(8) 需要时,组织潜在投标人踏勘项目现场,召开投标预备会。

(9) 接收投标文件,公开开标。

(10) 组建评标委员会评标,评标委员会编写评标报告、推荐中标候选人。

(11) 公示中标候选人相关信息。

(12) 确定中标人。

(13) 编制招标投标情况的书面报告。

(14) 向中标人发出中标通知书,同时将中标结果通知所有未中标的投标人。

(15) 与中标人订立合同。

采用资格后审方式公开招标的,在完成招标文件编制并发布招标公告后,按照前款程序第(7)项至第(15)项进行。

采用邀请招标的,在完成招标文件编制并发出投标邀请书后,按照前款程序第(7)项至第(15)项进行。

国有资金占控股或者主导地位的依法必须进行招标的公路工程建设项目,采用资格预审的,招标人应当按照有关规定组建资格审查委员会审查资格预审申请文件。资格审查委员会的专家抽取以及资格审查工作要求,应当适用本办法关于评标委员会的规定。

资格预审审查办法原则上采用合格制。

资格预审审查办法采用合格制的，符合资格预审文件规定审查标准的申请人均应当通过资格预审。

资格预审审查工作结束后，资格审查委员会应当编制资格审查报告。资格审查报告应当载明下列内容：

（1）招标项目基本情况。
（2）资格审查委员会成员名单。
（3）监督人员名单。
（4）资格预审申请文件递交情况。
（5）通过资格审查的申请人名单。
（6）未通过资格审查的申请人名单以及未通过审查的理由。
（7）评分情况。
（8）澄清、说明事项纪要。
（9）需要说明的其他事项。
（10）资格审查附表。

除上述需载明的第（1）（3）（4）项内容外，资格审查委员会所有成员应当在资格审查报告上逐页签字。

资格预审申请人对资格预审审查结果有异议的，应当自收到资格预审结果通知书后3日内提出。招标人应当自收到异议之日起3日内做出答复；做出答复前，应当暂停招标投标活动。

招标人未收到异议或者收到异议并已做出答复的，应当及时向通过资格预审的申请人发出投标邀请书。未通过资格预审的申请人不具有投标资格。

对依法必须进行招标的公路工程建设项目，招标人应当根据交通运输部制定的标准文本，结合招标项目具体特点和实际需要，编制资格预审文件和招标文件。

资格预审文件和招标文件应当载明详细的评审程序、标准和方法，招标人不得另行制定评审细则。

招标人应当按照省级人民政府交通运输主管部门的规定，将资格预审文件及其澄清、修改，招标文件及其澄清、修改报相应的交通运输主管部门备案。

招标人应当自资格预审文件或者招标文件开始发售之日起，将其关键内容上传至具有招标监督职责的交通运输主管部门政府网站或者其指定的其他网站上进行公开，公开内容包括项目概况、对申请人或者投标人的资格条件要求、资格审查办法、评标办法、招标人联系方式等，公开时间至提交资格预审申请文件截止时间2日前或者投标截止时间10日前结束。

招标人发出的资格预审文件或者招标文件的澄清或者修改涉及前款规定的公开内容的，招标人应当在向交通运输主管部门备案的同时，将澄清或者修改的内容上传至前款规定的网站。

潜在投标人或者其他利害关系人可以按照国家有关规定对资格预审文件或者招标文件提出异议。招标人应当对异议做出书面答复。未在规定时间内做出书面答复的，应当顺延提交资格预审申请文件截止时间或者投标截止时间。

招标人书面答复内容涉及影响资格预审申请文件或者投标文件编制的，应当按照有关澄清或者修改的规定，调整提交资格预审申请文件截止时间或者投标截止时间，并以书面形式通知所有获取资格预审文件或者招标文件的潜在投标人。

招标人应当合理划分标段、确定工期，提出质量、安全目标要求，并在招标文件中载明。标段的划分应当有利于项目组织和施工管理、各专业的衔接与配合，不得利用划分标段规避招标、限制或者排斥潜在投标人。

招标人可以实行设计施工总承包招标、施工总承包招标或者分专业招标。

招标人结合招标项目的具体特点和实际需要，设定潜在投标人或者投标人的资质、业绩、主要人员、财务能力、履约信誉等资格条件，不得以不合理的条件限制、排斥潜在投标人或者投标人。

除《中华人民共和国招标投标法实施条例》第三十二条规定的情形外，招标人有下列行为之一的，属于以不合理的条件限制、排斥潜在投标人或者投标人：

（1）设定的资质、业绩、主要人员、财务能力、履约信誉等资格、技术、商务条件与招标项目的具体特点和实际需要不相适应或者与合同履行无关。

（2）强制要求潜在投标人或者投标人的法定代表人、企业负责人、技术负责人等特定人员亲自购买资格预审文件、招标文件或者参与开标活动。

（3）通过设置备案、登记、注册、设立分支机构等无法律、行政法规依据的不合理条件，限制潜在投标人或者投标人进入项目所在地进行投标。

招标人应当根据国家有关规定，结合招标项目的具体特点和实际需要，合理确定对投标人主要人员以及其他管理和技术人员的数量和资格要求。投标人拟投入的主要人员应当在投标文件中进行填报，其他管理和技术人员的具体人选由招标人和中标人在合同谈判阶段确定。对于特别复杂的特大桥梁和特长隧道项目主体工程和其他有特殊要求的工程，招标人可以要求投标人在投标文件中填报其他管理和技术人员。

《公路工程建设项目招标投标管理办法》所称主要人员是指设计负责人、总监理工程师、项目经理和项目总工程师等项目管理和技术负责人。

招标人可以自行决定是否编制标底或者设置最高投标限价。招标人不得规定最低投标限价。

接受委托编制标底或者最高投标限价的中介机构不得参加该项目的投标，也不得为该项目的投标人编制投标文件或者提供咨询。

招标人应当严格遵守有关法律、行政法规关于各类保证金收取的规定，在招标文件中载明保证金收取的形式、金额以及返还时间。

招标人不得以任何名义增设或者变相增设保证金或者随意更改招标文件载明的保证金收取形式、金额以及返还时间。招标人不得在资格预审期间收取任何形式的保证金。

招标人在招标文件中要求投标人提交投标保证金的，投标保证金不得超过招标标段估算价的2%。投标保证金有效期应当与投标有效期一致。

依法必须进行招标的公路工程建设项目的投标人，以现金或者支票形式提交投标保证金的，应当从其基本账户转出。投标人提交的投标保证金不符合招标文件要求的，应当否决其投标。

招标人不得挪用投标保证金。

招标人应当按照国家有关法律法规规定，在招标文件中明确允许分包的或者不得分包的工程和服务，分包人应当满足的资格条件以及对分包实施的管理要求。

招标人不得在招标文件中设置对分包的歧视性条款。

招标人有下列行为之一的，属于前款所称的歧视性条款：

（1）以分包的工作量规模作为否决投标的条件。

（2）对投标人符合法律法规以及招标文件规定的分包计划设定扣分条款。

(3)按照分包的工作量规模对投标人进行区别评分。

(4)以其他不合理条件限制投标人进行分包的行为。

招标人应当在招标文件中合理划分双方风险,不得设置将应由招标人承担的风险转嫁给勘察设计、施工、监理等投标人的不合理条款。招标文件应当设置合理的价格调整条款,明确约定合同价款支付期限、利息计付标准和日期,确保双方主体地位平等。

招标人应当根据招标项目的具体特点以及《公路工程建设项目招标投标管理办法》的相关规定,在招标文件中合理设定评标标准和方法。评标标准和方法中不得含有倾向或者排斥潜在投标人的内容,不得妨碍或者限制投标人之间的竞争。禁止采用抽签、摇号等博彩性方式直接确定中标候选人。

以暂估价形式包括在招标项目范围内的工程、货物、服务,属于依法必须进行招标的项目范围且达到国家规定规模标准的,应当依法进行招标。招标项目的合同条款中应当约定负责实施暂估价项目招标的主体以及相应的招标程序。

(二)公路建设项目(工程)的投标

投标是投标者的一种民事法律行为,是投标者就准备承包的某项公路建设项目(工程)向招标人所做去的意思表示。参加投标的企业,应按招标规定的日期报送投标书,并附企业的有关状况说明书。投标书的内容,应根据招标文件的内容和要求拟定。

投标人是响应招标、参加投标竞争的法人或者其他组织。

投标人应当具备招标文件规定的资格条件,具有承担所投标项目的相应能力。

投标人在投标文件中填报的资质、业绩、主要人员资历和目前在岗情况、信用等级等信息,应当与其在交通运输主管部门公路建设市场信用信息管理系统上填报并发布的相关信息一致。

投标人应当按照招标文件要求装订、密封投标文件,并按照招标文件规定的时间、地点和方式将投标文件送达招标人。

公路工程勘察设计和施工监理招标的投标文件应当以双信封形式密封,第一信封内为商务文件和技术文件,第二信封内为报价文件。

对公路工程施工招标,招标人采用资格预审方式进行招标且评标方法为技术评分最低标价法的,或者采用资格后审方式进行招标的,投标文件应当以双信封形式密封,第一信封内为商务文件和技术文件,第二信封内为报价文件。

投标文件按照要求送达后,在招标文件规定的投标截止时间前,投标人修改或者撤回投标文件的,应当以书面函件形式通知招标人。

修改投标文件的函件是投标文件的组成部分,其编制形式、密封方式、送达时间等,适用对投标文件的规定。

投标人在投标截止时间前撤回投标文件且招标人已收取投标保证金的,招标人应当自收到投标人书面撤回通知之日起5日内退还其投标保证金。

投标截止后投标人撤销投标文件的,招标人可以不退还投标保证金。

投标人根据招标文件有关分包的规定,拟在中标后将中标项目的部分工作进行分包的,应当在投标文件中载明。

投标人在投标文件中未列入分包计划的工程或者服务,中标后不得分包,法律法规或者招标文件另有规定的除外。

五、公路建设项目（工程）的开标、评标与定标

（一）公路建设项目（工程）的开标

开标，即打开投标书的行为，开标的目的在于开始评标活动。

开标的主要任务是当众公开打开投标书，并由招标单位及有关各方面检查各份标书的完整性，如标书是否密封等。由招标单位宣布评标、定标办法，并宣读各份标书的主要内容。

开标应当在招标文件确定的提交投标文件截止时间的同一时间公开进行；开标地点应当为招标文件中预先确定的地点。

投标人少于3个的，不得开标，投标文件应当当场退还给投标人；招标人应当重新招标。

开标由招标人主持，邀请所有投标人参加。开标过程应当记录，并存档备查。投标人对开标有异议的，应当在开标现场提出，招标人应当当场做出答复，并制作记录。未参加开标的投标人，视为对开标过程无异议。

投标文件按照招标文件规定采用双信封形式密封的，开标分两个步骤公开进行：

第一步骤对第一信封内的商务文件和技术文件进行开标，对第二信封不予拆封并由招标人予以封存。

第二步骤宣布通过商务文件和技术文件评审的投标人名单，对其第二信封内的报价文件进行开标，宣读投标报价。未通过商务文件和技术文件评审的，对其第二信封不予拆封，并当场退还给投标人；投标人未参加第二信封开标的，招标人应当在评标结束后及时将第二信封原封退还投标人。

（二）公路建设项目（工程）的评标与定标

评标是指由评标小组根据有关原则，对各投标书进行比较、评价，以确定其内容的有效性，并进行定标的活动。

招标人应当按照国家有关规定组建评标委员会负责评标工作。

国家审批或者核准的高速公路、一级公路、独立桥梁和独立隧道项目，评标委员会专家应当由招标人从国家重点公路工程建设项目评标专家库相关专业中随机抽取；其他公路工程建设项目的评标委员会专家可以从省级公路工程建设项目评标专家库相关专业中随机抽取，也可以从国家重点公路工程建设项目评标专家库相关专业中随机抽取。

对于技术复杂、专业性强或者国家有特殊要求，采取随机抽取方式确定的评标专家难以保证胜任评标工作的特殊招标项目，可以由招标人直接确定。

交通运输部负责国家重点公路工程建设项目评标专家库的管理工作。

省级人民政府交通运输主管部门负责本行政区域公路工程建设项目评标专家库的管理工作。

评标委员会应当民主推荐一名主任委员，负责组织评标委员会成员开展评标工作。评标委员会主任委员与评标委员会的其他成员享有同等权利与义务。

招标人应当向评标委员会提供评标所必需的信息，但不得明示或者暗示其倾向或者排斥特定投标人。

评标所必需的信息主要包括招标文件、招标文件的澄清或者修改、开标记录、投标文件、资格预审文件。招标人可以协助评标委员会开展下列工作并提供相关信息：

（1）根据招标文件，编制评标使用的相应表格。

（2）对投标报价进行算术性校核。

（3）以评标标准和方法为依据，列出投标文件相对于招标文件的所有偏差，并进行归类汇总。

（4）查询公路建设市场信用信息管理系统，对投标人的资质、业绩、主要人员资历和目前在岗情况、信用等级进行核实。

招标人不得对投标文件做出任何评价，不得故意遗漏或者片面摘录，不得在评标委员会对所有偏差定性之前透露存有偏差的投标人名称。

评标委员会应当根据招标文件规定，全面、独立评审所有投标文件，并对招标人提供的上述相关信息进行核查，发现错误或者遗漏的，应当进行修正。

评标委员会应当按照招标文件确定的评标标准和方法进行评标。招标文件没有规定的评标标准和方法不得作为评标的依据。

公路工程勘察设计和施工监理招标，应当采用综合评估法进行评标，对投标人的商务文件、技术文件和报价文件进行评分，按照综合得分由高到低排序，推荐中标候选人。评标价的评分权重不宜超过10%，评标价得分应当根据评标价与评标基准价的偏离程度进行计算。

公路工程施工招标，评标采用综合评估法或者经评审的最低投标价法。综合评估法包括合理低价法、技术评分最低标价法和综合评分法。

合理低价法是指对通过初步评审的投标人，不再对其施工组织设计、项目管理机构、技术能力等因素进行评分，仅依据评标基准价对评标价进行评分，按照得分由高到低排序，推荐中标候选人的评标方法。

技术评分最低标价法是指对通过初步评审的投标人的施工组织设计、项目管理机构、技术能力等因素进行评分，按照得分由高到低排序，对排名在招标文件规定数量以内的投标人的报价文件进行评审，按照评标价由低到高的顺序推荐中标候选人的评标方法。招标人在招标文件中规定的参与报价文件评审的投标人数量不得少于3个。

综合评分法是指对通过初步评审的投标人的评标价、施工组织设计、项目管理机构、技术能力等因素进行评分，按照综合得分由高到低排序，推荐中标候选人的评标方法。其中评标价的评分权重不得低于50%。

经评审的最低投标价法是指对通过初步评审的投标人，按照评标价由低到高排序，推荐中标候选人的评标方法。

公路工程施工招标评标，一般采用合理低价法或者技术评分最低标价法。技术特别复杂的特大桥梁和特长隧道项目主体工程，可以采用综合评分法。工程规模较小、技术含量较低的工程，可以采用经评审的最低投标价法。

实行设计施工总承包招标的，招标人应当根据工程地质条件、技术特点和施工难度确定评标办法。

设计施工总承包招标的评标采用综合评分法的，评分因素包括评标价、项目管理机构、技术能力、设计文件的优化建议、设计施工总承包管理方案、施工组织设计等因素，评标价的评分权重不得低于50%。

评标委员会成员应当客观、公正、审慎地履行职责，遵守职业道德。评标委员会成员应当依据评标办法规定的评审顺序和内容逐项完成评标工作，对本人提出的评审意见以及评分的公正性、客观性、准确性负责。

除评标价和履约信誉评分项外，评标委员会成员对投标人商务和技术各项因素的评分一般不得低于招标文件规定该因素满分值的60%；评分低于满分值60%的，评标委员会成员应当在评标报告中做出说明。

招标人应当对评标委员会成员在评标活动中的职责履行情况予以记录，并在招标投标情况的书面报告中载明。

招标人应当根据项目规模、技术复杂程度、投标文件数量和评标方法等因素合理确定评标时间。超过三分之一的评标委员会成员认为评标时间不够的，招标人应当适当延长。

评标过程中，评标委员会成员有回避事由、擅离职守或者因健康等原因不能继续评标的，应当及时更换。被更换的评标委员会成员做出的评审结论无效，由更换后的评标委员会成员重新进行评审。

根据前款规定被更换的评标委员会成员如为评标专家库专家，招标人应当从原评标专家库中按照原方式抽取更换后的评标委员会成员，或者在符合法律规定的前提下相应减少评标委员会中招标人代表数量。

评标委员会应当查询交通运输主管部门的公路建设市场信用信息管理系统，对投标人的资质、业绩、主要人员资历和目前在岗情况、信用等级等信息进行核实。若投标文件载明的信息与公路建设市场信用信息管理系统发布的信息不符，使得投标人的资格条件不符合招标文件规定的，评标委员会应当否决其投标。

评标委员会发现投标人的投标报价明显低于其他投标人报价或者在设有标底时明显低于标底的，应当要求该投标人对相应投标报价做出书面说明，并提供相关证明材料。

投标人不能证明可以按照其报价以及招标文件规定的质量标准和履行期限完成招标项目的，评标委员会应当认定该投标人以低于成本价竞标，并否决其投标。

评标委员会应当根据《中华人民共和国招标投标法实施条例》第三十九条、第四十条、第四十一条的有关规定，对在评标过程中发现的投标人与投标人之间、投标人与招标人之间存在的串通投标的情形进行评审和认定。

评标委员会对投标文件进行评审后，因有效投标不足3个使得投标明显缺乏竞争的，可以否决全部投标。未否决全部投标的，评标委员会应当在评标报告中阐明理由并推荐中标候选人。

投标文件按照招标文件规定采用双信封形式密封的，通过第一信封商务文件和技术文件评审的投标人在3个以上的，招标人应当按照《公路工程建设项目招标投标管理办法》第三十七条规定的程序进行第二信封报价文件开标；在对报价文件进行评审后，有效投标不足3个的，评标委员会应当按照《公路工程建设项目招标投标管理办法》第五十一条第一款规定执行。

通过第一信封商务文件和技术文件评审的投标人少于3个的，评标委员会可以否决全部投标；未否决全部投标的，评标委员会应当在评标报告中阐明理由，招标人应当按照《公路工程建设项目招标投标管理办法》第三十七条规定的程序进行第二信封报价文件开标，但评标委员会在进行报价文件评审时仍有权否决全部投标；评标委员会未在报价文件评审时否决全部投标的，应当在评标报告中阐明理由并推荐中标候选人。

评标完成后，评标委员会应当向招标人提交书面评标报告。评标报告中推荐的中标候选人应当不超过3个，并标明排序。

评标报告应当载明下列内容：

（1）招标项目基本情况。

（2）评标委员会成员名单。

（3）监督人员名单。

（4）开标记录。
（5）符合要求的投标人名单。
（6）否决的投标人名单以及否决理由。
（7）串通投标情形的评审情况说明。
（8）评分情况。
（9）经评审的投标人排序。
（10）中标候选人名单。
（11）澄清、说明事项纪要。
（12）需要说明的其他事项。
（13）评标附表。

对评标监督人员或者招标人代表干预正常评标活动，以及对招标投标活动的其他不正当言行，评标委员会应当在评标报告第（12）项内容中如实记录。

除评标报告应载明的第（1）（3）（4）项内容外，评标委员会所有成员应当在评标报告上逐页签字。对评标结果有不同意见的评标委员会成员应当以书面形式说明其不同意见和理由，评标报告应当注明该不同意见。评标委员会成员拒绝在评标报告上签字又不书面说明其不同意见和理由的，视为同意评标结果。

依法必须进行招标的公路工程建设项目，招标人应当自收到评标报告之日起3日内，在对该项目具有招标监督职责的交通运输主管部门政府网站或者其指定的其他网站上公示中标候选人，公示期不得少于3日，公示内容包括：
（1）中标候选人排序、名称、投标报价。
（2）中标候选人在投标文件中承诺的主要人员姓名、个人业绩、相关证书编号。
（3）中标候选人在投标文件中填报的项目业绩。
（4）被否决投标的投标人名称、否决依据和原因。
（5）招标文件规定公示的其他内容。

投标人或者其他利害关系人对依法必须进行招标的公路工程建设项目的评标结果有异议的，应当在中标候选人公示期间提出。招标人应当自收到异议之日起3日内做出答复；做出答复前，应当暂停招标投标活动。

除招标人授权评标委员会直接确定中标人外，招标人应当根据评标委员会提出的书面评标报告和推荐的中标候选人确定中标人。国有资金占控股或者主导地位的依法必须进行招标的公路工程建设项目，招标人应当确定排名第一的中标候选人为中标人。排名第一的中标候选人放弃中标、因不可抗力不能履行合同、不按照招标文件要求提交履约保证金，或者被查实存在影响中标结果的违法行为等情形，不符合中标条件的，招标人可以按照评标委员会提出的中标候选人名单排序依次确定其他中标候选人为中标人，也可以重新招标。

依法必须进行招标的公路工程建设项目，招标人应当自确定中标人之日起15日内，将招标投标情况的书面报告报对该项目具有招标监督职责的交通运输主管部门备案。

前款所称书面报告至少应当包括下列内容：
（1）招标项目基本情况。
（2）招标过程简述。
（3）评标情况说明。

（4）中标候选人公示情况。

（5）中标结果。

（6）附件，包括评标报告、评标委员会成员履职情况说明等。

有资格预审情况说明、异议及投诉处理情况和资格审查报告的，也应当包括在书面报告中。

招标人应当及时向中标人发出中标通知书，同时将中标结果通知所有未中标的投标人。

招标人和中标人应当自中标通知书发出之日起30日内，按照招标文件和中标人的投标文件订立书面合同，合同的标的、价格、质量、安全、履行期限、主要人员等主要条款应当与上述文件的内容一致。招标人和中标人不得再行订立背离合同实质性内容的其他协议。

招标人最迟应当在中标通知书发出后5日内向中标候选人以外的其他投标人退还投标保证金，与中标人签订书面合同后5日内向中标人和其他中标候选人退还投标保证金。以现金或者支票形式提交的投标保证金，招标人应当同时退还投标保证金的银行同期活期存款利息，且退还至投标人的基本账户。

招标文件要求中标人提交履约保证金的，中标人应当按照招标文件的要求提交。履约保证金不得超过中标合同金额的10%。招标人不得指定或者变相指定履约保证金的支付形式，由中标人自主选择银行保函或者现金、支票等支付形式。

招标人应当加强对合同履行的管理，建立对中标人主要人员的到位率考核制度。

省级人民政府交通运输主管部门应当定期组织开展合同履约评价工作的监督检查，将检查情况向社会公示，同时将检查结果记入中标人单位以及主要人员个人的信用档案。

依法必须进行招标的公路工程建设项目，有下列情形之一的，招标人在分析招标失败的原因并采取相应措施后，应当依照《公路工程建设项目招标投标管理办法》重新招标：

（1）通过资格预审的申请人少于3个的。

（2）投标人少于3个的。

（3）所有投标均被否决的。

（4）中标候选人均未与招标人订立书面合同的。

重新招标的，资格预审文件、招标文件和招标投标情况的书面报告应当按照《公路工程建设项目招标投标管理办法》的规定重新报交通运输主管部门备案。

重新招标后投标人仍少于3个的，属于按照国家有关规定需要履行项目审批、核准手续的依法必须进行招标的公路工程建设项目，报经项目审批、核准部门批准后可以不再进行招标；其他项目可由招标人自行决定不再进行招标。

依照《公路工程建设项目招标投标管理办法》第六十条规定不再进行招标的，招标人可以邀请已提交资格预审申请文件的申请人或者已提交投标文件的投标人进行谈判，确定项目承担单位，并将谈判报告报对该项目具有招标监督职责的交通运输主管部门备案。

六、公路工程施工监理制度

（一）公路工程施工监理制度的含义

公路工程施工监理是公路建设管理制度规范化、法制化的措施，是强化质量管理、控制管理工程造价、提高投资效益及公路建设施工管理水平的有效方法。实践表明，对某一公路建设工程实行合同委托监理，不仅能有效减少不合理的额外支出，而且还保证了工程质量和工期，并且避免了过多的合同纠纷，对确保公路建设的国家计划与工程合同的顺利实施，对业主和承包人双方均有益处。

（二）施工监理的任务

公路建设施工监理主要实施如下监控任务：

（1）质量监控。

（2）进度监理。

（3）费用监理。

（三）公路工程监理制度的法律依据

1.《公路法》等公路方面的法律、法规、规章

《公路法》第二十三条规定：公路建设项目应实施工程监理制度。

交通运输部颁布的《公路工程施工监理办法》、JTG G10—2016《公路工程施工监理规范》、《公路建设市场管理办法》等也强调，公路主管部门应当加强对公路建设市场管理、定额管理和工程质量监理。上述规定，已成为公路工程施工监理的法律依据。

2. 我国政府参加、认可、批准的国际条约，组织、国际惯例、规范或行为标准等

（1）合同条款（或称合同条件）。监理合同属于技术服务合同的范畴，签订施工监理合同，应符合交通运输部颁布的《公路工程施工监理办法》的规定，监理单位可以是设计单位、科研单位，也可以是监理公司或监理事务所，它们均应注册并持有交通运输部颁发的监理单位资格等级证书。FIDIC条款，是一部国际通用的规范合同文本格式，其规范系统的监理合同制度，在我国具有法律约束力。它既以法律的形式为监理工程师提供了充分的权力保障和义务约束，也为保证施工监理任务的完成提供了必要而有效的措施，是公路工程监理的具体法律依据。监理合同的详细内容，可参照国际咨询工程师联合会颁布的《业主与咨询工程师标准服务协议书》执行。

（2）技术规范。公路工程的施工技术规范通常是适用国家或有关部委颁布的通用技术规范、标准等，它具有权威性、严密性、综合性和广泛性，是监理工程师实施监理任务的质量尺度，除被特许专为此项工程编制的技术规范外，监理过程必须严格使用统一标准和规范。

（3）设计文件。公路工程的设计文件是承包商必须遵守的准则，没有业主同意，监理工程师正式批准颁发的"变更设计"或"修正设计"的文件均不得使用。

（4）施工监理的机构与制度。建立公路工程建设监理制度的必备条件是工程建设监理单位和工程承包单位均具有法人资格，具有经主管部门核准并签发的资格证书和相应业务的营业执照。

公路工程监理单位是指经中华人民共和国交通运输部公路工程建设主管机关批准成立，取得营业执照，受公路建设单位委托，从事公路监理业务活动，具有法人资格的咨询公司、监理公司、监理事务所和兼营公路施工监理业务的勘察、设计、教学、科研单位。

监理单位依其资质和专业能力水平，分为甲、乙、丙三个等级。《公路水运工程监理企业资质管理规定》中，将甲、乙、丙三级监理单位必须具备的条件及其监理业务的范围分别作了规定，该规定同时指出，监理单位的监理资格证书由交通部负责审批。已定级的监理单位的资格等级，每2年由监理资格审批部门进行一次复查，必要时可随时抽查，具体事务由交通部基本建设质量监督总站负责办理。新建监理单位在2年内暂不定级，由审批单位发给"临时监理资质证书"，有效期为3年，该监理单位依此证书申办工商注册和领取营业执照，2年后，依法定要求和程序方可申请定级。

（四）施工监理制度的运行

施工监理制度在承包合同中引入监理工程师制度，可以在承、发包合同双方发生违约行为时，由监理工程师及时公正地处理，它是一种内部监督机制，其运作过程如下：

（1）对于承包商应履行的义务，业主委托监理工程师进行监督和管理。

（2）对于业主应提供的施工条件，监理工程师应及时提醒并协助业主予以解决。

（3）对于承包人在工程施工中应获的付款，监理工程师审批后应及时发给付款证明。

（4）业主和承包人不发生直接联系，业主应通过监理工程师向承包人发布指令。

（5）合同当事人任何一方违约时，监理工程师均应依公允原则裁决，并确定其损失。

上述施工监理制度的运行，能有效地减少合同纠纷的发生。

（五）施工监理制度中的组织形式

1. 主管部门

《公路工程施工监理办法》第八条规定："承担公路施工监理业务的单位，必须是经交通主管部门审批，取得公路工程施工监理资格证书、具有法人资格的监理组织。"《公路水运工程监理企业资质管理规定》第五条："交通运输部负责全国公路、水运工程监理企业资质管理工作，其所属的质量监督机构受交通运输部委托具体负责全国公路、水运工程监理企业资质的监督管理工作。"

2. 现场监理人员

现场监理人员包括：

（1）监理总负责人（总监）、总监代表、高级驻地监理工程师、专业监理工程师。

（2）测量、试验操作人员和现场旁站人员（以上统称监理员）。

（3）必要的文书、行政人员。

3. 资质要求

项目监理总负责人（总监）、总监代表、高级驻地监理工程师一般应具有高级工程师或高级经济师技术职称并应取得交通运输部颁发的监理工程师证书。

专业监理工程师应具有工程师或经济师技术职称，并相应取得交通运输部颁发的监理工程师证书；分别有路基、路面、结构、机械、材料、试验、测量、计划及合同管理等方面的专业人员。测量、试验及现场旁站等监理员必须具有初级技术职称，或经过专业技术培训。上述内容均在《公路工程施工监理办法》中有具体规定。

七、监理制度中三方的权利与义务

1. 监理工程师的职责和权限

（1）与业主协商后，决定承包人申请分包的部分工程。

（2）解释和调整合同文件中含糊不清或互不一致之处。

（3）批准承包人的授权代表、主要人员及工程计划、材料货源等。

（4）批准承包人的施工图纸，必要时要向承包人签发进一步的图纸或命令。

（5）系统地检查工程计划，指令合同中的某些工程开始施工。

（6）控制和评定工程进度，如必要，可指令工程暂停，或与业主协商确定工程延长期限。

（7）可以对工程或其任何部分的形式、质量或数量签发变更指令，确定没有单价的变更工程价款。

（8）向承包人准备和签发支付证书，并证实工程或部分工程完工。

（9）检查工程质量和工艺是否符合规范和指令要求，批准用于工程的材料和设备。

（10）指令使用计日工及规定金额。

（11）计算已完工的工程。
（12）审查承包人的所有安全设施和工程照明。
（13）审查承包人的账单、票据、索赔计算等。
（14）在缺陷责任期检查工程缺陷，并在缺陷责任期满后签发缺陷责任终止证书。
（15）监理工程师应协助业主处理与业主和承包人有关的争端，并在经济仲裁、质询或产生民事纠纷时，出庭作证。

2. 业主的权利与义务

（1）业主的权利主要包括：

1）业主有权指定分包人，未经业主同意，承包人不得将合同或合同名下的任何利益转让给他人。

2）业主有授予监理工程师职责权限的权利。

3）业主在承包人或分包人的职员等出现任何损失时，包括材料、设备损失等，有不予赔偿的权利。

4）承包人违反或放弃合同时，业主有终止雇用承包人的权利。

5）业主不满意监理工程师的裁定时，有要求依合同仲裁的权利。

6）承包人执行监理工程师指令违约时，业主有启用其他承包人来执行指令，并向其支付应由承包人支付而其未支付的一切费用的权利。

7）业主根据监理工程师的证明，有直接向指定的分包人支付分包合同内已规定由承包人支付而承包人未支付的一切费用的权利。

（2）业主的义务包括：

1）业主有维护监理工程师公允依法执行监理业务的义务。

2）业主应按合同规定，提供给承包人现场占有权。

3）业主有义务协助承包人办理施工需要的进出口海关的有关手续和政府许可证。

4）业主有义务承担并偿付因特殊风险而发生的费用。

5）业主有义务赔偿因业主违约而合同终止所引起的有关损失。

6）业主有义务参加现场邀请的主要会议。

3. 承包人在监理制度中的权利与义务

（1）承包人的权利主要包括：

1）有权在工程符合要求，并经监理工程师确认后，在规定的时间内按约得到应支付的款额。

2）有权对监理工程师的指令提出质疑。

3）有权依合同延长工期与索赔。

4）有权在业主违约、拒绝监理工程师的付款证明或业主破产时，暂停、减缓或中止合同。

5）有权获得因业主原因造成损失的赔偿。

6）有权不同意业主和监理工程师指定的分包人。

（2）承包人的义务包括：

1）有在对监理工程遇指令质疑未获否认时，继续执行监理工程师指令的义务。

2）有义务完成和修复工程设计、施工中的任何缺陷，并提供设计、施工等装备、人力等。

3）有义务保护现场工作人员的权利不受侵犯。

4）有义务依法提供并维护照明、警卫、围栏、警告牌及看守人员等。
5）有义务对任何分包人员及其职员、工人的行为及工作疏忽，负违约责任。
6）有义务遵守施工噪声、环保等方面的法律。
7）有义务接受监理工程师的监理检查。

第四节　公路养护的法律制度

公路养护的法律法规及规章标准，构成了公路养护制度的法律基础。新中国成立以来，我国对公路养护工作历来十分重视，但在多数情况下是以行政手段和行政管理的方式进行公路养护工作的，致使投入大、养护等级低、效益差的情况屡见不鲜，严重地制约着公路的高效使用和经济利用。在公路建设发展的同时，要依《公路法》将"建路养路"的原则贯彻到公路建设发展的始终，就此提高公路的标准化，美化和文明样板路建设的导向性投资力度，就必须以法养路，以制度的形式规范公路的养护行为。我国《公路法》等法律法规中对依法养路做了许多具体的规定和要求。

一、我国公路养护的基本内容与要求

（1）公路管理机构是公路养护的主体。

（2）我国《公路法》第三十五条规定："公路管理机构应当按照国务院交通主管部门规定的技术规范和操作规程对公路进行养护，保证公路经常处于良好的状态。"

（3）公路养护的基本方针。公路养护以预防为主，防治结合，经常保持公路完好平整、畅通、整洁、美观，及时修复损坏部分，周期性地进行大中修，逐步改善技术状况，提高公路使用质量和抗灾能力。

（4）公路养护的目的和基本任务。交通运输部颁布的技术规范JTG H10—2009《公路养护技术规范》规定，公路养护的目的与任务是：

1）经常保持公路及其设施的完好状况，及时修复损坏部分，保障行车安全、舒适、畅通。
2）采取正确的技术措施，提高养护工作质量，延长公路的使用年限。
3）防治结合，治理公路存在的病害和隐患，逐步提高公路的抗灾能力。
4）对原有技术标准过低的路线和构造物以及沿线设施进行分期改善和增建，逐步提高公路的使用质量和服务水平。

（5）公路养护的工作原则。

二、公路养护的工程分类及其养护技术要求

我国的公路养护工作按其工程性质、规模大小、技术难易程度划分为小修保养工程、中修工程、大修工程和改善工程四类。

（1）小修保养工程。小修保养工程是对养管范围内的公路及其一切工程设施进行预防性养护，修补其轻微损害部分，使之经常保持完好状态的项目。

（2）中修工程。从技术性指标上看，中修工程是对养管范围内的公路及其工程设施的一般性磨损和局部损坏进行定期的修理、维护和加固，以恢复原状的小型工程项目为主。它通常是由基层公路管理机构按年（季）安排计划并组织实施的工作。

（3）大修工程。从其技术性指标上看，大修工程是指对养管范围内的公路及其工程设施的较大损坏进行周期性的综合修理，全面恢复到原设计标准，或对公路原技术等级范围内进行局部改善和个别增建，以逐步提高公路通行能力的工程项目。

（4）改善工程。从其技术性指标上看，改善工程是对公路及其工程设施在因不适应交通量和载重需要而分期逐段提高其技术等级，或通过改善显著提高其通行能力的较大工程项目。

三、公路养护的转型与挑战

公路养护管理是公路交通工作的基础，对保障路网整体效能，促进公路交通更好适应经济社会发展和人民群众安全便捷出行具有十分重要的意义。2016年6月1日，交通运输部印发了《"十三五"公路养护管理发展纲要》（以下简称《纲要》），相关内容如下：

1. 养护需求规模巨大

从需求的角度看，公路养护事业是一个朝阳产业，前景非常好。公路行业的资金需求具有以下几个特点：一是路网需要较长的建设期才能逐步形成，建设期间投资强度大；二是公路使用期间也需要持续、稳定、大量的资金投入；三是公路行业资金总规模呈不断稳定上升趋势，并不会因为路网形成而大规模减少需求，因为建设是一点一点建的，但建设完成后都要养护，而且路龄越长，养护需求越高。为此，美国知名战略家布热津斯基惊呼："当今世界，美国与中国的竞争很可能愈演愈烈，基础设施老化可能成为美国衰落的标志和征兆"。

2. 公路养护管理存在一些短板和问题

"十三五"时期，是全面建成小康社会的决胜时期，也是全面建设"四个交通"的战略机遇期，进一步加强公路养护管理工作对保持公路基础设施良好技术状况、保障路网整体效能发挥、服务经济社会发展和人民群众安全便捷出行等具有十分重要的意义。随着国家行政体制改革、财税体制改革进一步深化，"十三五"时期公路交通将面临新的发展形势和环境。但面对发展新形势和群众出行的新需求，公路养护管理还存在一些短板和问题。总体上看，公路建设任务依然繁重与养护管理压力快速上升，将是当前和今后一段时期公路发展面临的主要矛盾。这对矛盾在公路养护管理方面的突出表现，就是"四个不适应"：一是资金供给能力不足与养护高峰期实际需要不适应；二是传统发展模式与新常态下推进供给侧结构性改革的新要求不适应；三是体制机制与推进行业治理体系和治理能力现代化的新要求不适应；四是服务供给质量不高与人民群众日益增长的服务新需求不适应。党的十八届五中全会深刻分析了全面建成小康社会决胜阶段我国发展环境的基本特征，交通运输的发展环境与国家的发展大势紧密相连，"十三五"时期仍是我国交通运输发展的重要战略机遇期。

3. 《纲要》提出了"十三五"时期公路养护管理工作要适应经济发展新常态

加强公路养护管理有效供给；适应全面深化改革新形势，完善公路养护管理顶层设计；适应依法治国新要求，提高公路养护管理治理能力和水平；适应践行"五大发展"新理念，转变公路养护管理发展方式；适应公路发展新趋势，突出公路养护管理。"十三五"时期公路养护管理工作总体目标——围绕"改革攻坚、养护转型、管理升级、服务提质"四个方面精准发力，争取到2020年，实现公路养护管理"1+2"总体目标，即建设"一张网络"（安全畅通的公路网络）和"两个体系"（公众满意的服务体系和高效可靠的保障体系）。

党的十八届五中全会提出创新、协调、绿色、开放、共享的发展理念，这是适应和引领经济发展新常态的重大理念创新，也是推动我国公路养护管理转型发展的方向指引。"十三五"

时期，各级公路管理部门必须围绕总体目标，遵循发展规律，顺应时代要求，把准阶段特征，把牢服务属性，坚持五大发展理念，按照"四个交通"发展要求，以构建现代养护管理体系为引领，着力改革攻坚、推进养护转型、强化管理升级、促进服务提质，努力构建更加畅通、安全、智慧、绿色的公路交通网络，为全面建成小康社会当好先行。在日常工作中，各级公路管理部门要积极践行五大发展理念，注重用创新发展激发养护管理新动力，用协调发展构建养护管理新格局，用绿色发展探索养护管理新模式，用开放发展拓展养护管理新空间，用共享发展提升公共服务新水平。

4. "十三五"时期公路养护管理工作总体目标

要着力改革攻坚，健全公路养护管理治理体系。一是稳步推进公路体制改革，科学理顺公路养护管理事权关系，开展公路管理体制改革。二是逐步健全收费公路政策，修订《收费公路管理条例》；鼓励和吸引社会资本，采取PPP模式参与收费公路建设经营；规范公路权益转让、建立健全收费公路运营工作机制和行业监管制度等。三是有序推进公路综合执法改革，建立权责清晰、透明高效、保障有力的公路综合执法体制和运行机制。同时，加强执法规范化建设。四是分类推动公路养护市场化改革，引入市场机制，将公路养护领域适合的事项从"直接提供"转由向社会"购买服务"，实现资源配置最优化。

要推进养护转型，加快构建现代公路养护体系。一要推行养护决策科学化，研究出台公路养护科学决策指导意见，加快建立公路养护科学决策机制和技术要求等。二要推进养护管理制度化，健全养护工程管理制度体系，完善养护预算管理制度，建立养护监管与考核制度。三要实行养护作业标准化，构建以技术标准和规范要求为约束的养护检测、实施、评价一体化标准流程和固定行为。四要促进养护工程精准化，加大普通国省道改造力度，全面开展预防性养护，强化干线公路综合养护，开展公路安全提升工程，并加强农村公路养护管理。五要倡导养护生产绿色化，积极应用快速养护及修复技术缩短养护作业时间，加快淘汰落后工艺。六要强化桥隧养护规范化，强化桥梁隧道养护责任落实和运行监管，加强长大桥隧健康监测和动态运行监管等。七要实现人才队伍专业化。

要强化管理升级，促进路网运行优质高效。一是完善路网运行监测体系，建立全行业纵向贯通、横向衔接、责权清晰的路网运行管理体制，并加快公路网监测体系建设和路网运行态势研判与辅助决策能力建设。二是加强应急保障体系建设，修订《公路交通突发事件应急预案》，加快国家区域性公路交通应急物资储备中心建设，依托基层养护道班、工区建设，建立公路养护与应急中心等。三是推进"互联网+"路网管理，有效提升路网管理智能化水平。四是严格公路超载超限治理，加强源头治超、科技治超，完善路面监控网络，统一货车超限超载认定标准，研究推动严重超限超载违法行为入刑等工作。

要促进服务提质，满足公众出行更高需求。一是完善公路配套服务设施，包括完善普通国省道出行服务设施、规范高速公路服务区运营管理，提升ETC服务品质，完善公路交通标志设置等。二是推进公众出行信息服务体系建设，构建政府和社会互动的信息采集、共享和应用机制，利用短信平台、门户网站以及微信、微博等新媒体手段，建设多渠道、全方位的公路出行信息服务体系等。三是加强沿线路域环境综合治理，在地方政府统一领导下，联合有关部门有计划、有步骤地开展路域环境综合治理。四是完善高速公路惠民政策，将高速公路车辆救援服务纳入高速公路管理体系，继续落实好国家关于鲜活农产品运输"绿色通道"的惠民政策。

5. 推进"互联网+"路网管理，有效提升路网管理智能化水平

通过2~3年时间，实现全国"一库、一图、一平台"，有效提升路网管理智能化水平。其中，在系统建设上，一是要加快云计算、大数据等现代信息技术的集成创新与应用，建立基于现代通信信息技术实时路网运行监测体系，全面实现路网资产、承载对象、管理资源等要素数字化。二是要以公路养护科学决策、治理超限超载、路网运行监测、应急调度指挥、公路综合执法管理、出行信息服务为重点，加强路网管理各项核心业务系统集成和应用。三是要建立健全跨区域、跨部门的信息共享与交换机制，实现部省间应用系统的互联互通、多级联动与共享服务。

第五节　路政管理的法律制度

路政管理是国家行政权在公路事业中的具体体现和延伸。在路政管理中，公路主管部门依照国家法律、法规和政府的有关行政规范性文件，行使着保护国家路产、维护国家路权的职权。

（1）路政管理是指县级以上人民政府交通主管部门或者其设置的公路管理机构，为维护公路管理者、经营者、使用者的合法权益，根据《公路法》及其他有关法律、法规和规章的规定，实施保护公路、公路用地及公路附属设施（以下统称路产）的行政管理。

路政管理工作应当遵循"统一管理、分级负责、依法行政"原则。

县级以上地方人民政府交通主管部门设置的公路管理机构根据《公路法》的规定或者根据县级以上地方人民政府交通主管部门的委托负责路政管理的具体工作。

（2）县级以上地方人民政府交通主管部门或者其设置的公路管理机构的路政管理职责如下：

1）宣传、贯彻执行公路管理的法律、法规和规章。

2）保护路产。

3）实施路政巡查。

4）管理公路两侧建筑控制区。

5）维持公路养护作业现场秩序。

6）参与公路工程交工、竣工验收。

7）依法查处各种违反路政管理法律、法规、规章的案件。

8）法律、法规规定的其他职责。

（3）任何单位和个人不得破坏、损坏或者非法占用路产。任何单位和个人都有爱护路产的义务，有检举破坏、损坏路产和影响公路安全行为的义务。除公路防护、养护外，占用、利用或者挖掘公路、公路用地、公路两侧建筑控制区，以及更新、砍伐公路用地上的树木，应当根据《公路法》和《公路路政管理规定》，事先报经交通主管部门或者其设置的公路管理机构批准、同意。

（4）因修建铁路、机场、电站、通信设施、水利工程和进行其他建设工程需要占用、挖掘公路或者使公路改线的，建设单位应当按照《公路法》第四十四条第二款的规定，事先向交通主管部门或者其设置的公路管理机构提交申请书和设计图。申请书的主要内容如下：

1）主要理由。

2）地点（公路名称、桩号及与公路边坡外缘或者公路界桩的距离）。

3）安全保障措施。

4）施工期限。

5）修复、改建公路的措施或者补偿数额。

（5）跨越、穿越公路，修建桥梁、渡槽或者架设、埋设管线等设施，以及在公路用地范围内架设、埋设管（杆）线、电缆等设施，应当按照《公路法》第四十五条的规定，事先向交通主管部门或者其设置的公路管理机构提交申请书和设计图。申请书主要内容如下：

1）主要理由。

2）地点（公路名称、桩号及与公路边坡外缘或者公路界桩的距离）。

3）安全保障措施。

4）施工期限。

5）修复、改建公路的措施或者补偿数额。

（6）因抢险、防汛需要在大中型公路桥梁和渡口周围二百米范围内修筑堤坝、压缩或者拓宽河床，应当按照《公路法》第四十七条第二款的规定，事先向交通主管部门提交申请书和设计图。申请书主要内容如下：

1）主要理由。

2）地点（公路名称、桩号及与公路边坡外缘或者公路界桩的距离）。

3）安全保障措施。

4）施工期限。

（7）农业机械因当地田间作业需要在公路上短距离行驶或者军用车辆执行任务需要在公路上行驶的，可以不受前款限制，但是应当采取安全保护措施。对公路造成损坏的，应当按照损坏程度给予补偿。

（8）超过公路、公路桥梁、公路隧道或者汽车渡船的限载、限高、限宽、限长标准的车辆，确需在公路上行驶的，按照《公路法》第五十条和交通运输部制定的《超限运输车辆行驶公路管理规定》的规定办理。

（9）在公路用地范围内设置公路标志以外的其他标志，应当按照《公路法》第五十四条的规定，事先向交通主管部门或者其设置的公路管理机构提交申请书和设计图。申请书主要内容如下：

1）主要理由。

2）标志的内容。

3）标志的颜色、外廓尺寸及结构。

4）标志设置地点（公路名称、桩号）。

5）标志设置时间及保持期限。

（10）在公路上增设平面交叉道口，应当按照《公路法》第五十五条的规定，事先向交通主管部门或者其设置的公路管理机构提交申请书和设计图或者平面布置图。申请书主要内容如下：

1）主要理由。

2）地点（公路名称、桩号）。

3）施工期限。

4）安全保障措施。

（11）在公路两侧的建筑控制区内埋设管（杆）线、电缆等设施，应当按照《公路法》第五十六条第一款的规定，事先向交通主管部门或者其设置的公路管理机构提交申请书和设计图。申请书主要内容如下：

1)主要理由。
2)地点(公路名称、桩号及与公路边坡外缘或公路界桩的距离)。
3)安全保障措施。
4)施工期限。

第六节 收费公路及其法律规定

一、现行《收费公路管理条例》

(1)设置收费站必须报经省人民政府批准,未经省人民政府批准,任何单位和个人不得在公路上设置收费站(卡)。

(2)收费站按收费项目、经营期限和偿还投资者利益分为经营性项目收费站和非经营性项目收费站。

经营性项目是指有经营期限,以偿还投资者利益而收取车辆通行费的项目;非经营性项目是指没有经营期限,以还清贷款(含有偿集资)本息为目的而收取车辆通行费的项目。

(3)省交通行政主管部门负责全省收费站的行业管理,其主要职责是:
1)收费站的布局、定点、撤并、迁移。
2)收费票据的管理。
3)会同省物价行政主管部门审查批准收费标准,收费标准由省物价行政主管部门公布。
4)收费站站牌、标牌、指挥信号的制发。
5)收费站人员的培训及服装的制发。
6)与收费站行业管理有关的其他事项。

省物价行政主管部门负责制发收费站的"收费许可证"。

省财政部门负责非经营性项目收费站的收费票据和所有收费站罚款票据的监制。

省地税部门负责经营性项目收费站的收费票据的监制。

省审计部门负责依法对收费站财务收支进行审计和监督。

(4)收费站的设置应统一布局、合理定点,为车辆创造良好的运行条件。
1)高速公路,除两端出入口和匝道外,禁止在主线上设置收费站。
2)实行收费的公路,在同一条公路主线上,相邻收费站的间距,按国家有关规定执行。
3)在已设收费站的同一条公路上延伸改(扩)建,而距离又不符合设站要求的项目,按基建程序上报,经省有关部门批准后,可纳入已设的收费站收费。不得将辖区内未经省人民政府批准,无关联的其他公路纳入收益好的收费站进行"合并收费""统筹还贷"。
4)禁止设立旨在内部票据监督的停车验票站及在路面设置强制性减速障碍。

(5)车辆通行费的收费标准应根据公路工程建设项目的规模、还贷基数、还贷期限、车流量、经营期限、地区差别及车主承受能力等基本因素确定。收费标准的具体审批和公布办法,由省交通行政主管部门会同省物价行政主管部门制定。

收费站开始收费前,应领取并悬挂省交通行政主管部门统一制作的收费站站牌、标牌(公开审批机关、主管部门、收费标准、收费单位、监督电话)和省物价行政主管部门统一制发的"收费许可证"。收费员上岗时必须统一着装、持证上岗。经省交通行政主管部门对上述规定检查合格后方可收费。

收费站必须建立健全的财务、审计、统计、票据管理制度和报表制度。非经营性项目收费站使用省财政部门监制的收费票据；经营性项目收费站使用省地税部门监制的收费票据。

（6）非经营性项目收费站收取的通行费，应按行政事业性收费管理规定，纳入财政专户管理，扣除管理费外，全部用于偿还贷款和有偿集资，不准用于其他固定资产投资或挪作他用。

（7）经营性的公路项目经营期满，应立即停止收费，撤销收费站。非经营性公路项目还清投资本息后，原则上也应停止收费，撤销收费站。个别特殊情况，经省人民政府批准后，可适当延长收费期，收费上缴省财政，由省交通行政主管部门负责收缴。

非经营性公路项目的还贷总额以省有关部门批准的工程施工决算为准。

除正在执行公务并设有固定装置的消防车、医院救护车、殡葬车、公安部门警车、悬挂军用车牌和省人民政府规定免交通行费的车辆外，其他机动车辆，无论驾驶员和乘车人员持有何种证件，均必须按规定缴纳车辆通行费。对强行通过收费站的车辆，造成收费设施损坏的，按法律、法规有关路政管理的规定处理；对违反治安管理条例者，应交由公安机关处理。

二、《收费公路管理条例》修订方向

2016年8月，从交通运输部新闻发布会上获悉，《收费公路管理条例》修订稿已上报国务院。修订稿确立了"收费"与"收税"长期并行的两个公路体系发展模式，明确政府收费公路实行规范的预算管理，除收费公路权益外，所有收费公路资产均不得转让和上市交易，提高了收费公路设置门槛，并对收费期限做出调整。

1. 确立"收费"与"收税"长期并行的两个公路体系发展模式

突出了收费公路和非收费公路的不同政策，体现了两个公路体系统筹发展的导向：一是从资金来源上，明确政府对非收费公路的投入义务；明确收费公路的多元化筹资渠道。二是从等级构成上，明确收费公路以高速公路为主体；三是明确政府收费公路不得无偿划拨，除收费公路权益外，收费公路资产不得转让和上市交易。

2. 调整两种类型收费公路的内涵

一是将通过政府举债方式建设的公路统一表述为政府收费公路。未来政府管理的收费公路建设、改扩建资金将统一采取发行地方政府专项债券方式筹集，用通行费偿还，纳入政府性基金预算管理。二是在经营性公路中增加了采用政府和社会资本合作模式（PPP）的内涵，并统一表述为特许经营公路。

3. 调整政府收费公路统借统还制度

一是将现行《收费公路管理条例》规定的"统一贷款、统一还款"修改为"统一举债、统一收费、统一还款"。二是统借统还的主体由省级交通主管部门修改为"省、自治区、直辖市人民政府"。三是将统借统还的范围限定为"政府收费公路中的高速公路"。通过以省为单位对高速公路实行统收统支、统一管理，降低了政府收费公路的融资和运营成本，提高管理效率，增强政府偿债能力，降低政府性债务风险。

4. 明确经营性公路实行特许经营制度

根据党的十八届三中全会精神以及经国务院同意、国家发改委等六部门联合发布的《基础设施和公用事业特许经营管理办法》规定，明确经营性公路实行特许经营制度。一是明确采用招标投标等竞争方式选择投资者；二是通过签订特许经营协议，明确特许经营者的公路养护管理、保证服务质量、信息公开的义务，明确合理回报、风险分担等内容。

5. 提高收费公路的设置门槛

严格控制高速公路以外的收费里程规模，严格收费公路的设置，由原来中西部经批准二级公路可以收费的规定，进一步限定为新建和改建技术等级为二级以下（含二级）的公路不得收费。并明确已经取消收费的二级公路升级改造为一级公路的，不得重新收费。最终实现只有高速公路收费，其他公路全部回归公共财政承担的目标；此外，还提高了独立收费桥隧的设置标准，由原来的二车道800米和四车道500米统一提高为1 000米以上。

6. 调整收费期限

一是政府收费公路中的高速公路实行统借统还，修订后的《收费公路管理条例》不再规定具体的收费期限，按照用收费偿还债务的原则，以该路网实际偿债期为准确定收费期限。高速公路以外的政府收费公路，维持现行《收费公路管理条例》最长不超过15年、中西部最长不超过20年的规定。二是特许经营公路的经营期限按照收回投资并有合理回报的原则确定。其中高速公路的经营期限一般不得超过30年，对于投资规模大、回报周期长的高速公路，可以约定超过30年的特许经营期限。高速公路以外一级公路及桥隧的经营期限，维持现行《收费公路管理条例》最长不超过25年、中西部最长不得超过30年的规定。三是政府收费高速公路在政府性债务偿清后，以及特许经营高速公路经营期届满后，其养护、管理资金可按满足基本养护、管理支出需求和保障效率通行的原则实行养护管理收费，以解决高速公路养护费用的问题，保证高速公路正常通行。四是对一级收费公路改建为高速公路或者提高高速公路通行能力增加了政府债务或社会投资的改扩建工程，可重新核定偿债期限或经营期限。除高速公路以外，其他所有政府收费公路和特许经营公路在偿债期、经营期满后必须停止收费，其剩余政府性债务经审计后全部纳入预算管理。

7. 进一步规范收费公路转让

一是明确转让政府收费公路权益中的收费权，应当综合考虑转让的必要性、合理性、社会承受力、债务余额等因素，并严格限制。二是对政府收费公路收费权转让的出让价做了规定，不得低于资产评估机构评估的价值。三是明确转让特许经营公路收费权，应当征得签订该特许经营协议的交通运输主管部门的同意，并重新签订特许经营协议。四是明确不得以转让为由提高车辆通行费标准。转让政府收费公路的收费权可延长不超过5年的收费期限，转让特许经营公路收费权不得延长经营期限。

8. 强化政府对收费公路的监管

一是明确政府收费公路收支纳入预算管理，加强政府对收费公路资金使用、公路技术状态和通行服务水平的监管；二是通过特许经营协议明确经营者的权利义务，规范和限制特许经营行为，防止出现不合理收益或者服务质量不到位的行为；三是明确收费公路养护应急保通、治理超限超载等义务及措施，进一步强化政府及经营者的服务职能；四是建立收费公路信息公开制度，明确和落实收费公路相关信息向社会公示的主体、内容、形式及相关责任；五是通过高速公路实行联网收费和电子不停车收费，减少收费站数量，提高通行效率和服务水平。

案例分析

2017年2月28日，××县路政大队执法人员张三、李四在S306线巡查时发现在451公里+500米路段北侧的公路建筑控制区内有人正在修建房屋。

据调查：该建筑物为当事人王五所建，王五因家庭住房困难经当地乡政府同意后于2017年2

月15日开始建房,目前已建起一层。该房屋东侧滴水距公路水沟外沿距离为5.2米,西侧滴水距离公路水沟外沿6.5米;王五的房屋西面为旱地,东边相距15米为赵六已建成的房屋(距公路水沟外沿15米),王五与赵六房屋之间为水田。王五修建房屋的过程中,建筑材料堆码占据水沟8米,有效路面宽1.5米、长8米。(本事实仅作案例分析用,无任何针对性)

(1)针对此案应当如何查处?请说明执法程序以及法律文书种类。

(2)此案的执法主体是谁?如果经公路部门依法进行强制拆除后,王五可向哪家法院起诉?被告是谁?第三人是谁?

(3)请按照现场情况绘制现场勘察图,如图2-1所示,要求按照现场勘察图以国际符号绘制,包括在建房屋、已建成的建筑物、水沟、水田、旱地、堆积物等。

```
                    现场勘察图
时  间:____年____月____日____时____分至____时____分
地  点:____道____公里+____米至____道____公里+____米
天  气:____    勘察人:____    记录人:____
当事人:____    被邀请人:____




勘察人(签名)              记录人(签名)
当事人(签名)              被邀请人(签名)
```

图2-1 现场勘察图

(4)下面是路政执法人员就王五违法建房问题制作的询问笔录(如图2-2所示)和下达的行政处罚决定书(如图2-3所示):

```
                    询 问 笔 录
时  间:2017年2月15日12时00分至12时30分
地  点:某县××乡××村××组违法建筑现场
询问人:张三    单位:××县公路管理局    执法证号:430802××
记录人:李四    单位:××县公路管理局    执法证号:430802××
被询问人:王五    性别:男    年龄:36    与案件关系:当事人
工作单位:无                电话:无
家庭住址:××县××乡××村××组    邮编:____
兹将询问内容记录如下:
问:我们是××公路局路政大队的执法人员,现就S306线451公里+500米公路建筑控制区内建房一案,向你了解有关情况,望你如实回答,听清楚了吗?
答:听清楚了。
问:在省道S306线451公里+500米公路北面正在修建的房屋是谁修的,你知道吗?
答:是我修建的。
问:你是什么时间开始动工修建的?
答:我是2月15号开始动工的。
问:你为什么要在公路建筑控制区内下脚建房?
答:因为家里弟兄多,住不下了,经过乡政府同意我才在这里修的。
问:你修建的房屋违反了《中华人民共和国公路法》的相关规定,你有什么打算?
答:家里困难实在住不下,乡里面也同意我修的,希望你们能理解,让我把房子建起来。
问:你还有什么补充的吗?
答:没有了。
```

图2-2 询问笔录

```
××市××县公路局交通行政处罚决定书
当事人：王五
地  址：××县××乡××组
    当事人在公路建筑控制区内违法建房一案，经依法审理，现查明：当事人于2017年2月28日在省道S306线公路建筑控制区内建房。
    上述事实清楚，证据充分，应予认定。
    本局认为：当事人修建的房屋违反了《中华人民共和国公路法》第五十四条之规定。依据《中华人民共和国公路法》第七十九条之规定做出如下行政处罚决定：
    1. 当事人立即拆除其违法建筑
    2. 罚款20 000元
    当事人在收到本处罚决定之日起3日内到建设银行××支行营业部（账号×××××××××××××××）缴纳罚款；逾期不缴纳罚款的，每日按罚款数额的5%加处罚款。
    当事人对本决定不服的，可以在收到本决定书起60日内向××市人民政府或××省交通厅申请复议，或者向人民法院起诉。逾期不复议、不起诉，又不履行本决定的，本局将申请人民法院强制执行。
                                                   2017年2月28日（章）
```

图 2-3　处罚决定书

1）请列出前述询问笔录中错误的地方及理由。

2）请指出前述"行政处罚决定书"中的错误和理由。

3）制作一份完整的"交通行政处罚决定书"，要求使用法律法规准确，程序合法、步骤到位、格式正确。

复习思考题

1. 公路法的主要内容有哪些？
2. 简述公路建设的法人负责制度、招标投标制度、工程监理制度。
3. 公路路政管理有哪些内容？
4. 简述公路的概念及分类。

第二部分 PART 02
道路运输管理法规

第三章 中华人民共和国道路运输条例

【学习目的】

通过学习本章内容,了解公路运输管理工作具体的运作与管理,掌握公路运输的基本特点。

第一节 概 述

《中华人民共和国道路运输条例》(以下简称《条例》)是为了维护道路运输市场秩序,保障道路运输安全,保护道路运输有关各方当事人的合法权益,促进道路运输业的健康发展而制定的法规。2004年4月14日,国务院第48次常务会议通过《条例》,自2004年7月1日起施行;2012年11月9日第一次修正,2016年2月6日第二次修正。《条例》的颁布与实施为建立统一开放、竞争有序的道路运输市场,推进道路运输管理实现现代化,推进依法行政提供了有力的法律武器;是国家高度重视道路运输发展的体现,是道路运输业适应全面建设小康社会要求的客观需要,也是全国交通运输行业工作的核心与指南。

一、《条例》实施的重要性

(1)《条例》解决了我国道路运输市场管理无法可依的局面。道路运输作为覆盖领域最广、线路最多、与人民群众生产生活联系最为密切的运输方式,长期以来主要依据部门规章和地方性道路运输条例进行管理,全国统一开放的道路运输市场格局难以形成,在某种程度上仍然是地域内的开放、地区间的封锁。《条例》的制定出台,为从根本上整治道路运输市场秩序建立了法治基础。同时,《条例》坚持以人为本和全面、协调、可持续的发展观,明确了道路运输管理职责,以保障运输安全为核心,以维护旅客、货主和其他消费者的利益为重点,以建立统一开放、竞争有序的全国道路运输市场为目标,明确了道路运输管理职责,建立和完善了道路运输市场准入、市场监管、市场退出三个机制,大大减少了道路运输行政许可的项目和层次,有利于道路运输管理机构转变管理职能,从重审批弱监管向弱审批重监管方面转变,从传统管理向现代化管理转变。

(2)《条例》适应了加入世界贸易组织后的需要。目前,进入我国道路运输领域的外商已达1 000多家,更多的外商,包括一些国际上著名的大型跨国公司将进入我国道路运输市场。《条例》的颁布实施,一方面可以确保国内企业和国外企业的公平竞争,保护国内、国外投资者的合法权益;另一方面可以为外商在我国投资道路运输业提供法律保障,履行我国政府的对外承诺。自1991年中国政府签订首个中外汽车运输协定以来,我国已与周边国家签订了多个双边、多边汽车运输条约,这些协定的执行均要有国内的道路运输法规作保证。

目前,我国国际道路运输统筹规划不够,口岸基础设施不配套,管理体制不顺,市场培育不充分,与我国经济快速发展和对外经贸大国的地位不相称。今后一个时期,我国将从推动实施国家"一带一路"战略、提高通关便利化水平、健全完善政策法规标准体系、规范国际道路运输车辆准入管理等方面推进国际道路运输的发展。

（3）《条例》设定了严格、有效的法律制度，来保障运输安全生产。在市场准入方面，《条例》要求有与其经营业务相适应并经检测合格的车辆、有符合规定条件的驾驶人员、有健全的安全生产管理制度，对危险货物运输管理更体现了从严管理的原则，要求必须有检测合格的专用车辆和取得上岗资格证的从业人员等。在经营行为规范方面，《条例》对旅客、运输经营者、押运人员、驾驶人员、运输站（场）经营者等做出了严格的要求。在市场监管方面，《条例》明确了道路运输管理机构的职责，并对影响运输安全的违法行为设定了相应的行政处罚制度。

（4）《条例》在建立诚实信用、公平竞争制度，鼓励发展乡村道路运输，打破地区封锁、地方保护，推动国内、国际市场一体化等方面提出了明确要求，推动建立了全国统一的运输市场。《条例》专门列一章对国际道路运输进行了调整和规范，将国内运输市场和国际运输市场进行了有效衔接，实现了国内、国际运输市场管理的一体化。

（5）维护人民群众利益，以人为本，是《条例》的立法重点。《条例》要求客运经营者应当为旅客提供良好的乘车环境，采取必要的措施防止在运输过程发生侵害旅客人身、财产安全的违法行为。

《条例》的颁布实施，填补了我国道路运输管理方面的立法空白，完善了中国特色社会主义的法律体系，为建立统一开放、竞争有序的道路运输市场，推进依法行政提供了有力的法律武器，对我国道路运输走向法治化、规范化和科学化管理的轨道具有重要意义。

二、《条例》的基本内涵和原则

《条例》根据《中华人民共和国行政许可法》的立法精神，体现了有权必有责、用权受监督、侵权需赔偿的权力运作规律，在设立行政许可方面采取了非常慎重的态度。一方面，把关系人民群众生命财产安全的事项，如旅客运输和危险品运输，作为审批的重点，设定严格的市场准入条件；另一方面，对普通货物运输、运输站场经营、机动车维修和驾驶员培训等事项，放宽了市场准入条件，尽可能体现公平、公正、公开和便民、高效、降低管理成本的要求。

《条例》分为总则、道路运输经营、道路运输相关业务、国际道路运输、执法监督、法律责任、附则7章，共82条。《条例》主要坚持了以下原则：

（1）保障运输安全生产。《条例》从市场准入、经营行为规范、市场监管等多个环节把关，设定了严格、有效的法律制度。

（2）建立全国统一的运输市场。建设全国统一的市场，规范市场秩序，加强市场监管，维护公平竞争，打击扰乱市场秩序和经营欺诈等违法行为，是行政机关的重要职责。《条例》在建立诚实信用、公平竞争制度，鼓励发展乡村道路运输，打破地区封锁、地方保护，推动国内、国际市场一体化等方面提出了明确要求。

（3）维护消费者权益。保护公民、法人和其他组织的合法权益，是公共行政的一个重要使命，是依法行政所追求的最终目标。《条例》规定客运经营者、危险货物运输经营者应当为旅客或者危险货物投保承运人责任险，实行了机动车维修质量保证期制度。

（4）约束和监管行政行为。道路运输管理机构依法做出的行政许可、行政处罚和行政强制措施都涉及人民群众的切身利益，如果使用不当，会直接损害人民群众的利益。为防止滥用权、乱执法，《条例》确定了公平、公正、公开和便民的原则，加大了对道路运输管理机构和工作人员的监管力度，要求县级以上人民政府交通主管部门加强道路运输管理，上级道路运输管理机构应当对下级道路运输管理机构的执法活动进行监督，道路运输管理机构及其工作人员执行职务时，应当严格按照职责权限和程序进行，并自觉接受社会和公民的监督。

第二节　道路运输经营

一、客运

道路客运经营是指用客车运送旅客、为社会公众提供服务、具有商业性质的道路客运活动，包括班车（加班车）客运、包车客运、旅游客运、出租客运和公交客运等。

（一）道路客运分类

（1）班车客运是指营运客车在城乡道路上按照固定的线路、时间、站点、班次运行的一种客运方式，包括直达班车客运和普通班车客运。加班车客运是班车客运的一种补充形式，是在客运班车不能满足需要或者无法正常运营时，临时增加或者调配客车，按客运班车的线路、站点运行的方式。

（2）包车客运是指以运送团体旅客为目的，将客车包租给用户安排使用，提供驾驶劳务，按照约定的起始地、目的地和路线行驶，按行驶里程或者包租时间计费并统一支付费用的一种客运方式。

（3）旅游客运是指以运送旅游观光的旅客为目的，在旅游景区内运营或者其线路至少有一端在旅游景区（点）的一种客运方式。

（4）出租客运是指以小型客车为主要运输工具，按乘客意愿呼叫、停歇、上下、等待，按里程或时间计费的一种区域性旅客运输方式。

（5）公交客运是指客运车辆在公路或城市道路上依托候车站（亭、点），按照规定的线路、编码、站点、班次及时间运行的一种客运方式。

出租车客运和城市公共汽车客运的管理办法由国务院另行规定。编者放在这里讲述是为了方便大家了解更多客运的基本知识。

（二）道路客运企业组织条件

（1）须交验完善的企业章程。

（2）有合法的法定代表人，交验法定代表人凭证文件。

（3）有健全的生产经营组织机构，交验生产经营组织机构设置文件。

（4）3年内无重大以上交通责任事故记录。

（三）道路客运企业的一般条件的审查与认定

（1）客车技术要求应当符合《道路运输车辆技术管理规定》有关规定。

（2）从事客运经营的驾驶人员，应当符合下列条件：

1）取得相应的机动车驾驶证。

2）年龄不超过60周岁。

3）3年内无重大以上交通责任事故记录，交通责任事故是指驾驶人员负同等或者以上责任的交通事故。

4）经设区的市级道路运输管理机构对有关客运法规、机动车维修和旅客急救基本知识考试合格而取得相应从业资格证。

（3）有健全的安全生产管理制度，包括安全生产操作规程、安全生产责任制、安全生产监督检查、驾驶人员和车辆安全生产管理的制度。

（4）申请从事道路客运班线经营，还应当有明确的线路和站点方案。道路旅客运输企业在经营管理、车辆技术管理、财务会计和统计等岗位上，至少应分别有1名具有初级以上职称的专业人员，由企业提交在岗人员所持有的专业技术职称资格证书认定；申请经营道路旅客运输时，依据其经营的种类，提交可行性研究报告或理由，写明要求经营的范围。

（5）须有固定的办公场所和与经营规模相适应的停车场地。除固定资产外，须有不少于车辆价值5%的流动资金。经营企业的流动资金，运输业户应在申请开业时，交验由当地会计事务所或审计事务所开具的验资证明。

（6）可行性报告内容，包括申请客运班线客流状况调查、运营方案、效益分析以及可能对其他相关经营者产生的影响等；已与起讫点客运站和停靠站签订进站意向书的，应当提供进站意向书；还应提交运输服务质量承诺书。

（四）其他要求

（1）申请从事道路客运经营的，应当在依法向工商行政管理机关办理有关登记手续后，按照下列规定提出申请：

1）从事县级行政区域内客运经营的，向县级道路运输管理机构提出申请。

2）从事省、自治区、直辖市行政区域内跨2个县级以上行政区域客运经营的，向其共同的上一级道路运输管理机构提出申请。

3）从事跨省、自治区、直辖市行政区域客运经营的，向所在地的省、自治区、直辖市道路运输管理机构提出申请。

（2）取得道路运输经营许可证的客运经营者，需要增加客运班线的，应当依照规定办理有关手续。县级以上道路运输管理机构在审查客运申请时，应当考虑客运市场的供求状况、普遍服务和方便群众等因素。

（3）同一线路有3个以上申请人时，可以通过招标的形式做出许可决定。

（4）县级以上道路运输管理机构应当定期公布客运市场供求状况。

（5）客运班线的经营期限为4~8年。经营期限届满需要延续客运班线经营许可的，应当重新提出申请。客运经营者不得强迫旅客乘车，不得甩客、敲诈旅客，不得擅自更换运输车辆。

（6）旅客应当持有效客票乘车，遵守乘车秩序，讲究文明卫生，不得携带国家规定的危险物品及其他禁止携带的物品乘车。

二、货运

道路货物运输经营是指为社会提供公共服务、具有商业性质的道路货物运输活动。道路货物运输包括道路普通货物运输、道路专用货物运输、道路大型物件运输和道路危险货物运输。

（一）道路货物运输分类

1. 道路普通货物运输

普通货物运输是指通过道路，主要运用汽车运送普通货物的运输。普通货物分为三等：一等普通货物主要是砂、石、渣、土等；二等普通货物主要是日用百货；三等普通货物主要是农产品。

2. 道路专用货物运输

道路专用货物运输是指使用集装箱、冷藏保鲜设备、罐式容器等专用运输设备进行的货物运输。集装箱运输是指使用汽车承运载货集装箱或空载集装箱的运输。集装箱是具有一定技术标准要求的运输设备,分为国际标准集装箱、国内标准集装箱和非标准集装箱。

3. 道路大型物件运输

道路大型物件运输是指在道路上运用汽车运载大型物件的运输。

4. 道路危险货物运输

道路危险货物运输是指承运国家"危险货物品名表"列明的易燃、易爆、有毒、有腐蚀性、放射性等危险货物和虽未列入"危险货物品名表",但具有危险货物性质的新产品的运输。

(二)道路货物运输业户开业一般条件的审查与认定

1. 有与其经营业务相适应并经检测合格的运输车辆

(1)车辆技术要求应当符合《道路运输车辆技术管理规定》有关规定。

(2)车辆其他要求:从事大型物件运输经营的,应当具有与所运输大型物件相适应的超重型车组;从事冷藏保鲜、罐式容器等专用运输的,应当具有与运输货物相适应的专用容器、设备、设施,并固定在专用车辆上。

(3)从事集装箱运输的,车辆还应当有固定集装箱的转锁装置。

2. 有符合规定条件的驾驶人员

(1)取得与驾驶车辆相应的机动车驾驶证。

(2)年龄不超过60周岁。

(3)经设区的市级道路运输管理机构对有关道路货物运输法规、机动车维修和货物及装载保管基本知识考试合格,并取得从业资格证。

3. 有健全的安全生产管理制度

安全生产管理制度包括安全生产责任制度、安全生产业务操作规程、安全生产监督检查制度、驾驶员和车辆安全生产管理制度等。

4. 设施条件

须有固定的办公场所和与经营规模相适应的停车场地。

(1)除固定资产外,须有不少于车辆价值5%的流动资金。

(2)经营企业须具有的流动资金,由业户在申请开业时,交验由当地会计师事务所开具的验资证明。

5. 其他

申请经营道路货物运输时,应依据其经营的种类,提交可行性研究报告或理由,并注明要求经营的种类。

三、客运和货运的共同规定

(1)客运经营者、货运经营者应当加强对从业人员的安全教育、职业道德教育,确保道路运输安全。

(2)道路运输从业人员应当遵守道路运输操作规程,不得违章作业。驾驶人员连续驾驶时间不得超过4个小时。

（3）生产（改装）客运车辆、货运车辆的企业应当按照国家规定标定车辆的核定人数或者载重量，严禁多标或者少标车辆的核定人数或者载重量。道路运输车辆运输旅客的，不得超过核定的人数，不得违反规定载货；运输货物的，不得运输旅客，运输的货物应当符合核定的载重量，严禁超载；载物的长、宽、高不得违反装载要求。

（4）客运经营者、货运经营者应当加强对车辆的维护和检测，确保车辆符合国家规定的技术标准；不得使用报废的、擅自改装的和其他不符合国家规定的车辆从事道路运输经营。

客运经营者、货运经营者应当制定有关交通事故、自然灾害及其他突发事件的道路运输应急预案。应急预案应当包括报告程序、应急指挥、应急车辆和设备的储备，以及处置措施等内容。

（5）道路运输车辆应当随车携带车辆营运证，不得转让、出租。

第三节　道路运输相关业务

一、道路运输服务业分类

（1）道路运输客运站（场）经营。道路运输客运站（场）经营是指以客运站为基础设施，提供站务综合性服务的业务。客运站（场）包括公用型客运站（场）和自用型客运站（场）。

（2）道路运输货运站（场）经营。道路运输货运站（场）（以下简称"货运站"）经营是指以场地设施为依托，为社会提供有偿服务的具有仓储、保管、配载、信息服务、装卸、理货等功能的综合货运站（场）、零担货运站、集装箱中转站、物流中心等经营场所。

（3）机动车维修经营。机动车维修经营是指以维持或者恢复机动车技术状况和正常功能，延长机动车使用寿命为作业任务所进行的维护、修理以及维修救援等相关经营活动。

（4）机动车驾驶员培训。机动车驾驶员培训业务是指以培训学员的机动车驾驶能力或者以培训道路运输驾驶人员的从业能力为教学任务，为社会公众有偿提供驾驶培训服务的活动，包括对初学机动车驾驶人员、增加准驾车型的驾驶人员和道路运输驾驶人员所进行的驾驶培训、继续教育以及机动车驾驶员培训教练场经营等业务。

二、机动车维修经营管理

1. 机动车维修经营的种类

机动车维修经营依据维修车型种类、服务能力和经营项目实行分类许可。机动车维修经营业务根据维修对象分为汽车维修经营业务、危险货物运输车辆维修经营业务、摩托车维修经营业务和其他机动车维修经营业务四类。

汽车维修经营业务、其他机动车维修经营业务根据经营项目和服务能力分为一类维修经营业务、二类维修经营业务和三类维修经营业务。

摩托车维修经营业务根据经营项目和服务能力分为一类维修经营业务和二类维修经营业务。

获得一类、二类汽车维修经营业务或者其他机动车维修经营业务许可的，可以从事相应车型的整车修理、总成修理、整车维护、小修、维修救援、专项修理和维修竣工检验工作；获得三类汽车维修经营业务（含汽车综合小修）、三类其他机动车维修经营业务许可的，可以分别从事汽车综合小修或者发动机维修、车身维修、电气系统维修、自动变速器维修、轮胎动平衡及修补、四轮定位检测调整、汽车润滑与养护、喷油泵和喷油器维修、曲轴修磨、气缸镗磨、散热器维修、空调维修、汽车美容装潢、汽车玻璃安装及修复等汽车专项维修工作。具体有关经营项目按照GB/T 16739.1—2014《汽车维修业开业条件》相关条款的规定执行。获得危险货物运输车辆维修经营业务许可的，除可以从事危险货物运输车辆维修经营业务外，还可以从事一类汽车维修经营业务。

获得一类摩托车维修经营业务许可的，可以从事摩托车整车修理、总成修理、整车维护、小修、专项修理和竣工检验工作；获得二类摩托车维修经营业务许可的，可以从事摩托车维护、小修和专项修理工作。

2. 申请从事汽车维修经营业务或者其他机动车维修经营业务的条件

（1）有与其经营业务相适应的维修车辆停车场和生产厂房。租用的场地应当有书面的租赁合同，且租赁期限不得少于1年。停车场和生产厂房面积按照《汽车维修业开业条件》相关条款的规定执行。

（2）有与其经营业务相适应的设备、设施。所配备的计量设备应当符合国家有关技术标准要求，并经法定检定机构检定合格。从事汽车维修经营业务的设备、设施的具体要求按照国家标准《汽车维修业开业条件》相关条款的规定执行；从事其他机动车维修经营业务的设备、设施的具体要求，参照《汽车维修业开业条件》执行，但所配备设施、设备应与其维修车型相适应。

（3）有必要的技术人员。

1）从事一类和二类维修业务的应当各配备至少1名技术负责人员、质量检验人员、业务接待人员以及从事机修、电器、钣金、涂漆的维修技术人员。技术负责人员应当熟悉汽车或者其他机动车维修业务，并掌握汽车或者其他机动车维修及相关政策法规和技术规范；质量检验人员应当熟悉各类汽车或者其他机动车维修检测作业规范，掌握汽车或者其他机动车维修故障诊断和质量检验的相关技术，熟悉汽车或者其他机动车维修服务收费标准及相关政策法规和技术规范，并持有与承修车型种类相适应的机动车驾驶证；从事机修、电器、钣金、涂漆的维修技术人员应当熟悉所从事工种的维修技术和操作规范，并了解汽车或者其他机动车维修及相关政策法规。各类技术人员的配备要求按照《汽车维修业开业条件》相关条款的规定执行。

2）从事三类维修业务的，按照其经营项目分别配备相应的机修、电器、钣金、涂漆的维修技术人员；从事汽车综合小修、发动机维修、车身维修、电气系统维修、自动变速器维修的，还应当配备技术负责人员和质量检验人员。各类技术人员的配备要求按照《汽车维修业开业条件》相关条款的规定执行。

（4）有健全的维修管理制度。维修管理制度包括质量管理制度、安全生产管理制度、车辆维修档案管理制度、人员培训制度、设备管理制度及配件管理制度。具体要求按照《汽车维修业开业条件》相关条款的规定执行。

（5）有必要的环境保护措施。具体要求按照《汽车维修业开业条件》相关条款的规定执行。

3. 从事危险货物运输车辆维修的汽车维修经营者还应当具备的条件

（1）有与其作业内容相适应的专用维修车间和设备、设施，并设置明显的指示性标志。

（2）有完善的突发事件应急预案，应急预案包括报告程序、应急指挥以及处置措施等内容。

（3）有相应的安全管理人员。

（4）有齐全的安全操作规程。

这里所说的危险货物运输车辆维修是指对运输易燃、易爆、腐蚀、放射性、剧毒等性质货物的机动车维修，不包含对危险货物运输车辆罐体的维修。

4．申请从事摩托车维修经营的条件

（1）有与其经营业务相适应的摩托车维修停车场和生产厂房。租用的场地应有书面的租赁合同，且租赁期限不得少于1年。停车场和生产厂房的面积按照国家标准GB/T 18189—2008《摩托车维修业开业条件》相关条款的规定执行。

（2）有与其经营业务相适应的设备、设施。所配备的计量设备应符合国家有关技术标准要求，并经法定检定机构检定合格。具体要求按照《摩托车维修业开业条件》相关条款的规定执行。

（3）有必要的技术人员。

1）从事一类维修业务的应当至少有1名质量检验人员。质量检验人员应当熟悉各类摩托车维修检测作业规范，掌握摩托车维修故障诊断和质量检验的相关技术，熟悉摩托车维修服务收费标准及相关政策法规和技术规范。

2）按照其经营业务分别配备相应的机修、电器、钣金、涂漆的维修技术人员。机修、电器、钣金、涂漆的维修技术人员应当熟悉所从事工种的维修技术和操作规范，并了解摩托车维修及相关政策法规。

（4）有健全的维修管理制度。包括质量管理制度、安全生产管理制度、摩托车维修档案管理制度、人员培训制度、设备管理制度及配件管理制度。具体要求按照《摩托车维修业开业条件》相关条款的规定执行。

（5）有必要的环境保护措施。具体要求按照《摩托车维修业开业条件》相关条款的规定执行。

5．行政许可实施程序

道路运输管理机构应当按照《道路运输条例》和《交通行政许可实施程序规定》规范的程序实施机动车维修经营的行政许可。机动车维修经营者应当在取得相应工商登记执照后，向道路运输管理机构申请办理机动车维修经营许可手续。

道路运输管理机构对机动车维修经营申请予以受理的，应当自受理申请之日起15日内做出许可或者不予许可的决定。符合法定条件的，道路运输管理机构做出准予行政许可的决定，向申请人出具《交通行政许可决定书》，在10日内向被许可人颁发机动车维修经营许可证件，明确许可事项；不符合法定条件的，道路运输管理机构做出不予许可的决定，向申请人出具《不予交通行政许可决定书》，说明理由，并告知申请人享有依法申请行政复议或者提起行政诉讼的权利。

6．任何单位和个人不得封锁或者垄断机动车维修市场

托修方有权自主选择维修经营者进行维修。除汽车生产厂家履行缺陷汽车产品召回、汽车质量"三包"责任外，任何单位和个人不得强制或者变相强制指定维修经营者。

鼓励机动车维修企业实行集约化、专业化、连锁经营，促进机动车维修业的合理分工和协调发展。鼓励推广应用机动车维修环保、节能、不解体检测和故障诊断技术，推进行业信息化建设和救援、维修服务网络化建设，提高机动车维修行业整体素质，以满足社会需要。

7．机动车维修经营行为规范

机动车维修经营者应当将机动车维修经营许可证件和"机动车维修标志牌"悬挂在经营场

所的醒目位置。

机动车维修经营者不得擅自改装机动车，不得承修已报废的机动车，不得利用配件拼装机动车。机动车维修经营者应当加强对从业人员的安全教育和职业道德教育，确保安全生产。机动车维修从业人员应当执行机动车维修安全生产操作规程，不得违章作业。

机动车维修经营者应当公布机动车维修工时定额和收费标准，合理收取费用。机动车维修工时定额可按各省机动车维修协会等行业中介组织统一制定的标准执行，也可按机动车维修经营者报所在地道路运输管理机构备案后的标准执行，也可按机动车生产厂家公布的标准执行。当上述标准不一致时，优先适用机动车维修经营者备案的标准。

机动车维修经营者应当将其执行的机动车维修工时单价标准报所在地道路运输管理机构备案。

机动车生产厂家在新车型投放市场后六个月内，有义务向社会公布其维修技术信息和工时定额。具体要求按照国家有关部门关于机动车维修技术信息公开的规定执行。

8. 机动车维修质量管理

机动车维修经营者应当按照国家、行业或者地方的维修标准和规范进行维修。尚无标准或规范的，可参照机动车生产企业提供的维修手册、使用说明书和有关技术资料进行维修。

机动车维修经营者不得使用假冒伪劣配件维修机动车。

机动车维修配件实行追溯制度。机动车维修经营者应当记录配件采购、使用信息，查验产品合格证等相关证明，并按规定留存配件来源凭证。

托修方、维修经营者可以使用同质配件维修机动车。同质配件是指产品质量等同或者高于装车零部件标准要求，且具有良好装车性能的配件。

机动车维修经营者对于换下的配件、总成，应当交托修方自行处理。

机动车维修经营者应当将原厂配件、同质配件和修复配件分别标识，明码标价，供用户选择。

机动车维修经营者应当建立机动车维修档案，并实行档案电子化管理。维修档案应当包括维修合同（托修单）、维修项目、维修人员及维修结算清单等。对机动车进行二级维护、总成修理、整车修理的，维修档案还应当包括质量检验单、质量检验人员、竣工出厂合格证（副本）等。

机动车维修经营者应当按照规定如实填报、及时上传承修机动车的维修电子数据记录至国家有关汽车维修电子健康档案系统。机动车生产厂家或者第三方开发、提供机动车维修服务管理系统的，应当向汽车维修电子健康档案系统开放相应数据接口。

机动车维修实行竣工出厂质量保证期制度。

汽车和危险货物运输车辆整车修理或总成修理质量保证期为车辆行驶20 000公里或者100日；二级维护质量保证期为车辆行驶5 000公里或者30日；一级维护、小修及专项修理质量保证期为车辆行驶2 000公里或者10日。

摩托车整车修理或者总成修理质量保证期为摩托车行驶7 000公里或者80日；维护、小修及专项修理质量保证期为摩托车行驶800公里或者10日。

其他机动车整车修理或者总成修理质量保证期为机动车行驶6 000公里或者60日；维护、小修及专项修理质量保证期为机动车行驶700公里或者7日。

质量保证期中行驶里程和日期指标，以先达到者为准。

机动车维修质量保证期，从维修竣工出厂之日起计算。

对机动车维修经营者实行质量信誉考核制度。机动车维修质量信誉考核内容应当包括经营者基本情况、经营业绩（含奖励情况）、不良记录等。

三、机动车驾驶员培训管理

1. 机动车驾驶员培训依据经营项目、培训能力和培训内容实行分类许可

机动车驾驶员培训业务根据经营项目分为普通机动车驾驶员培训、道路运输驾驶员从业资格培训、机动车驾驶员培训教练场经营三类。

普通机动车驾驶员培训根据培训能力分为一级普通机动车驾驶员培训、二级普通机动车驾驶员培训和三级普通机动车驾驶员培训三类。

道路运输驾驶员从业资格培训根据培训内容分为道路客货运输驾驶员从业资格培训和危险货物运输驾驶员从业资格培训两类。

2. 机动车驾驶员培训申请条件

（1）申请从事普通机动车驾驶员培训业务的，应当符合下列条件：

1）取得企业法人资格。

2）有健全的培训机构。包括教学、教练员、学员、质量、安全、结业考试和设施设备管理等组织机构，并明确负责人、管理人员、教练员和其他人员的岗位职责。具体要求按照GB/T 30340—2013《机动车驾驶员培训机构资格条件》相关条款的规定执行。

3）有健全的管理制度。包括安全管理制度、教练员管理制度、学员管理制度、培训质量管理制度、结业考试制度、教学车辆管理制度、教学设施设备管理制度、教练场地管理制度、档案管理制度等。具体要求按照《机动车驾驶员培训机构资格条件》相关条款的规定执行。

4）有与培训业务相适应的教学人员。

① 有与培训业务相适应的理论教练员。机动车驾驶员培训机构聘用的理论教练员应当具备以下条件：持有机动车驾驶证，具有汽车及相关专业中专以上学历或者汽车及相关专业中级以上技术职称，具有两年以上安全驾驶经历，熟练掌握道路交通安全法规、驾驶理论、机动车构造、交通安全心理学、常用伤员急救等安全驾驶知识，了解车辆环保和节约能源的有关知识，了解教育学、教育心理学的基本教学知识，具备编写教案、规范讲解的授课能力。

② 有与培训业务相适应的驾驶操作教练员。机动车驾驶员培训机构聘用的驾驶操作教练员应当具备以下条件：持有相应的机动车驾驶证，年龄不超过60周岁，符合一定的安全驾驶经历和相应车型驾驶经历，熟练掌握道路交通安全法规、驾驶理论、机动车构造、交通安全心理学和应急驾驶的基本知识，熟悉车辆维护和常见故障诊断、车辆环保和节约能源的有关知识，具备驾驶要领讲解、驾驶动作示范、指导驾驶的教学能力。

③ 所配备的理论教练员数量要求及每种车型所配备的驾驶操作教练员数量要求应当按照《机动车驾驶员培训机构资格条件》相关条款的规定执行。

5）有与培训业务相适应的管理人员。管理人员包括理论教学负责人、驾驶操作训练负责人、教学车辆管理人员、结业考核人员和计算机管理人员。具体要求按照《机动车驾驶员培训机构资格条件》相关条款的规定执行。

6）有必要的教学车辆。

① 所配备的教学车辆应当符合国家有关技术标准要求，并装有副后视镜、副制动踏板、灭火器及其他安全防护装置。具体要求按照《机动车驾驶员培训机构资格条件》相关条款的规定执行。

② 从事一级普通机动车驾驶员培训的，所配备的教学车辆不少于80辆；从事二级普通机动车驾驶员培训的，所配备的教学车辆不少于40辆；从事三级普通机动车驾驶员培训的，所配备的教学车辆不少于20辆。具体要求按照《机动车驾驶员培训机构资格条件》相关条款的规定执行。

7）有必要的教学设施、设备和场地。具体要求按照《机动车驾驶员培训机构资格条件》相关条款的规定执行。租用教练场地的，还应当持有书面租赁合同和出租方土地使用证明，租赁期限不得少于3年。

（2）申请从事道路运输驾驶员从业资格培训业务的，应当具备下列条件：

1）取得企业法人资格。

2）具备相应车型的普通机动车驾驶员培训资格。

① 从事道路客货运输驾驶员从业资格培训业务的，应当同时具备大型客车、城市公交车、中型客车、小型汽车（含小型自动挡汽车）四种车型中至少一种车型的普通机动车驾驶员培训资格和通用货车半挂车（牵引车）、大型货车两种车型中至少一种车型的普通机动车驾驶员培训资格。

② 从事危险货物运输驾驶员从业资格培训业务的，应当具备通用货车半挂车（牵引车）、大型货车两种车型中至少一种车型的普通机动车驾驶员培训资格。

3）有与培训业务相适应的教学人员。

① 从事道路客货运输驾驶员从业资格培训业务的，应当配备2名以上教练员。教练员应当具有汽车及相关专业大专以上学历或者汽车及相关专业高级以上技术职称，熟悉道路旅客运输法规、货物运输法规以及机动车维修、货物装卸保管和旅客急救等相关知识，具备相应的授课能力，具有2年以上从事普通机动车驾驶员培训的教学经历，且近2年无不良的教学记录。

② 从事危险货物运输驾驶员从业资格培训业务的，应当配备2名以上教练员。教练员应当具有化工及相关专业大专以上学历或者化工及相关专业高级以上技术职称，熟悉危险货物运输法规、危险化学品特性、包装容器使用方法、职业安全防护和应急救援等知识，具备相应的授课能力，具有2年以上化工及相关专业的教学经历，且近2年无不良的教学记录。

4）有必要的教学设施、设备和场地。

① 从事道路客货运输驾驶员从业资格培训业务的，应当配备相应的机动车构造、机动车维护、常见故障诊断和排除、货物装卸保管、医学救护、消防器材等教学设施、设备和专用场地。

② 从事危险货物运输驾驶员从业资格培训业务的，还应当同时配备常见危险化学品样本、包装容器、教学挂图、危险化学品实验室等设施、设备和专用场地。

（3）申请从事机动车驾驶员培训教练场经营业务的，应当具备下列条件：

1）取得企业法人资格。

2）有与经营业务相适应的教练场地。具体要求按照GB/T 30341—2013《机动车驾驶员培训教练场技术要求》相关条款的规定执行。

3）有与经营业务相适应的场地设施、设备，办公、教学、生活设施以及维护服务设施。具体要求按照《机动车驾驶员培训教练场技术要求》相关条款的规定执行。

4）具备相应的安全条件。包括场地封闭设施、训练区隔离设施、安全通道以及消防设施、设备等。具体要求按照《机动车驾驶员培训教练场技术要求》相关条款的规定执行。

5）有相应的管理人员。包括教练场安全负责人、档案管理人员以及场地设施、设备管理人员。

6）有健全的安全管理制度。包括安全检查制度、安全责任制度、教学车辆安全管理制度以及突发事件应急预案等。

3．机动车驾驶员培训许可

（1）道路运输管理机构对机动车驾驶员培训业务申请予以受理的，应当自受理申请之日起15日内审查完毕，做出许可或者不予许可的决定。对符合法定条件的，道路运输管理机构做出准予行政许可的决定，向申请人出具"交通行政许可决定书"，并在10日内向被许可人颁发机动车驾驶员培训许可证件，明确许可事项；对不符合法定条件的，道路运输管理机构做出不予许可的决定，向申请人出具"不予交通行政许可决定书"，说明理由，并告知申请人享有依法申请行政复议或者提起行政诉讼的权利。

（2）机动车驾驶员培训许可证件实行有效期制。从事普通机动车驾驶员培训业务和机动车驾驶员培训教练场经营业务的证件有效期为6年；从事道路运输驾驶员从业资格培训业务的证件有效期为4年。

4．教练员管理

（1）机动车驾驶培训教练员应当按照统一的教学大纲规范施教，并如实填写"教学日志"和"中华人民共和国机动车驾驶员培训记录"（以下简称"培训记录"）。

（2）机动车驾驶员培训机构应当加强对教练员的职业道德教育和驾驶新知识、新技术的再教育，对教练员每年进行至少一周的脱岗培训，提高教练员的职业素质。

（3）机动车驾驶员培训机构应当加强对教练员教学情况的监督检查，定期对教练员的教学水平和职业道德进行评议，公布教练员的教学质量排行情况，督促教练员提高教学质量。

（4）省级道路运输管理机构应当制定机动车驾驶培训教练员教学质量信誉考核办法，对机动车驾驶培训教练员实行教学质量信誉考核制度。机动车驾驶培训教练员教学质量信誉考核内容应当包括教练员的基本情况、教学业绩、教学质量排行情况、参加再教育情况、不良记录等。

（5）省级道路运输管理机构应当建立教练员档案，使用统一的数据库和管理软件，实行计算机联网管理，并依法向社会公开教练员信息。机动车驾驶培训教练员教学质量信誉考核结果是教练员档案的重要组成部分。

5．经营管理

（1）机动车驾驶员培训机构应当将机动车驾驶员培训许可证件悬挂在经营场所的醒目位置，公示其经营类别、培训范围、收费项目、收费标准、教练员、教学场地等情况。

（2）机动车驾驶员培训机构应当在注册地开展培训业务，不得采取异地培训、恶意压价、欺骗学员等不正当手段开展经营活动，不得允许社会车辆以其名义开展机动车驾驶员培训经营活动。

（3）机动车驾驶员培训实行学时制，按照学时合理收取费用。机动车驾驶员培训机构应当将学时收费标准报所在地道路运输管理机构备案。对每个学员理论培训时间每天不得超过6个学时，实际操作培训时间每天不得超过4个学时。

（4）机动车驾驶员培训机构应当按照全国统一的教学大纲进行培训。培训结束时，应当向结业人员颁发"机动车驾驶员培训结业证书"（以下简称"结业证书"）。"结业证书"由省级道路运输管理机构按照全国统一式样印制并编号。

（5）机动车驾驶员培训机构应当建立学员档案。学员档案主要包括："学员登记表""教学日志""培训记录""结业证书"复印件等。学员档案保存期不少于4年。

（6）机动车驾驶员培训机构应当使用符合标准并取得牌证、具有统一标识的教学车辆。教学车辆的统一标识由省级道路运输管理机构负责制定，并组织实施。

（7）机动车驾驶员培训机构应当按照国家的有关规定对教学车辆进行定期维护和检测，保持教学车辆性能完好，满足教学和安全行车的要求，并按照国家有关规定及时更新。禁止使用报废的、检测不合格的和其他不符合国家规定的车辆从事机动车驾驶员培训业务。不得随意改变教学车辆的用途。

（8）机动车驾驶员培训机构应当建立教学车辆档案。教学车辆档案主要内容包括：车辆基本情况、维护和检测情况、技术等级记录、行驶里程记录等。教学车辆档案应当保存至车辆报废后1年。

（9）机动车驾驶员培训机构在道路上进行培训活动，应当遵守公安交通管理部门指定的路线和时间，并在教练员随车指导下进行，与教学无关的人员不得乘坐教学车辆。

（10）机动车驾驶员培训机构应当按照有关规定向县级以上道路运输管理机构报送培训记录以及有关统计资料。培训记录应当经教练员审核签字。

（11）省级道路运输管理机构应当建立机动车驾驶员培训机构质量信誉考评体系，制定机动车驾驶员培训监督管理的量化考核标准，并定期向社会公布对机动车驾驶员培训机构的考核结果。

机动车驾驶员培训机构质量信誉考评应当包括培训机构的基本情况、教学大纲执行情况、结业证书发放情况、培训记录填写情况、教练员的质量信誉考核结果、培训业绩、考试情况、不良记录等内容。

第四节　国际道路运输

一、国际道路运输线路

国际道路运输在我国综合运输体系当中发挥着重要的作用，主要表现为我国与周边国家的贸易往来的运输方式上，一大批边境贸易都是以国际道路运输的方式进行的。目前，我国已经形成以东北、西北、西南边境贸易区的国际道路运输网络，并且正在向其他邻国蔓延。

亚洲公路网是联合国亚洲及太平洋经济社会委员会（简称"亚太经社会"）自1959年开始倡导规划的一个连接亚洲及地区各国重要城市的国际公路交通运输网。为使亚洲公路网充分发挥连通亚洲各国、促进运输发展的目的，入网的各成员国将在亚太经社会框架下开展有关集装箱、道路交通、国际货运等方面的便利运输合作，并积极签署相关的双边汽车运输协定来确定运输开放的范围。2003年11月18日，亚太经社会在泰国曼谷正式通过了《亚洲公路网政府间协定》文本，32个成员国同意加入亚洲公路网。2004年4月26日在中国上海举行的亚太经社会第60届会议上，日本、韩国、印度尼西亚、泰国、哈萨克斯坦、越南、土耳其等23个成员国正式签署该协议，还有一些国家也将陆续签署该协议。根据《亚洲公路网政府间协定》，亚洲公路网由亚洲境内具有国际重要性的公路路线构成，包括大幅度穿越东亚和东北亚、南亚和西南亚、东南亚及北亚和中亚等一个以上次区域的公路线路；在次区域范围内，包括那些连接周边次区域的公路线路及成员国境内的亚洲公路线路。加入亚洲公路网后，将会有更多的国家和我国实现双边或多边汽车运输协定，通关手续将极大地简便。

亚洲公路网的路线主要连接各国首都、主要工农业中心、主要机场、海港与河港、主要集装箱站点及主要旅游景点，是促进亚洲经济一体化的基础和手段。建立亚洲公路网的宗旨是协调并推动亚洲地区国际公路运输的发展，促进亚洲各国贸易往来，繁荣旅游业，从而刺激亚洲地区的经济发展，便利区域经济贸易和文化交流。被命名为亚洲公路1号（AH1）的线路是整个公路网中最长的一条线路，它始于日本东京，从福冈经轮渡到韩国的釜山，再经由中国的沈阳、北京、广州等城市，进入越南河内，随后经柬埔寨、泰国、老挝、缅甸、印度、巴基斯坦、阿富汗、伊朗、土耳其等10多个国家到达保加利亚边境。

至2013年年底，我国与毗邻的11个国家的70对边境口岸开通了287条客货运输线路，线路总长度近4万公里，年过客量、过货量达600万人次和3 000万吨以上。2013年国家提出了"一带一路"的发展战略，把它与京津冀和长江经济带这三大战略统筹起来看，从交通的视角看，其最大的特点就是一体化发展，强调联系、连通，"一带一路"强调的是国际国内之间的联系，陆海的统筹和东西的互动。

"一带一路"和中国交通运输的关系非常密切，2 000多年前张骞出使西域骑的是骆驼，600多年前郑和下西洋驾驶的是当时世界最大的船队，应该说这些都是交通运输的概念。现今我国交通运输领域面临巨大的机遇，无论是交通运输基础设施、道路建设、跨境的物流、电子商务等都和我们的交通运输关系密切。推动国际道路运输便利化对"丝绸之路经济带"的建设具有重要的意义。国际道路运输便利化的核心是简化与协调相关程序，加速人员、货物和运输装备的跨境流通，终极目标是实现"运输无国界与运输自由化"。促进运输便利化的措施包括交通运输政策的协调、口岸检查程序的简化、行业管理措施的高效、国际运输市场的规范、交通基础设施的统一、运输车辆装备的标准、运输主体竞争的公平等内容。国际道路运输便利化的根本目的是为运输活动创造公平、简化、协调、透明、可预见的市场环境，减少人员和货物的"非效率"转运环节，降低运输成本，提高运输效率和服务水平，符合国际运输发展的总体要求和发展趋势。

二、我国国际道路运输企业存在的问题

1. 运输企业缺乏发展规划

首先，我国对运输参与国缺乏真实的了解。虽然周边国家距离我国很近，但是基本国情也是千差万别。有的国家政局不稳定、长期战乱；有的国家存在不友好势力；有的国家则是长期采取对华友好政策等。在这些情况下，国际运输道路就要进行合理的研讨：是否建立？或者企业是否已经准备好应急预案？是否有具体的发展规划？其次，国际道路运输企业多年来已习惯被动式角色，都习惯于政府政策推动型的改革模式。例如放权让利、单车租赁承包、公司制改革等，政府都具有主动权优势，企业都扮演着配角的角色。长期下来，使得企业缺乏积极性、主动性及创造力，跟不上时代潮流的发展。最后，一些国际道路运输的企业重视短期利益。由于对政策的不了解、不清楚，急功近利的想法促使着企业只重视短期利益，而不利于企业长期的经营发展。

2. 国际道路运输成本较高

国际道路运输区别于其他的运输方式，它实现的是国家与国家之间的道路运输。国际道路运输虽然给邻国客户带来的很大的方便，但是运输成本却迟迟不能降低。

3. 运输服务内容单一

国际道路运输的主要形式分为两种，货物运输和旅客运输。货物运输业目前实现了现代物流转向升级标准，而旅客运输则实现了需求多元化、人性化的服务理念。但与其他国家相比，我国的国际道路运输企业还缺乏思维创新，提供的运输服务内容较单一，与国际先进国家相比竞争力还很不足。

三、从事国际道路运输经营应具备的条件

申请从事国际道路运输经营的，应当具备下列条件：

（1）取得道路运输经营许可证的企业法人。

（2）在国内从事道路运输经营满3年，且未发生重大以上道路交通责任事故。

申请从事国际道路运输的，应当向省、自治区、直辖市道路运输管理机构提出申请并提交符合《条例》第四十九条规定的相关材料。省、自治区、直辖市道路运输管理机构应当自受理申请之日起20日内审查完毕，做出批准或者不予批准的决定。

（3）国际道路运输经营者应当持批准文件依法向有关部门申请办理相关手续。中国国际道路运输经营者应当在其投入运输车辆的显著位置，标明中国国籍识别标志。

外国国际道路运输经营者的车辆在中国境内运输，应当标明本国国籍识别标志，并按照规定的运输线路行驶；不得擅自改变运输线路，不得从事起止地都在中国境内的道路运输经营。在口岸设立的国际道路运输管理机构应当加强对出入口岸的国际道路运输的监督管理。

外国国际道路运输经营者经国务院交通主管部门批准，可以依法在中国境内设立常驻代表机构。常驻代表机构不得从事经营活动。

四、国际道路运输企业发展战略

1. 积极开通国际道路运输线路

为迎合我国发展战略，国际道路运输企业要适应市场需求，运用创新思维模式，开辟更多新的运输线路，促进我国社会经济发展。可以通过开展国际道路运输需求的调查，建立科学的线路开辟机制。例如开通中蒙能源线路、中俄远东客运线路等。尽量减少口岸中转，推动直达运输方式，提高我国国际运输线路的有效性及广泛性。

2. 有效提升口岸综合服务能力

国际道路运输企业要重视对口岸城市的建立。以口岸城市为重点建设，对产品的加工、包装、仓储、运输等功能进行一体化建立，形成商贸中心及产品配送中心地区。口岸城市如果有条件，还可以拓展国际联运等运输方式。这样不仅可以促进口岸城市的经济发展，还可以加深口岸城市与内陆其他省份的合作，共同促进经济共荣发展。

3. 改革管理体制

按照我国相关法律法规的要求，要逐渐调整我国国际道路运输管理体系。不仅要结合大部制改革制度，还要设立专门的国际道路运输管理机构，增加一定的管理岗位人员。

4. 加强队伍建设

国际道路运输涉及国与国之间的交流与合作，需要国际道路运输的管理人员提高自身的综

合素质能力，在政治外交、法律法规、应急预案处理、分析等各方面的能力进行定期的、专业性的培训。同时，管理人员也要实时掌握其他邻国的政治形势，与国外多进行交流，吸取外国关于国际道路管理的经验。逐渐规范市场环境，走可持续发展的道路。

5. 推动信息化建设

随着现代国际经济一体化的趋势，我国应该将信息化建设与国际道路运输管理有机结合在一起，提高我国国际道路运输的管理实效及服务的质量。基于口岸城市的实际工作需求，遵从国际道路运输管理为核心指导，加大对信息化建设的投入力度，逐渐完善我国国际道路运输管理体系与信息系统，实现信息共享。

第五节 执法监督

执法监督内容主要包括以下几个方面：

（1）县级以上人民政府交通主管部门应当加强对道路运输管理机构的指导监督。

道路运输管理机构应当加强执法队伍建设，提高其工作人员的法制、业务素质。要认真贯彻落实《交通行政执法岗位规范》，按照规范中对交通行政执法各个岗位人员规定的有关思想道德素质、法律素质、专业技术素质以及能力、资历和身体条件等方面的规范性资质要求，严格对交通行政执法人员的资格性岗位培训，加强对执法人员的资格、证件和执法标志的管理。凡未按规定参加岗位培训并考试合格的，不得发给交通行政执法证件；凡不持有全国统一的交通行政执法证件的，不得代表交通主管部门实施行政执法。要尽快统一全国交通行政执法人员的执法标志，进一步整顿交通行政执法队伍。录用交通行政执法人员要严格标准，公平竞争，择优录用，把住准入关，严肃处理队伍中的腐败分子，合同工、临时工不得从事交通行政执法工作，努力建设素质优良、行为规范、纪律严明、作风过硬的交通行政执法队伍。

（2）道路运输管理机构的工作人员应当接受法制和业务培训、考核，考核不合格的，不得上岗执行职务。

上级道路运输管理机构应当对下级道路运输管理机构的执法活动进行监督。道路运输管理机构应当建立健全内部监督制度，对其工作人员执法情况进行监督检查。道路运输管理机构及其工作人员执行职务时，应当自觉接受社会和公民的监督。道路运输管理机构应当建立道路运输举报制度，公开举报电话号码、通信地址或者电子邮件信箱。任何单位和个人都有权对道路运输管理机构的工作人员滥用职权、徇私舞弊的行为进行举报。交通主管部门、道路运输管理机构及其他有关部门收到举报后，应当依法及时查处。

（3）道路运输管理机构的工作人员应当严格按照职责权限和程序进行监督检查，不得乱设卡、乱收费、乱罚款。

公路"三乱"是指在公路上乱设站卡、乱罚款、乱收费的行政行为。公路"三乱"的主要表现有：未经省人民政府批准擅自设立收费站、检查站，非法上路查车，擅自改变合法站卡的位置或增设分站卡；随意查车，逢车必查，双向拦车检查罚款；超标准罚款、罚态度款、重复罚款；滥收过境费；擅自提高过路（桥）费，罚款、收费不给或少给票据，使用不合法票据；帮其他部门代查、代收、代罚；向过往车辆推销产品，强行拦车洗车；自定标准收取高额拖车费和保管费，没有拖车收拖车费；扣车后有意长时间不办理处罚手续以收取保管费等；违反《行政处罚法》的其他行为。

根据国务院规定，经省级人民政府批准，公安部门可以在公路上设置检查站，交通部门可以设置收费站或公路征费稽查站，林业部门可以设置木材检查站（法律另有规定除外）。此外，公安部规定，为开展打击刑事犯罪专项活动，县级以上公安机关可以设置临时检查站，但临时检查站没有罚款权，任务完成即撤销。

道路运输管理机构的工作人员应当重点在道路运输及相关业务经营场所、客货集散地进行监督检查。道路运输管理机构的工作人员在公路路口进行监督检查时，不得随意拦截正常行驶的道路运输车辆。道路运输管理机构的工作人员实施监督检查时，应当有2名以上人员参加，并向当事人出示执法证件。

道路运输管理机构的工作人员在实施道路运输监督检查过程中，发现车辆有超载行为的，应当立即予以制止，并采取相应措施安排旅客改乘或者强制卸货。道路运输管理机构的工作人员在实施道路运输监督检查过程中，对没有车辆营运证又无法当场提供其他有效证明的车辆予以暂扣的，应当妥善保管，不得使用，不得收取或者变相收取保管费用。

（4）道路运输管理机构的工作人员实施监督检查时，可以向有关单位和个人了解情况，查阅、复制有关资料，但是应当保守被调查单位和个人的商业秘密。

被监督检查的单位和个人应当接受依法实施的监督检查，如实提供有关资料或者情况。

第六节　法律责任

未取得道路运输经营许可，擅自从事道路运输经营的，由县级以上道路运输管理机构责令停止经营；有违法所得的，没收违法所得，处违法所得2倍以上10倍以下的罚款；没有违法所得或者违法所得不足2万元的，处3万元以上10万元以下的罚款；构成犯罪的，依法追究刑事责任。

未经许可擅自从事道路运输站（场）经营、机动车维修经营、机动车驾驶员培训的，由县级以上道路运输管理机构责令停止经营；有违法所得的，没收违法所得，处违法所得2倍以上10倍以下的罚款；没有违法所得或者违法所得不足1万元的，处2万元以上5万元以下的罚款；构成犯罪的，依法追究刑事责任。

客运经营者、货运经营者、道路运输相关业务经营者非法转让、出租道路运输许可证件的，由县级以上道路运输管理机构责令停止违法行为，收缴有关证件，处2 000元以上1万元以下的罚款；有违法所得的，没收违法所得。

客运经营者、危险货物运输经营者未按规定投保承运人责任险的，由县级以上道路运输管理机构责令限期投保；拒不投保的，由原许可机关吊销道路运输经营许可证。

客运经营者、货运经营者不按照规定携带车辆营运证的，由县级以上道路运输管理机构责令改正，处警告或者20元以上200元以下的罚款。

客运经营者、货运经营者有下列情形之一的，由县级以上道路运输管理机构责令改正，处1 000元以上3 000元以下的罚款；情节严重的，由原许可机关吊销道路运输经营许可证。

（1）不按批准的客运站点停靠或者不按规定的线路、公布的班次行驶的。

（2）强行招揽旅客、货物的。

（3）在旅客运输途中擅自变更运输车辆或者将旅客移交他人运输的。

（4）未报告原许可机关，擅自终止客运经营的。

（5）没有采取必要措施防止货物脱落、扬撒的。

客运经营者、货运经营者不按规定维护和检测运输车辆的，由县级以上道路运输管理机构责令改正，处1 000元以上5 000元以下的罚款。

客运经营者、货运经营者擅自改装已取得车辆营运证的车辆的，由县级以上道路运输管理机构责令改正，处5 000元以上2万元以下的罚款。

道路运输站（场）经营者允许无证经营的车辆进站从事经营活动以及超载车辆、未经安全检查的车辆出站或者无正当理由拒绝道路运输车辆进站从事经营活动的，由县级以上道路运输管理机构责令改正，处1万元以上3万元以下的罚款。

道路运输站（场）经营者擅自改变道路运输站（场）的用途和服务功能，或者不公布运输线路、起止经停站点、运输班次、始发时间、票价的，由县级以上道路运输管理机构责令改正；拒不改正的，处3 000元的罚款；有违法所得的，没收违法所得。

机动车维修经营者使用假冒伪劣配件维修机动车，承修已报废的机动车或者擅自改装机动车的，由县级以上道路运输管理机构责令改正；有违法所得的，没收违法所得，并处违法所得2倍以上10倍以下的罚款；没有违法所得或者违法所得不足1万元的，处2万元以上5万元以下的罚款，没收假冒伪劣配件及报废车辆；情节严重的，由原许可机关吊销其经营许可证；构成犯罪的，依法追究刑事责任。

机动车维修经营者签发虚假的机动车维修合格证，由县级以上道路运输管理机构责令改正；有违法所得的，没收违法所得，并处违法所得2倍以上10倍以下的罚款；没有违法所得或者违法所得不足3 000元的，处5 000元以上2万元以下的罚款；情节严重的，由原许可机关吊销其经营许可证；构成犯罪的，依法追究刑事责任。

机动车驾驶员培训机构不严格按照规定进行培训或者在培训结业证书发放时弄虚作假的，由县级以上道路运输管理机构责令改正；拒不改正的，由原许可机关吊销其经营许可证。

外国国际道路运输经营者未按照规定的线路运输，擅自从事中国境内道路运输或者未标明国籍识别标志的，由省、自治区、直辖市道路运输管理机构责令停止运输；有违法所得的，没收违法所得，处违法所得2倍以上10倍以下的罚款；没有违法所得或者违法所得不足1万元的，处3万元以上6万元以下的罚款。

道路运输管理机构的工作人员有下列情形之一的，依法给予行政处分；构成犯罪的，依法追究刑事责任。

（1）不依照规定的条件、程序和期限实施行政许可的。

（2）参与或者变相参与道路运输经营以及道路运输相关业务的。

（3）发现违法行为不及时查处的。

（4）违反规定拦截、检查正常行驶的道路运输车辆的。

（5）违法扣留运输车辆、车辆营运证的。

（6）索取、收受他人财物，或者谋取其他利益的。

（7）其他违法行为。

案例分析

案例一

一、案情简介

2017年10月27日,某单位李某的一辆帕萨特汽车,送王某的机动车修理厂大修,材料和工时费共计9 585.78元。李某对修车换件及费用结算有疑问,向市道路运输管理处书面申请,请求检验"实际维修更换的主要配件和厂方收费项目"等问题,接到李某申请后,市道路运输管理处即委托汽车维修检验站对该车零部件进行维修质量检测。

2017年11月11日,检验站做出了正式检验报告。报告确认:该车零部件非正规厂家产品,以次充好,存在质量问题和事故隐患。市道路运输管理处根据检验报告,认定汽修厂在修车过程中以次充好、弄虚作假、不合理收费。市道路运输管理处于2017年11月15日做出了汽车维修质量纠纷仲裁决定:

(1)由责任方汽修厂赔偿李某材料费、误工费、维修工时费共计2 365元。

(2)由责任方汽修厂承担技术分析、检查、鉴定费800元。

汽修厂不服市通路运输管理处的仲裁决定,于2017年11月26日向省交通运输厅申请复议。

二、分析

(1)汽车维修质量纠纷属于什么性质?

这是决定行政机关如何处理的前提,因此必须明确。汽车维修属于《中华人民共和国合同法》第十五章规定的承揽合同,维修质量纠纷是合同当事人对于合同履行是否符合约定或者法律规定而产生的权利争议,是当事人私权利之争。对于这种争议本身,应该充分尊重和保障当事人的意思,除非法律有明确规定外,公权力不能以强制力干预。依据交通运输部《机动车维修管理规定》第四十条"道路运输管理机构应当受理机动车维修质量投诉,积极按照维修合同约定和相关规定调解质量纠纷"的规定,道路运输管理机构只能对维修质量纠纷进行调解,而无权做出仲裁决定。对于调解不成或者当事人不同意调解的,应由当事人根据《中华人民共和国仲裁法》的规定向民商事仲裁机构申请仲裁,或者依据《中华人民共和国民事诉讼法》的规定向人民法院起诉。

(2)当事人单方要求道路运输管理机构组织或委托鉴定,道路运输管理机构是否可以组织或委托鉴定?

《机动车维修管理规定》对于技术分析和鉴定规定了两个要件:一是对维修责任认定需要进行技术分析和鉴定,二是承修方和托修方共同要求道路运输管理机构协调。两个要件必须都具备才可进行。只有当事人单方要求的,则不能组织或委托技术分析和鉴定。但是道路运输管理机构在质量监督和管理中,可以委托具有法定资格的机动车维修质量监督检验机构,进行维修质量监督检验。

(3)道路运输管理机构可以不管维修质量纠纷吗?

回答是否定的。法规规定对机动车维修活动进行管理、监督检查和对违法行为进行处罚,是道路运输管理机构的责任。对于维修质量问题,道路运输管理机构可以依照《道路运输条例》第七十三条、七十四条和《机动车维修管理规定》第五十一条、五十三条的规定予以处罚。

(4)道路运输管理机构对于机动车质量问题的处理中,当事人对哪些行为可以申请行政复议？

按照行政复议法的规定，道路运输管理机构组织和委托鉴定和对纠纷进行调解的行为不属于具体行政行为，因此对这两种行为，当事人不能申请行政复议。而对于道路运输管理机构给予的行政处罚，如罚款、责令停业整顿、通报、吊销经营许可证等属于行政复议受案范围，当事人可以申请行政复议。

（5）本案中市道路运输管理处在没有法律授予仲裁权力的情况下，依据汽车维修检验站的检验报告做出仲裁决定，是没有法律依据的。由于仲裁决定侵犯了当事人的权利，当事人对此不服，有权申请行政复议。复议机关如果进入实体审理，将会以超越职权而撤销该仲裁决定。

（6）《道路运输条例》分别在第四十四条、第七十三条对机动车维修经营者使用假冒伪劣配件维修机动车的法律责任有明确的规定。《机动车维修管理规定》也对汽车维修质量管理做了较为全面和明确的规定。

在汽车维修作业中，凡违反操作规程、不按标准作业、管理不善、检验不严、使用不合格的材料和零部件、调试不合格等原因，造成车辆故障、损坏等，均为维修质量事故。如果承修、托修双方对质量事故的协商解决出现纠纷时，可向当地道路运输管理机构投诉，道路运输管理机构应按照维修合同约定和有关规定予以调解，所发生的检查、试验分析、鉴定等费用均由责任方承担。这种调解不具有强制效力，调解不成的，或者一方当事人不同意调解的，或者调解后当事人反悔的，当事人均可以向仲裁机构申请仲裁或向人民法院起诉，以解决当事人之间的民事争议。

对于本案，汽车修理厂在维修汽车时，使用非正规厂家的产品，以次充好，存在质量问题和事故隐患，违反了《道路运输条例》《机动车维修管理规定》的规定，道路运输管理机构应依据《道路运输条例》第四十四条、第七十三条和《机动车维修管理规定》第五十一条、第五十三条的规定对其予以处罚，而不应做出仲裁决定。

案／例／二

一、案情简介

2017年4月，某市运输管理处按照有关法律规定，要求张某将其运输车辆定期进行二级维护和检测，确保车辆技术状况良好。

2017年4月，张某以市运输管理处对营运载货汽车要求二级维护和综合性能检测的行政行为违法为由，向法院提起行政诉讼，请求确认该具体行政行为违法，并责令其立即停止该违法行为。

原告的主要理由是：根据《道路交通安全法实施条例》第十六条的规定，即"载货汽车和大型、中型非营运载客汽车10年以内每年检验1次……"营运机动车在规定检验期限内经安全检验合格的，不再重复进行安全技术检验。"而被告要求原告车辆定期进行二级维护和检测，其具体行政行为与国家法律背道而驰，严重侵犯了原告的合法权益。

被告答辩的主要理由是：根据《道路运输条例》第三十一条的规定，即"客运经营者、货运经营者应当加强对车辆的维护和检测，确保车辆符合国家规定的技术标准。"交通运输部规章《道路运输车辆维护管理规定》第五条规定"二级维护必须按期执行。"综上所述，答辩人要求原告对其营运货车定期进行二级维护并检测，是有充足的法规依据的，也是完全合法的。原告在起诉状中引用《道路交通安全法实施条例》第十六条，把安全技术检验、综合性能检测、二级维护竣工检测混为一谈，由此得出了要求其定期进行二级维护和检测违法的错误结论。

经区人民法院一审和市中级人民法院二审，驳回原告要求确认对营运载货汽车二级维护和检测的行政行为违法的诉讼请求。判决确认市运输管理处对营运车辆要求定期二级维护和检测的行政行为合法。后原告向市人民检察院提起抗诉的请求未予支持。

二、分析

本案涉及道路运输管理机构要求营运车辆定期进行二级维护和检测的合法性。根据《道路运输条例》第八条、第二十二条、第三十一条的规定，申请从事客货运输经营的，应当有与其经营业务相适应并经检测合格的车辆；客运经营者、货运经营者应当加强对车辆的维护和检测，确保车辆符合国家规定的技术标准。车辆维护是指道路运输车辆运行到国家有关标准规定的行驶里程或间隔时间，必须按期执行的维护作业。道路运输车辆的维护管理工作由各级道路运输管理机构负责组织实施。车辆检测既包括专门针对营运车辆的综合性能检测，也包括《道路交通安全法》针对所有机动车的安全技术检验。

《道路交通安全法》第十条规定："准予登记的机动车应当符合机动车国家安全技术标准。申请机动车登记时，应当接受对该机动车的安全技术检验。"第十三条规定："对登记后上道路行驶的机动车，应当依照法律、行政法规的规定，根据车辆用途、载客载货数量、使用年限等不同情况，定期进行安全技术检验。对提供机动车行驶证和机动车第三者责任强制保险单的，机动车安全技术检验机构应当予以检验，任何单位不得附加其他条件。对符合机动车国家安全技术标准的，公安机关交通管理部门应当发给检验合格标志。"这里所指机动车安全技术检验执行的国家标准是GB 7258—2012《机动车运行安全技术条件》。根据该标准，机动车安全技术检测的范围包括机动车的整车及发动机、转向系、制动系、照明系、照明与信号装置、行驶系、传动系、车身、安全防护装置等有关运行安全和排气污染物排放控制、车内噪声控制等基本要求。根据《道路交通安全法实施条例》第十六条的规定："营运载客汽车5年以内每年检验1次；超过5年的，每6个月检验1次。载货汽车和大型、中型非营运载客汽车10年以内每年检验1次；超过10年的，每6个月检验1次。"车辆综合性能检测是根据国家标准GB 18575—2016《营运车辆综合性能要求和检验方法》对汽车的动力性、经济性、安全性、可靠性及噪声和污染排放状况进行的综合性检测，具体检测内容有：发动机性能、底盘输出功率、等速百公里油耗、制动性、悬架效率、前照灯性能、排气污染物、噪声、整车装备及外观检查等。它是实施营运车辆技术状况管理的重要的技术手段。根据交通运输部有关文件的规定，道路运输管理机构要根据汽车综合性能检测报告，每年对营运车辆的技术等级评定一次。

《道路运输条例》要求从事道路运输的车辆经检测合格，这不完全同于《道路交通安全法》《道路交通安全法实施条例》对机动车的安全技术检验，而是专门针对从事经营活动的运输车辆所做出的更高要求，目的是为了确保运输安全，尤其是保护旅客、货主的生命财产安全。

机动车安全技术检验和综合性能检测的目的、手段、内容各不相同，但是二者在检测的一些项目上又存在重复，在实践中可能存在重复检测的问题，这增加了当事人的负担。因此，公安部门和交通部门对已经检测的项目，应相互认可，避免重复检测，切实减轻道路运输经营者不必要的经济负担。

车辆维护制度要贯彻安全第一、预防为主的方针，保障道路客货运输车辆技术状况良好、运行安全、提高效率、保护环境、降低运行消耗、提高运输质量的基本制度。

本案中原告混淆了车辆安全技术检验和综合性能检测，所以引发了此次诉讼。车辆的检验检测包括三种：

（1）安全技术检验，是特指公安部门为确定机动车辆的安全性能而进行的技术检验。

（2）综合性能检测，是特指交通部门为确定机动车辆是否适合营运而对车辆的安全性、经济性、动力性等方面进行的全面检测。

（3）二级维护竣工检测，是特指对二级维护及其附加作业项目的质量进行检测评定，其检测报告是机动车维修企业签发出厂合格证的依据之一。

这三种检测的内容不同、时间周期不同、侧重点也不相同，依据也各不相同。

复习思考题

1. 道路运输管理的主要内容有哪些？
2. 国际道路运输管理的原则有哪些？

第四章 道路旅客运输及客运站管理规定

【学习目的】

通过学习本章内容,加强对道路旅客运输及客运站组织管理的认识和了解,明确经营者与旅客的权利及义务,掌握班车客运、旅游客运、出租车客运、包车客运的有关规定。

第一节 概 述

一、道路客运经营及客运站经营的概念

道路客运经营,是指用客车运送旅客、为社会公众提供服务、具有商业性质的道路客运活动,包括班车(加班车)客运、包车客运、旅游客运、出租车客运、公交客运、滴滴出行和共享单车等。

(1)班车客运是指营运客车在城乡道路上按照固定的线路、时间、站点、班次运行的一种客运方式,包括直达班车客运和普通班车客运。加班车客运是班车客运的一种补充形式,是在客运班车不能满足需要或者无法正常运营时,临时增加或者调配客车按客运班车的线路、站点运行的方式。

(2)包车客运是指以运送团体旅客为目的,将客车包租给用户安排使用,提供驾驶劳务,按照约定的起始地、目的地和路线行驶,按行驶里程或者包用时间计费并统一支付费用的一种客运方式。

(3)旅游客运是指以运送旅游观光的旅客为目的,在旅游景区内运营或者其线路至少有一端在旅游景区(点)的一种客运方式。

(4)出租车客运是指以小型客车为主要运输工具,按乘客意愿呼叫、停歇、上下、等待,按里程或时间计费的一种区域性旅客运输。

(5)公交客运是指客运车辆在公路或城市道路上依托候车站(亭、点),按照规定的线路、站点、班次及时间运行的一种客运方式。其可分为城市公交与农村公交二种形式。

(6)滴滴出行由北京小桔科技有限公司设计开发,涵盖出租车、专车、快车、顺风车、代驾及大巴等多项业务。

(7)共享单车是指企业与政府合作,在校园、地铁站点、公交站点、居民区、商业区、公共服务区等提供自行车单车共享服务,是共享经济的一种新形态。

出租车客运、公交客运、滴滴出行和共享单车的管理办法由国务院另行规定,编者放在这里讲述是为了方便大家了解更多客运的基本知识。

客运站(场)经营是指以站(场)设施为依托,为道路客运经营者和旅客提供有关运输服务的经营活动。

公共汽车客运站(场)经营是指以站(场)设施为依托,为公交客运经营者和乘客提供有关运输服务的经营活动。

第四章 道路旅客运输及客运站管理规定

二、道路客运的特点

道路客运与其他客运方式相比，具有以下特点：

（1）它沟通城市与乡村，连接内地和边疆，是各种客运方式中分布最广阔、网络最密集的运输方式。

（2）以汽车为主要运输工具，对道路条件适应性强，能够运达山区、林区、牧区等不易到达的地方。

（3）具有机动、灵活、方便等特点。既可组织较多车辆完成一定规模的、大批量的旅客运输任务，也可单车作业，完成小批量的旅客运输任务，还可以为铁路、水路、航空等运输方式集散旅客，具有其他运输方式所没有的"门到门"运输和就近上下客等特点。

（4）道路客运线路纵横交错、干支相连，线路和站点形成网络，并易于根据情况调整，便利旅客乘车，能较好地满足旅客出行的需要。

（5）投资少，资金回收快，车辆更新容易，能适应国民经济的发展和人民物质文化水平的提高。

三、道路客运和客运站管理的原则

（1）"公平、公正、公开、便民"原则。应打破地区封锁和垄断，促进道路运输市场的统一、开放、竞争、有序，满足广大人民群众的出行需求。

（2）"安全、迅速、及时、方便、舒适"原则。

（3）经济性原则。道路运输经营者应当有效地降低客运成本，调整道路客运价格，从而提高道路客运在综合运输体系中的竞争能力。

（4）"依法经营、诚实信用、公平竞争、优质服务"原则。

（5）鼓励道路客运经营者实行规模化、集约化、公司化经营，禁止挂靠经营的原则。国家实行道路客运企业等级评定制度和质量信誉考核制度，推进国有道路运输企业的股份制改造，建立现代企业制度，实现国有资本有进有退和合理流动。鼓励企业间以资产为纽带跨地区、跨行业进行重组、兼并，实现强强联合，优势互补。鼓励运输企业公车公营，提高企业管理水平和服务水平，实现规模化、集约化和网络化经营。开展道路运输企业等级评定，引导道路运输企业做大做强。禁止各种形式的以包代管、只包不管的经营方式。

四、我国客运交通管理模式

（1）交通运输部主管全国道路客运及客运站管理工作。

（2）县级以上地方人民政府交通主管部门负责组织领导本行政区域的道路客运及客运站管理工作。

（3）县级以上道路运输管理机构负责具体实施道路客运及客运站管理工作。

第二节 经营许可

一、客运的线路类型

1. 班车客运

班车客运根据经营区域和营运线路长度分为以下四种类型：

一类客运班线：地区所在地与地区所在地之间的客运班线或者营运线路长度在800公里以上的客运班线。

二类客运班线：地区所在地与县之间的客运班线。

三类客运班线：非毗邻县之间的客运班线。

四类客运班线：毗邻县之间的客运班线或者县境内的客运班线。

2. 包车客运

包车客运按照其经营区域分为省际包车客运和省内包车客运，省内包车客运分为市际包车客运、县际包车客运和县内包车客运。

3. 旅游客运

旅游客运按照营运方式分为定线旅游客运和非定线旅游客运。

定线旅游客运是指起点和风景点是固定的，定点定时运行，按照班车客运管理；非定线旅游客运是指根据旅游包车人的要求往返全程包车运输，按照包车客运管理。

二、道路客运经营

申请从事道路客运经营的，应当依法向工商行政管理机关办理有关登记手续后，按照下列规定提出申请：

（1）从事县级行政区域内客运经营的，向县级道路运输管理机构提出申请。

（2）从事省、自治区、直辖市行政区域内跨2个县级以上行政区域客运经营的，向其共同的上一级道路运输管理机构提出申请。

（3）从事跨省、自治区、直辖市行政区域客运经营的，向所在地的省、自治区、直辖市道路运输管理机构提出申请。

1. 申请客运经营的条件

申请从事道路客运经营的，应当具备下列条件：

（1）有与其经营业务相适应并经检测合格的客车。

1）客车技术要求应当符合《道路运输车辆技术管理规定》有关规定。

2）客车类型等级要求：从事高速公路客运、旅游客运和营运线路长度在800公里以上的客运车辆，其车辆类型等级应当达到行业标准JT/T 325—2013《营运客车类型划分及等级评定》规定的中级以上。

3）客车数量要求：①经营一类客运班线的班车客运经营者应当自有营运客车100辆以上、客位3 000个以上，其中中高级客车在30辆以上、客位900个以上；或者自有高级营运客车40辆以上、客位1 200个以上；②经营二类客运班线的班车客运经营者应当自有营运客车50辆以上、客位1 500个以上，其中中高级客车在15辆以上、客位450个以上；或者自有高级营运客车20辆以上、客位600个以上；③经营三类客运班线的班车客运经营者应当自有营运客车10辆以上、客位200个以上；④经营四类客运班线的班车客运经营者应当自有营运客车1辆以上；⑤经营省际包车客运的经营者，应当自有中高级营运客车20辆以上、客位600个以上；⑥经营省内包车客运的经营者，应当自有营运客车5辆以上、客位100个以上。

（2）从事客运经营的驾驶人员，应当符合下列条件：

1）取得相应的机动车驾驶证。驾驶人应当按照驾驶证载明的准驾车型驾驶机动车。

2）年龄不超过60周岁。根据公安部的有关规定，我国公民70周岁之前可以申请取得机动车驾驶执照。从事客运经营的驾驶人员的年龄不得超过60周岁,主要因为以下几个方面:①营业性驾驶人员的驾驶行为直接关系到旅客人身安全和财产安全,营运驾驶员的特定职业性质要求及对社会公共安全的影响,应当对其从业的年龄做出必要的限制;②营业性驾驶人员的劳动强度大,驾驶技能要求比较高,若年龄过大,生理和心理变化难以适应工作的要求,可能会影响运输安全;③根据公安部颁布的《中华人民共和国机动车驾驶证管理办法》的规定,驾驶大型客车人员的年龄不得超过60周岁。

3)3年内无重大以上交通责任事故记录;交通责任事故是指驾驶人员负同等或者以上责任的交通事故。

"3年内无重大以上交通责任事故记录",应按以下原则理解。

第一,3年内是指从申请时往前数的最近3年,3年前发生重大以上交通责任事故的,不影响行政许可。

第二,重大以上交通责任事故,包括重大和特大交通责任事故。

第三,重大和特大交通事故的认定标准,按公安部的规定执行。根据《公安部关于修订道路交通事故等级划分标准的通知》的规定,交通事故分为四类:轻微事故、一般事故、重大事故和特大事故,具体有以下规定:①轻微事故,是指一次造成轻伤1~2人,或者机动车事故的财产损失不足1 000元,非机动车事故的财产损失不足200元的事故;②一般事故,是指一次造成重伤1~2人,或者造成轻伤3人以上,或者财产损失不足3万元的事故;③重大事故,是指一次造成死亡1~2人,或者重伤3人以上10人以下,或者财产损失3万元以上不足6万元的事故;④特大事故,是指一次造成死亡3人以上,或者重伤11人以上,或者死亡1人,同时重伤8人以上,或者死亡2人,同时重伤5人以上,或者财产损失6万元以上的事故。

第四,这里所指的是责任事故,是指当事人负主要责任的事故,不是当事人的责任造成的事故或者负次要责任的事故,不包括在内。

第五,3年内无重大以上交通责任事故记录,应当从公安部门获得。道路运输管理机构在实施许可时,可以向公安部门了解情况,或从公安部门的政府网站上获得,同时也可通过实行重大以上交通事故通报制度获得,如公安部门定期向交通运输部门通报交通事故情况。如无法从公安部门获得交通责任事故记录,当地的交通主管部门可依据掌握的情况,出具相应的证明。

4)经设区的市级道路运输管理机构对有关客运法律法规、机动车维修和旅客急救基本知识考试合格而取得相应从业资格证。

对从事客运经营的驾驶人员的考试由设区的市级道路运输管理机构负责。由设区的市级道路运输管理机构负责考试;考试的主要内容包括客运法律法规、机动车维修知识和旅客急救基本知识。客运法律法规主要包括《道路运输条例》《道路交通安全法》和交通运输部制定的道路旅客运输等规章。机动车维修知识主要包括车辆维修和一般故障判断、排除及车辆分类构造、性能、技术运用等基本知识。旅客急救知识包括旅客常见疾病及其他需要急救的基本常识和在紧急情况下的应急处理办法。从事客运经营的驾驶人员可根据自己的需要和特点,选择培训机构和培训形式,经职业培训后,可向设区的市级道路运输管理机构提出考试申请,办理准考手续,参加由设区的市级道路运输管理机构组织的从业考试。考试一般分为理论考试和实际操作教育。考试合格者才能从事道路客运驾驶工作。

（3）有健全的安全生产管理制度，包括安全生产操作规程、安全生产责任制、安全生产监督检查、驾驶人员和车辆安全生产管理的制度。

（4）申请从事道路客运班线经营，还应当有明确的线路和站点方案。

由于班线客运经营业务具有固定线路、固定班次、固定客运站点和停靠站点的特点，因此申请从事班线客运经营业务的，申请人除满足前面规定的各项条件外，还应当同时提出明确的线路和站点方案，以便道路运输管理机构在做出道路客运经营许可决定的同时，对申请人申请的客运线路做出许可决定。"明确的线路和站点方案"是指客运线路和站点方案应当清楚、确定，并包括以下主要内容：①申请的客运班线的起讫站点、途经站点；②拟投入的运输车辆数量、车型；③承诺的运输服务质量；④申请从事班线客运的可行性方案等。

2. 申请从事道路客运经营须提供的材料

（1）申请开业的相关材料包括：

1）道路旅客运输经营申请表。

2）企业章程文本。

3）投资人、负责人身份证明及其复印件，经办人的身份证明及其复印件和委托书。

4）安全生产管理制度文本。

5）拟投入车辆承诺书，包括客车数量、类型及等级、技术等级、座位数以及客车外廓长、宽、高等。如果拟投入客车属于已购置或者现有的，应当提供行驶证、车辆技术等级评定结论、客车类型等级评定证明及其复印件；

6）已聘用或者拟聘用驾驶人员的驾驶证和从业资格证及其复印件，公安部门出具的3年内无重大以上交通责任事故的证明。

（2）同时申请道路客运班线经营的，还应当提供下列材料：

1）道路旅客运输班线经营申请表。

2）可行性报告，包括申请客运班线客流状况调查、运营方案、效益分析及可能对其他相关经营者产生的影响等。

3）进站方案。已与起讫点客运站和停靠站签订进站意向书的，应当提供进站意向书。

4）运输服务质量承诺书。已获得相应道路班车客运经营许可的经营者，申请新增客运班线时，除提供上述的材料外，还应当提供下列材料：①"道路运输经营许可证"复印件。②与所申请客运班线类型相适应的企业自有营运客车的行驶证、"道路运输证"复印件。③拟投入车辆承诺书，包括客车数量、类型及等级、技术等级、座位数，以及客车外廓长、宽、高等。若拟投入客车属于已购置或者现有的，应提供行驶证、车辆技术等级证书（车辆技术检测合格证）、客车等级评定证明及其复印件。④拟聘用驾驶人员的驾驶证和从业资格证及其复印件，公安部门出具的3年内无重大以上交通责任事故的证明。⑤经办人的身份证明及其复印件，所在单位的工作证明或者委托书。

三、道路客运站经营

申请从事客运站经营的，应当向所在地县级道路运输管理机构提出申请。

1. 申请客运站经营的条件

申请从事客运站经营应当具备如下条件：

第四章 道路旅客运输及客运站管理规定

（1）客运站经有关部门组织的工程竣工验收合格，且经道路运输管理机构组织的站级验收合格。要投入经营的客运站必须经验收合格。这里所说的验收合格包括两层含义，第一是必须经过验收，第二是必须合格，达到规定的要求。

验收合格具体要达到以下两方面的要求：一是客运站的站级划分和建设必须符合JT/T 200—2004《汽车客运站站级划分和建设要求》的规定；二是客运站投入经营前，为确保安全和符合需要，必须经交通、消防等主管部门验收后，方可投入使用。

（2）有与业务量相适应的专业人员和管理人员。相适应是指针对不同级别的客运站，应当根据其业务量的大小，配备适量的专业人员和管理人员。专业人员和管理人员包括站务员、售票员、检票员或装卸人员、搬运人员、仓库管理员及在道路运输站（场）从事管理的人员等。

交通运输部颁布的《道路旅客运输"三优""三化"规范》，对客运站的服务岗位进行了规定。汽车客运站服务岗位应以旅客运输市场的需求和客运作业程序为依据，以最大限度地满足旅客旅行的需要为原则来设置。一般应设置值班站长、迎门服务员、问事服务员、售票员、行包服务员、小件寄存服务员、候车室服务员、公安值勤（或保安稽查）服务员、广播服务员、检票服务员、出站验票服务员、车辆调度员、车场管理员、安全检查员等多个服务岗位。这些人员上岗前，都应当进行相应的培训。

（3）有相应的设备、设施，符合行业标准JT/T 200—2004《汽车客运站级别划分和建设要求》的规定。根据车站设施和设备配置情况、地理位置和设计年度平均日旅客发送量（以下简称日发量）等因素，车站等级划分为五个级别以及简易车站和招呼站。

1）一级车站。设施和设备符合表4-1和表4-2中一级车站必备各项，且具备下列条件之一：①日发量在10 000人次以上的车站；②省、自治区、直辖市及其所辖市、自治州（盟）人民政府和地区行政公署所在地，如无10 000人次以上的车站，可选取日发量在5 000人次以上具有代表性的一个车站；③位于国家级旅游区或一类边境口岸，日发量在3 000人次以上的车站。

2）二级车站。设施和设备符合表4-1和表4-2中二级车站必备各项，且具备下列条件之一：①日发量在5 000人次以上，不足10 000人次的车站；②县以上或相当于县人民政府所在地，如无5 000人次以上的车站，可选取日发量在3 000人次以上具有代表性的一个车站；③位于省级旅游区或二类边境口岸，日发量在2 000人次以上的车站。

3）三级车站。设施和设备符合表4-1和表4-2中三级车站必备各项，日发量在2 000人次以上，不足5 000人次的车站。

4）四级车站。设施和设备符合表4-1和表4-2中四级车站必备各项，日发量在300人次以上，不足2 000人次的车站。

5）五级车站。设施和设备符合表4-1和表4-2中五级车站必备各项，日发送量不足300人次的车站。

6）简易车站。达不到五级车站要求或以停车场为依托，具有集散旅客、停发客运班车功能的车站。

7）招呼站。达不到五级车站要求，具有明显的等候标志和候车设施的车站。

表4-1 汽车客运站设施配置表

设施名称			一级站	二级站	三级站	四级站	五级站
场地设施		站前广场	●	●	★	★	★
		停车场	●	●	●	●	●
		发车位	●	●	●	●	★
建筑设施	站房	站务用房					
		候车厅(室)	●	●	●	●	●
		重点旅客候车室(区)	●	●	★	—	—
		售票厅	●	●	★	★	★
		行包托运厅(处)	●	●	●	★	—
		综合服务处	●	●	●	★	★
		站务员室	●	●	●	●	●
		驾乘休息室	●	●	●	●	●
		调度室	●	●	●	★	—
		治安室	●	●	●	★	—
		广播室	●	●	●	★	—
		医疗救护室	★	★	★	★	★
		无障碍通道	●	●	●	●	●
		残疾人服务设施	●	●	●	●	●
		饮水室	●	★	★	★	★
		盥洗室和旅客厕所	●	●	●	●	●
		智能化系统用房	●	★	★	—	—
		办公用房	●	●	●	★	—
	辅助用房	生产辅助用房					
		汽车安全检验台	●	●	●	●	●
		汽车尾气测试室	★	★	—	—	—
		车辆清洁、清洗台	●	●	★	—	—
		汽车维修车间	★	★	—	—	—
		材料间	★	★	—	—	—
		配电室	●	●	—	—	—
		锅炉房	★	★	—	—	—
		门卫、传达室	★	★	★	★	★
		生活辅助用房					
		司乘公寓	★	★	★	★	★
		餐厅	★	★	★	★	★
		商店	★	★	★	★	★

注:"●"——必备;"★"——视情况设置;"—"——不设。

第四章 道路旅客运输及客运站管理规定

表4-2 汽车客运站设备配置表

设备名称		一级站	二级站	三级站	四级站	五级站
基本设备	旅客购票设备	●	●	★	★	★
	候车休息设备	●	●	●	●	●
	行包安全检查设备	●	★	★	—	—
	汽车尾气排放测试设备	★	★	—	—	—
	安全消防设备	●	●	●	●	●
	清洁清洗设备	●	●	●	★	★
	广播通信设备	●	●	●	★	★
	行包搬运与便民设备	●	●	●	★	★
	采暖或制冷设备	●	★	★	★	★
	宣传告示设备	●	●	●	★	★
智能系统设备	微机售票系统设备	●	●	★	★	★
	生产管理系统设备	●	★	★	—	—
	监控设备	●	●	★	—	—
	电子显示设备	●	●	★	—	—

注:"●"——必备;"★"——视情况设置;"—"——不设。

（4）有健全的业务操作规程和安全管理制度,包括服务规范、安全生产操作规程、车辆发车前例检制度、安全生产责任制、危险品查堵、安全生产监督检查等制度。

1) 这里所说的"业务操作规程和安全管理制度",是指法律、法规、规章和国家标准、行业标准及规范性文件所做的规定。

2) 这里所指的"健全",是指已建立的业务操作规程和安全管理制度符合法律、法规、规章和国家标准、行业标准及规范性文件规定的要求,能够预防和防止发生事故。例如,汽车客运站业务操作规程,必须严格执行《道路旅客运输"三优""三化"规范》,集中体现在为旅客服务好,为车主服务好。

建立安全生产管理制度,重点是要认真遵守《安全生产法》。该法第四条规定:"生产经营单位必须遵守本法和其他有关安全生产的法律、法规,加强安全生产管理,建立、健全安全生产责任制和安全生产规章制度,改善安全生产条件,推进安全生产标准化建设,提高安全生产水平,确保安全生产。"《交通部关于加强道路运输安全生产工作的通知》(交公路发[2001]153号)还要求加强汽车站的安全生产管理,执行几项重要制度:①要严格实行车辆进出站的例检制度,特别是400公里以上的长途班车的回场检验、出站把关制度;②要认真落实消防安全管理制度和治安保卫工作制度;③为提高查堵危险品的工作效率和准确性,减少开包检查给旅客带来的诸多不便,各地道路运输管理机构要督促本地区一级汽车客运站和部分旅客流量较大的二级汽车客运站配备危险品检查仪;④驾乘人员应加强对简易车站途中上下车乘客携带的危险品的检查工作,真正做到把危险品堵在站外,堵在车下。

3) 道路运输站（场）是确保运输安全的重要环节,因此建立健全业务操作规程和安全管理制度非常重要。

2. 申请从事客运站经营须提供的材料

申请从事客运站经营的,应当提供下列材料:

（1）道路旅客运输站经营申请表。
（2）客运站竣工验收证明和站级验收证明。
（3）拟招聘的专业人员、管理人员的身份证明和专业证书及其复印件。
（4）负责人身份证明及其复印件，经办人的身份证明及其复印件和委托书。
（5）业务操作规程和安全管理制度文本。

四、行政许可

1. 定期公布客运市场供求状况

县级以上道路运输管理机构应当定期向社会公布本行政区域内的客运运力投放、客运线路布局、主要客流流向和流量等情况。

根据《行政许可法》第五条的规定，实施行政许可，应当遵循公开的原则。该法第三十条还明确规定，行政机关应当将法律、法规、规章规定的有关行政许可的事项、依据、条件、数量、程序、期限及需要提交的全部材料的目录和申请书示范文本等在办公场所公示。

县级道路运输管理机构、市级道路运输管理机构和省级道路运输管理机构应当根据各自的职责权限，定期公布本行政区域内的客运市场供求状况。因为客运市场供求状况对于道路客运经营者是十分重要的信息，直接关系到道路客运经营申请人能否获得道路客运经营行政许可，关系到获得道路客运经营行政许可的道路客运经营者能否获得预期的经济效益。由于客运市场供求状况的信息十分分散，收集这些信息需要花费大量的人力、物力和财力，并且如果由道路客运经营申请人或道路客运经营者自己收集，其准确性也难以保证。因此，统一收集并公布客运市场供求状况的信息，无论是对道路客运经营申请人还是对道路客运经营者，都是十分有利的。它有利于道路客运经营申请人了解客运市场状况，决定投资和经营方向，有利于道路运输经营者掌握自己的经营状况和竞争实力，促进道路运输经营者改进经营管理，提高服务质量。此外，客运市场供求状况对于旅客来说也是十分重要的信息。有了统一、准确的客运市场供求状况的信息，能够便于旅客合理安排生活、生产和工作，便于旅客选择运输路线和具体的运输服务提供者。

2. 审查客运申请的原则

（1）道路运输管理机构在审查客运申请时，应当考虑客运市场的供求状况、普遍服务和方便群众等因素。

1）客运市场的供求状况是指旅客运输市场旅客（需求方）与客运经营者（供给方）之间的相互关系，也是客运市场的买方与卖方的关系，或者说是买方与卖方的需求关系，当需求大了，我们称卖方市场，当需求小了，称之为买方市场。

2）普遍服务有两层意思，一是指平等对待旅客，它要求让所有旅客都有机会接受道路客运服务，并要求客运经营者按相同的范围、质量标准和价格为所有旅客提供相同的服务，不得区别对待任何旅客，不得随意中断或终止客运服务；二是指客运线路的设置和实施行政许可，要综合平衡、"肥瘦"搭配，合理分配客运线路资源。

3）方便群众主要是指所申请的客运线路走向和停靠站点要能够为群众的生活和生产提供廉价、便捷、迅速的服务；还可以理解为在实施客运线路许可时要方便申请人。

（2）对同一客运班线有3个以上申请人的，或者根据实际情况需要，道路运输管理机构可采取服务质量招投标的方式实施道路客运班线经营许可。

第四章 道路旅客运输及客运站管理规定

同一客运班线是指一条相同的客运经营线路。"招标"主要是指道路客运服务质量招标。但就一般意义而言，招标还包括竞价招标。根据国务院办公厅《关于清理整顿道路客货运输秩序意见》中有关"停止道路客货运输经营权有偿出让"的规定，目前不宜采取竞价招标的形式做出客运线路许可决定。实施客运线路招标的程序，可以参照《中华人民共和国招标投标法》的有关规定。目前的做法是：①由对该客运线路有行政许可权的道路运输管理机构（招标人）编制招标文件，招标文件含招标项目、资格条件、安全生产要求、评分标准及服务承诺考核标准；②向社会发布招标公告，组织评标委员会；③投标人根据招标公告的要求编写投标标书，在规定的截止时间内递交标书；④开标，由招标人主持，投标人参加，评标委员会的评标专家、公证机关代表参加；⑤根据投标人的资格条件和服务承诺，评标委员会通过对照招标文件中的要求条件进行评标；⑥进行议标，对投标人进行排序，确定中标人；⑦经公证机关确认招投标过程公正有效，道路运输管理机构审核并公示；⑧道路运输管理机构与中标人签订合同，并发给中标人客运线路经营许可证明文件。

招投标制度建立在多个申请者愿意获得标的基础之上，从供求关系上看应当是供不应求，才存在申请者相互竞争以获得标的的可能性。由于各地的道路条件、经济发展水平各不相同，我国的运力分布呈现出不均衡的现象。道路运输经营者总是愿意选择客源丰富、效益较好的客运线路，对于部分客源较少、经济效益差的客运线路则不愿经营。因此，并不是所有的客运班线都有众多的申请者，特别是一些位置偏僻、经济发展水平较差的农村，往往没有经营者愿意承担班线客运服务。对于这些没有申请人的客运线路，显然不可能实行招投标制度选择经营者。《道路运输条例》第十二条第二款明确规定："同一线路有3个以上申请人时，可以通过招标的形式做出许可决定。"这条法律规范有两层含义：第一，只有在一条客运线路上存在3个以上申请人时，才有可能通过客运线路的招投标制度选择经营者；如果申请人不足3个，不可能实行招投标制度。第二，并不是所有有3个以上申请人的客运线路都要实行招投标制度，至于是否实行线路招投标，还要由有审批权限的道路运输管理机构根据具体情况决定，可以搞线路招投标，也可以不搞线路招投标。另外，有的客运线路不足3个以上申请人，但可以通过普遍服务、客运线路捆绑经营的方式，将不具备招标条件的客运线路搭配在一起，实行客运线路招标。客运线路招标虽然具有公开、公平的优点，但是在实践中也存在一些问题，需要进一步完善。例如，甲地可以进行招投标，乙地就未必可以进行招投标；甲地的丙线路可以进行招投标，同样地方的丁线路就未必适合进行招投标。因此，《道路运输条例》将班线客运线路是否通过招投标制度进行审批的权力交给道路运输管理机构，由其根据具体情况具体处理。

3. 跨省经营许可

受理跨省客运班线经营申请的省级道路运输管理机构，应当在受理申请后7日内发征求意见函并附"道路旅客运输班线经营申请表"传真给途经上下旅客的和目的地省级道路运输管理机构征求意见；相关省级道路运输管理机构应当在10日内将意见传真给受理申请的省级道路运输管理机构，不予同意的，应当依法注明理由，逾期不予答复的，视为同意。

相关省级道路运输管理机构对跨省客运班线经营申请持不同意见且协商不成的，由受理申请的省级道路运输管理机构通过其隶属的省级交通运输主管部门将各方书面意见和相关材料报交通运输部决定，并书面通知申请人。交通运输部应当自受理之日起20日内做出决定，并书面通知相关省级交通运输主管部门，由受理申请的省级道路运输管理机构按《道路运输条例》第十九条、第二十二条的规定为申请人办理有关手续。

4. 延续经营优先许可的条件

客运经营者在客运班线经营期限届满后申请延续经营，符合下列条件的，可优先许可。

（1）经营者符合从事道路客运经营所应具备的条件。

（2）经营者在经营该客运班线过程中，无特大运输安全责任事故。

（3）经营者在经营该客运班线过程中，无情节恶劣的服务质量事件。

（4）经营者在经营该客运班线过程中，无严重违规经营行为。

（5）按规定履行了普遍服务的义务。

5. 对经营申请的答复

（1）道路运输管理机构对道路客运经营申请、道路客运班线经营申请予以受理的，应当自受理之日起20日内做出许可或者不予许可的决定；道路运输管理机构对客运站经营申请予以受理的，应当自受理之日起15日内做出许可或者不予许可的决定。

（2）道路运输管理机构对符合法定条件的道路客运经营申请做出准予行政许可决定的，应当出具"道路客运经营行政许可决定书"，明确许可事项，许可事项为经营范围、车辆数量及要求、客运班线类型；在10日内向被许可人发放"道路运输经营许可证"，并告知被许可人所在地道路运输管理机构。

（3）道路运输管理机构对符合法定条件的道路客运班线经营申请做出准予行政许可决定的，应当出具"道路客运班线经营行政许可决定书"，明确许可事项，许可事项为经营主体、班车类别、起讫地及起讫站点、途经路线及停靠站点、日发班次、车辆数量及要求、经营期限；并在10日内向被许可人发放"道路客运班线经营许可证明"，告知班线起讫地道路运输管理机构；属于跨省客运班线的，应当将"道路客运班线经营行政许可决定书"抄告途经上下旅客的和终点站的省级道路运输管理机构。

（4）道路运输管理机构对符合法定条件的客运站经营申请做出准予行政许可决定的，应当出具"道路旅客运输站经营行政许可决定书"，并明确许可事项，许可事项为经营者名称、站场地址、站场级别和经营范围；并在10日内向被许可人发放"道路运输经营许可证"。

（5）道路运输管理机构对不符合法定条件的申请做出不予行政许可决定的，应当向申请人出具"不予交通行政许可决定书"。

6. 被许可人履行承诺

（1）被许可人应当按确定的时间落实拟投入车辆承诺书。道路运输管理机构已核实被许可人落实了拟投入车辆承诺书且车辆符合许可要求后，应当为投入运输的客车配发"道路运输证"；属于客运班车的，应当同时配发班车客运标志牌。正式班车客运标志牌尚未制作完毕的，应当先配发临时客运标志牌。

（2）向不同级别的道路运输管理机构申请道路运输经营的，应当由最高一级道路运输管理机构核发"道路运输经营许可证"，并注明各级道路运输管理机构许可的经营范围，下级道路运输管理机构不再核发"道路运输经营许可证"。下级道路运输管理机构已向被许可人发放"道路运输经营许可证"的，上级道路运输管理机构应当按上述要求予以换发。

（3）中外合资、中外合作、外商独资形式投资道路客运和客运站经营的，应当同时遵守《外商投资道路运输业管理规定》。

（4）道路客运经营者设立子公司的，应当按规定向设立地道路运输管理机构申请经营许可；设立分公司的，应当向设立地道路运输管理机构报备。

7. 经营期限内变更、暂停、终止

（1）客运经营者、客运站经营者需要变更许可事项或者终止经营的，应当向原许可机关提出申请。

（2）客运班线的经营主体、起讫地和日发班次变更及客运站经营主体、站址变更按照重新许可办理。

（3）客运经营者和客运站经营者在取得全部经营许可证件后无正当理由超过180天不投入运营或者运营后连续180天以上停运的，视为自动终止经营。

（4）客运班线的经营期限由省级道路运输管理机构按《道路运输条例》的有关规定确定。客运班线经营者在经营期限内暂停、终止班线经营，应当提前30日向原许可机关申请。经营期限届满，需要延续客运班线经营的，应当在届满前60日提出申请。原许可机关应当依据有关规定做出许可或者不予许可的决定。予以许可的，重新办理有关手续。

（5）客运经营者终止经营，应当在终止经营后10日内，将相关的"道路运输经营许可证"和"道路运输证"、客运标志牌交回原发放机关。

（6）客运站经营者终止经营的，应当提前30日告知原许可机关和进站经营者。原许可机关发现关闭客运站可能对社会公众利益造成重大影响的，应当采取措施对进站车辆进行分流，并向社会公告。客运站经营者应当在终止经营后10日内将"道路运输经营许可证"交回原发放机关。

客运经营承担为广大人民群众出行提供便利的社会公共服务职能，直接影响着广大人民群众的生产生活，在全国旅客运输市场中占有举足轻重的地位。根据《道路运输条例》的规定，客运经营者在进入或者退出道路运输市场时都应当按照规定办理相关手续。由于道路运输线路是有限的公共资源，道路运输管理机构在审批、调控班线资源时，应充分考虑市场供求状况、普通服务和方便群众等因素，如果现有客运经营者未报告原许可机关，擅自终止客运经营，就会在其原经营范围内形成运力空缺，即使有经营者愿意继续经营也因为未经许可而无法开展经营，造成运力市场的供求不平衡，从而影响市场秩序。

《行政许可法》第六十七条规定："取得直接关系公共利益的特定行业的市场准入行政许可的被许可人，应当按照国家规定的服务标准、资费标准和行政机关依法规定的条件，向用户提供安全、方便、稳定和价格合理的服务，并履行普遍服务的义务；未经做出行政许可决定的行政机关批准，不得擅自停业、歇业。被许可人不履行前款规定的义务的，行政机关应当责令限期改正，或者依法采取有效措施督促其履行义务。"因此，《道路运输条例》第十五条对退出道路运输市场的程序做了明确规定："客运经营者需要终止客运经营的，应当在终止前30日内告知原许可机关。"通过这种通告制度保证原许可机关知悉运力变动状况，重新选择经营者或采取临时性措施，弥补原经营者退出而造成的运力空缺，保持运输市场供求平衡的正常经营秩序。

第三节　客运车辆管理

一、道路运输车辆技术管理

道路运输车辆技术管理是指对道路运输车辆在保证符合规定的技术条件和按要求进行维

护、修理、综合性能检测方面所做的技术性管理。

道路运输车辆技术管理应当坚持分类管理、预防为主、安全高效、节能环保的原则。道路运输经营者是道路运输车辆技术管理的责任主体，负责对道路运输车辆实行择优选配、正确使用、周期维护、视情修理、定期检测和适时更新，保证投入道路运输经营的车辆符合技术要求。

鼓励道路运输经营者使用安全、节能、环保型车辆，促进标准化车型推广运用，加强科技应用，不断提高车辆的管理水平和技术水平。

二、车辆基本技术条件

从事道路运输经营的车辆应当符合下列技术要求：

（1）车辆的外廓尺寸、轴荷和最大允许总质量应当符合GB 1589—2016《汽车、挂车及汽车外廓尺寸、轴荷及质量限值》的要求。

（2）车辆的技术性能应当符合GB 18565—2016《道路运输车辆综合性能要求和检验方法》的要求。

（3）车型的燃料消耗量限值应当符合JT/T 711—2016《营运客车燃料消耗量限值及测量方法》的要求。

（4）车辆技术等级应当达到二级以上。国际道路运输车辆、从事高速公路客运以及营运线路长度在800公里以上的客车，技术等级应当达到一级。技术等级评定方法应当符合国家有关道路运输车辆技术等级划分和评定的要求。

（5）从事高速公路客运、包车客运、国际道路旅客运输，以及营运线路长度在800公里以上客车的类型等级应当达到中级以上。其类型划分和等级评定应当符合国家有关营运客车类型划分及等级评定的要求。

三、技术管理的一般要求

（1）道路运输经营者应当遵守有关法律法规、标准和规范，认真履行车辆技术管理的主体责任，建立健全管理制度，加强车辆技术管理。

（2）道路运输经营者设置相应的部门负责车辆技术管理工作，并根据车辆数量和经营类别配备车辆技术管理人员，对车辆实施有效的技术管理。

（3）道路运输经营者应当加强车辆维护、使用、安全和节能等方面的业务培训，提升从业人员的业务素质和技能，确保车辆处于良好的技术状况。

（4）道路运输经营者应当根据有关道路运输企业车辆技术管理标准，结合车辆技术状况和运行条件，正确使用车辆。

（5）道路运输经营者依据相关标准要求，制定车辆使用技术管理规范，科学设置车辆经济、技术定额指标并定期考核，提升车辆技术管理水平。

（6）道路运输经营者应当建立车辆技术档案制度，实行一车一档。档案内容应当包括：车辆基本信息，车辆技术等级评定、客车类型等级评定或者年度类型等级评定复核、车辆维护和修理（含《机动车维修竣工出厂合格证》）、车辆主要零部件更换、车辆变更、行驶里程、对车辆造成损伤的交通事故等记录。档案内容应当准确、翔实。

（7）车辆所有权转移、转籍时，车辆技术档案应当随车移交。

（8）道路运输经营者应当运用信息化技术做好道路运输车辆技术档案管理工作。

第四章 道路旅客运输及客运站管理规定

四、车辆维护与修理

（1）道路运输经营者应当建立车辆维护制度。车辆维护分为日常维护、一级维护和二级维护。日常维护由驾驶员实施，一级维护和二级维护由道路运输经营者组织实施，并做好记录。

（2）道路运输经营者应当依据国家有关标准和车辆维修手册、使用说明书等，结合车辆类别、车辆运行状况、行驶里程、道路条件、使用年限等因素，自行确定车辆维护周期，确保车辆正常维护。

车辆维护作业项目应当按照国家关于汽车维护的技术规范要求确定。

道路运输经营者可以对自有车辆进行二级维护作业，保证投入运营的车辆符合技术管理要求，无需进行二级维护竣工质量检验。

（3）道路运输经营者不具备二级维护作业能力的，可以委托二类以上机动车维修经营者进行二级维护作业。机动车维修经营者完成二级维护作业后，应当向委托方出具二级维护出厂合格证。

道路运输经营者应当遵循视情修理的原则，根据实际情况对车辆进行及时修理。

五、车辆检测管理

（1）道路运输经营者应当定期到机动车综合性能检测机构，对道路运输车辆进行综合性能检测。

（2）道路运输经营者应当自道路运输车辆首次取得《道路运输证》当月起，按照下列周期和频次，委托汽车综合性能检测机构进行综合性能检测和技术等级评定：

客车自首次经国家机动车辆注册登记主管部门登记注册不满60个月的，每12个月进行1次检测和评定；超过60个月的，每6个月进行1次检测和评定。

客车综合性能检测应当委托车籍所在地汽车综合性能检测机构进行。

道路运输经营者应当选择通过质量技术监督部门的计量认证、取得计量认证证书并符合GB/T 17993—2005《汽车综合性能检测站能力的通用要求》等国家相关标准的检测机构进行车辆的综合性能检测。

汽车综合性能检测机构对新进入道路运输市场车辆应当按照《道路运输车辆燃料消耗量达标车型表》进行比对。对达标的新车和在用车辆，应当按照GB 18565—2016《道路运输车辆综合性能要求和检验方法》、JT/T 198—2016《道路运输车辆技术等级划分和评定要求》实施检测和评定，出具全国统一式样的道路运输车辆综合性能检测报告，评定车辆技术等级，并在报告单上标注。车籍所在地县级以上道路运输管理机构应当将车辆技术等级在《道路运输证》上标明。

（3）汽车综合性能检测机构应当确保检测和评定结果客观、公正、准确，对检测和评定结果承担法律责任。

（4）道路运输管理机构和受其委托承担客车类型等级评定工作的汽车综合性能检测机构，应当按照JT/T 325—2013《营运客车类型划分及等级评定》进行营运客车类型等级评定或者年度类型等级评定复核，出具统一式样的客车类型等级评定报告。

（5）汽车综合性能检测机构应当建立车辆检测档案，档案内容主要包括：车辆综合性能检测报告（含车辆基本信息、车辆技术等级）、客车类型等级评定记录。

车辆检测档案保存期不少于两年。

六、车辆技术等级的分类

1. 客运车辆技术等级分为一级、二级和三级。

（1）新车从入户登记起至投入使用的三年内，主要组成部件坚固可靠、车辆技术状况良好、发动机运转稳定无异响；车辆动力性良好，燃、润料消耗未超过定额指标；车辆废气排放、噪声符合国家标准；车辆装备齐全，能随时投入道路运输经营的，为一级车。

（2）新车从入户登记之日起三年以上六年以内，其主要技术性能和使用状况低于一级车标准，但符合《机动车运行安全技术条件》的要求，符合JT/T 1045—2016《道路运输企业车辆技术管理规范》的要求，经过大修并经车辆综合性能检测合格的，可以被评为一级车。

（3）新车从入户登记之日起三年以上六年以内未大修的；新车从入户登记之日起三年以上至达到国家《汽车报废标准》规定的报废年限的，被评为二级车。

（4）超过国家《汽车报废标准》规定年限的车辆，被评为三级车。

2. 车辆技术等级评定的程序

（1）道路运输经营者在规定时间，到具备相应条件的机动车综合性能检测站按照GB 18565—2016《营运车辆综合性能要求和检验方法》的要求对其车辆进行检测。机动车综合性能检测站出具全国统一式样的检测报告单（含综合性能检测合格证）。

（2）车籍所在地县级以上运管机构根据检测结果按照JT/T 198—2016《等级划分要求》进行车辆技术等级评定，并将评定结果在道路运输证上标识或确认。

（3）车辆综合性能检测报告单一式三份，由县级以上道路运输管理机构、道路运输经营者和机动车综合性能检测站各保留一份，其中的车辆综合性能检测合格证应当夹附于道路运输证内，随道路运输证一同使用并作为检测合格的凭证。

（4）审查道路运输车辆安全行车技术条件是否符合《道路交通安全法》对车辆安全检测合格的要求。

3. 客车类型划分及等级评定

营运客车分为客车及乘用车两类。客车按车长还可细分为特大型、大型、中型和小型4种。

营运客车分22个等级：其中，特大型、大型客车各有5个等级；中、小型及乘用车各4个等级。评级以客车结构与底盘配置、安全性、动力性、舒适性[车内噪声、空气调节、乘客座椅（卧铺）]，及服务设施等作为标准。

营运客车应进行类型划分及等级评定，类型划分及等级评定工作依据JT/T 325—2013《营运客车类型划分及等级评定》和《营运客车类型划分及等级评定规则》的要求进行。营运客车类型划分及等级评定工作由县级以上道路运输管理机构按照客运经营分级管理的原则实施。

第四节　客运经营管理

一、经营权所含的权利与义务

（1）客运经营者应当按照道路运输管理机构决定的许可事项从事客运经营活动，不得转让、出租道路运输经营许可证件。

（2）道路客运企业的全资或者绝对控股（指母公司控制子公司实际资产51%以上）的经营

道路客运的子公司，其自有营运客车10辆以上或者自有中高级营运客车5辆以上时，可按照其母公司取得的经营许可从事客运经营活动。

子公司是指公司通过直接或间接或直接加间接拥有其50%以上权益性资本的被投资企业；或是公司通过其他方法对其经营活动能够实施控制的被投资企业。子公司具有企业法人资格，依法独立承担民事责任。

（3）道路客运班线属于国家所有的公共资源。班线客运经营者取得经营许可后，应当向公众提供连续运输服务，不得擅自暂停、终止或者转让运输班线。

提供连续运输服务是指客运经营者有持续、稳定的服务能力，能够提供符合要求的客运车辆，能够保持客运班车的准班、准点率，提供良好的服务。

暂停运输班线是指临时停止班次或停止线路运行。终止运输班线是指退出运输市场，从此以后不再从事这项业务。转让运输班线是指将获得许可的客运班线私下转让，而非法获得利益的行为。

《行政许可法》第六十七条规定，取得直接关系公共利益的特定行业的市场准入行政许可的被许可人，未经做出行政许可决定的行政机关批准，不得擅自停业、歇业，被许可人不履行交款规定的义务的，行政机关应当责令限期改正，或者依法采取有效措施督促其履行义务。班线客运经营直接关系公共利益，因此，维护班线客运行政许可的严肃性具有很重要的意义。

1）班线客运行政许可是政府对道路客运班线实施管理的一种手段。根据《行政许可法》的规定，行政许可由具有行政许可权的行政机关在其法定职权范围内实施；法律、法规授权的具有公共管理事务职能的组织，在法定授权范围内，以自己的名义实施行政许可。被授权的组织适用有关行政机关的规定。《道路运输条例》第七条规定，县级以上地方道路运输管理机构负责具体实施道路运输管理工作。只有道路运输管理机构才有权实施道路班线客运行政许可。

2）取得道路班线客运行政许可必须符合规定的条件。班线客运行政许可是根据申请人的申请，按照规定的条件颁发的，它与申请人特定的条件是紧密联系的，对班线客运行政许可申请的审查，实质上就是道路运输管理机构审查申请人是否符合规定的班线客运条件，只有符合规定条件的申请人，才能获得道路班线客运许可。只有经过道路运输管理机构的批准，才允许转让客运班线经营权，未经批准，擅自转让客运班线经营权是绝对不允许的。

3）道路班线客运行政许可涉及公共利益和旅客的合法权益。设定班线客运条件，主要是为了维护公共利益和旅客的合法权益，保护道路运输安全，如果允许转让，将会造成经济、社会秩序混乱，损害国家利益、公共利益和旅客的合法权益。现实中，擅自转让客运班线经营权的形式多种多样，如未经道路运输管理机构同意而变更班线客运的经营者，私下由另一经营者继续经营；或者将客运班线出卖，非法获利；或者使用虚假的经营证件擅自转让客运班线经营权等。所有这些对客运市场造成的冲击很大，严重破坏了道路运输市场的秩序，损害了国家利益、公共利益和旅客的合法权益，必须坚决制止。

4）行政许可原则上不得转让。《行政许可法》第九条规定，依法取得的行政许可，除法律、法规规定依照法定条件和程序可以转让的外，不得转让。

二、经营服务质量

（1）客运班车应当按照许可的线路、班次、站点运行，在规定的途经站点进站上下旅客，无正当理由不得改变行驶线路，不得站外上客或者沿途揽客。

经许可机关同意，在农村客运班线上运营的班车可采取区域经营、循环运行、设置临时发车点等灵活的方式运营。

农村客运班线是指县内或者毗邻县间至少有一端是乡村的客运班线。

（2）客运经营者不得强迫旅客乘车，不得中途将旅客交给他人运输或者甩客，不得敲诈旅客，不得擅自更换客运车辆，不得阻碍其他经营者的正常经营活动。

1）客运经营者不得强迫旅客乘车。强迫旅客乘车是指客运经营者为了承揽客源，强行迫使旅客违背本人的意愿乘坐其所营运的车辆的行为。

2）客运经营者不得甩客。甩客是指客运经营者违反客票关于运输目的地的约定，将旅客半途甩下的行为。

3）客运经营者不得敲诈旅客。敲诈旅客是指客运经营者为了承揽客源，欺骗旅客乘坐其所营运的车辆，或不服务却收取服务费用，或提供旅客不接受的服务的行为。

4）客运经营者不得擅自更换运输车辆。擅自更换运输车辆是指客运经营者在运输途中，未经道路运输管理机构同意，或者未经旅客同意，自行更换运输车辆的行为。擅自更换运输车辆主要包括以下几种情形：①擅自更换相同类型、相同设施、相同性能的运输车辆；②擅自更换相同类型、设施较少、性能较差的运输车辆；③擅自更换相同类型、设施较多、性能较好的运输车辆；④擅自更换不同类型、相同设施、相同性能的运输车辆；⑤擅自更换不同类型、设施较少、性能较差的运输车辆；⑥擅自更换不同类型、设施较多、性能较好的运输车辆。

现实中，擅自更换运输车辆，一般表现为更换为相同类型、设施较少、性能较差的运输车辆或更换为不同类型、设施较少、性能较差的运输车辆。其目的多是为了承揽客源，欺骗旅客先乘坐其所营运的车辆，再降低服务标准，这种行为是禁止的。也有的是更换为相同类型、相同设施、相同性能的运输车辆，或者相同类型、设施较多、性能较好的运输车辆，或者不同类型、相同设施、相同性能的运输车辆，或者不同类型、设施较多、性能较好的运输车辆，这多发生在原投入运输的车辆发生机械故障，或者发生交通事故或道路毁坏等不可抗力情况下。在这种特定的情况下，经旅客同意，客运经营者可以更换运输车辆。如因更换运输车辆而致使服务标准降低，应当向旅客退回相应的票款，并补偿旅客因更换运输车辆造成的损失；如因更换运输车辆而致使服务标准提高，不得再向旅客收取任何费用。

（3）严禁客运车辆超载运行。在载客人数已满的情况下，允许再搭乘不超过核定载客人数10%的免票儿童。客运车辆不得违反规定载货。

1）严禁客运车辆超载运行。核定的人数是指机动车行驶证核定的人数，包括驾驶室乘坐的人数和车厢乘坐的人数。根据国家有关规定，小客车的载客人数，按照技术文件的规定核定。大客车的载客人数，如果技术文件的乘坐人数少于国家标准GB 7258—2017《机动车运行安全技术条件》规定的，按技术文件规定核定。如果需要增加乘坐人数，允许加装固定折叠座位，但总乘坐人数不得超过GB 7258—2017《机动车运行安全技术条件》的规定；GB 7258—2017《机动车运行安全技术条件》规定，运输旅客，应当少于或等于核定的乘坐人数，不得超出。

2）鼓励客运经营者使用配置下置行李舱的客车从事道路客运。没有下置行李舱或者行李舱容积不能满足需要的客车车辆，可在客车车厢内设立专门的行李堆放区，但行李堆放区和乘客区必须隔离，并采取相应的安全措施。严禁行李堆放区载客。客运车辆不得违反规定载货，违反规定是指违反有关客运车辆运载旅客携带的行李等物品的规定，包括行李种类、行李总重以及外廓尺寸的规定。对于旅客携带的行李物品，应当采取相应的措施予以固定、保护，以免因车辆颠簸和紧急刹车造成行李脱落或甩出。

（4）客运经营者应当遵守有关运价规定，使用规定的票证，不得乱涨价、恶意压价、乱收费。

（5）客运经营者应当在客运车辆外部的适当位置喷印企业名称或者标识，在车厢内显著位置公示道路运输管理机构监督电话、票价和里程表。

（6）客运经营者应当为旅客提供良好的乘车环境，确保车辆设备、设施齐全有效，保持车辆清洁、卫生，并采取必要的措施防止在运输过程中发生侵害旅客人身、财产安全的违法行为。

当运输过程中发生侵害旅客人身、财产安全的治安违法行为时，客运经营者在自身能力许可的情况下，应当及时向公安机关报告并配合公安机关及时终止治安违法行为。

客运经营者不得在客运车辆上从事播放淫秽录像等不健康的活动。

1）客运经营者应当为旅客提供良好的乘车环境，保持车辆清洁、卫生。乘车环境是指乘车条件。清洁是指干净、整洁，没有污染物。卫生是指没有危害健康或传染疾病的病菌。

2）采取必要的措施防止在运输过程中发生侵害旅客人身、财产安全的违法行为。必要的措施是指足以预防和制止在运输过程中发生侵害旅客人身、财产安全违法行为的措施，如配备广播设备、照明设备、报警通信设备、车内监控设备和乘车保安人员等。侵害旅客人身、财产安全的违法行为是指侵害旅客的人身、财产安全的伤害、杀人、拐卖、盗窃、抢劫和诈骗等。

客运经营的服务对象是旅客，客运经营的质量是至关重要的，客运经营质量包含安全和服务质量，具体说就是"安全性、及时性、方便性、舒适性和经济性"。为保证客运质量，客运经营者应当实现客运"三优""三化"，"三优"是指优质服务、优美环境、优良秩序；"三化"是指为达到"三优"的基本要求，通过制定道路客运各项服务工作质量标准，做到服务过程程序化、服务管理规范化和服务质量标准化，来实现客运服务管理的"三优"。

客运经营者在为旅客创造一个整洁、卫生、舒适的乘车环境时，也要为旅客的安全负责，特别是在车辆运行过程中，除了保证运输安全外，还要采取必要的措施，防范旅客的生命、财产受到侵害，通过建立应急预案，告知旅客如何防止被偷盗、抢劫，驾驶员和乘务员在旅客上车时，通过广播、口头通知的方式提醒乘客，同时也是对犯罪分子的威慑。一旦在客运运行过程中，发现有偷盗、抢劫行为发生，立即采取措施，报告公安机关或将客车直接开到有关治安部门处理，以维护旅客的生命和财产的安全，及时制止犯罪行为。在客车上要装设报警设备，发现情况及时报警。

（7）客运经营者应当为旅客投保承运人责任险。承运人责任险是一种责任保险。

所谓"责任保险"，是指以被保险人的民事赔偿责任为标的的保险。所谓"承运人责任险"，是指客运经营者根据有关法律、行政法规和规章的规定，保险自己在运输过程中发生交通事故或者其他事故，致使旅客遭受人身伤亡和直接财产损失，依法应当由被保险人对旅客承担的赔偿责任，由保险公司在保险责任限额内给予赔偿的法律制度。这是国家为了保护道路运输受害人能够得到及时救助或赔偿而采取的一项强制保险制度。

"承运人责任险"与"机动车第三者责任险"有明显的不同。"机动车第三者责任险"是指被保险人向保险公司购买第三者责任险后，被保险人允许的合格驾驶人员在使用保险车辆过程中发生意外事故，致使第三人遭受人身伤亡或者财产损失，依法应当由被保险人支付的赔偿金额，由保险公司依照保险合同的规定给予赔偿的法律制度。具体说来，二者有以下不同：

1）投保人不同。"承运人责任险"的投保人是客运经营者。"机动车第三者责任险"的投保人是所有的机动车所有人或者使用人、管理人，范围比"承运人责任险"更广。

2）保险标的不同。"承运人责任险"保险的标的是被保险人在运输过程中发生意外事故，致使旅客遭受人身伤亡和直接财产损失所应承担的民事责任。"机动车第三者责任险"保险的标的是被保险人在运输过程中发生意外事故，致使第三者遭受人身伤亡和直接财产损失所应承担的民事责任。

3）保险受益人不同。"承运人责任险"的保险受益人是旅客。"机动车第三者责任险"的保险受益人是第三人，即本车驾驶人员和乘车人以外的其他受害人，不包括本车人员。

三、从业人员的教育管理

客运经营者应当加强对从业人员的安全、职业道德教育和业务知识、操作规程培训，并采取有效措施，防止驾驶人员连续驾驶时间超过4个小时。

客运车辆驾驶人员应当遵守道路运输法规和道路运输驾驶员操作规程，安全驾驶，文明服务。

（1）客运经营者应当加强对从业人员的安全教育、职业道德教育，确保道路运输安全。从业人员是指从事道路运输经营业务的人员，包括技术人员和管理人员，主要是驾驶人员、站务人员、装卸人员、押运人员、车辆调度人员、车辆检修人员和经营管理人员等。

安全教育是指道路运输安全教育，包括道路交通安全教育。安全教育的主要内容包括以下几个方面：①有关安全生产和道路运输安全的法律、法规和规章；②道路运输安全的基础知识；③道路运输安全操作规程；④道路运输事故的应急知识和方法等。安全教育的基本要求是：通过安全教育，保证从业人员具备必要的安全知识，熟悉有关安全规章制度和安全操作规程，掌握本岗位的安全操作技能。

职业道德是指道路运输从业人员在道路运输职业中应遵循的道德规范。它是为适应道路运输职业要求而产生的，包括职业观念、职业情感、职业理想、职业态度、职业技能、职业良心和职业作风等多方面的内容。道路运输从业人员的职业道德规范为：尊客爱货、敬业奉献、优质诚信、文明守法。

（2）道路运输从业人员应当遵守道路运输操作规程，不得违章作业。道路运输操作规程是指国务院标准化行政主管部门、交通主管部门以及其他有关部门依照《中华人民共和国标准化法》（以下简称《标准化法》）制定的道路运输操作的具体技术要求和实施程序的技术规范，包括规定道路运输车辆驾驶、维护、检修、上下旅客、装卸货物、配载货物、看管货物等具体技术要求和实施程序的技术规范。

违章作业是指违反有关道路运输方面的法律、法规、规章和操作规程进行道路运输作业。

（3）驾驶人员连续驾驶时间不得超过4个小时。驾驶人员是指从事道路运输经营活动的营运车辆的驾驶人员，不包括其他非职业驾驶人员。连续驾驶时间是指驾驶人员驾驶运输车辆的连续时间。超过4个小时包括4个小时和4个小时以上。

（4）客运车辆驾驶人员应当随车携带"道路运输证""从业资格证"等有关证件，在规定位置放置客运标志牌。客运班车驾驶人员还应当随车携带"道路客运班线经营许可证明"。

根据《道路交通安全法》《道路交通安全法实施条例》《道路运输条例》《危险化学品安全管理条例》等的规定，营运驾驶员和道路运输车辆应当携带"机动车驾驶证""机动车行驶证""道路运输证""机动车保险证",以及相关的从业资格证件。

同时,为便于识别,减少拦车检查,公安机关可设置年检合格标志,税务部门可设置车(船)使用完税标志,粘贴在车辆前挡风玻璃的右上角。

四、旅客管理

(1)旅客应当持有效客票乘车,遵守乘车秩序、文明礼貌,携带免票儿童的乘客应当在购票时声明。客票是指旅客要求道路客运经营者将旅客从起运地运输到约定地点,并支付运输费用的凭证,也是道路客运经营者将旅客从起运地运输到约定地点,向旅客收取运输费用的凭证。从法律上看,"客票"就是合同,是旅客与道路客运经营者订阅的客运合同。有效客票是指票价相符,车票的起讫地点与所乘的客车运行的线路、班次相同,在有效期间内,有防伪标志的防伪标志要清晰,另外还要防止伪造的客票。因此,规定旅客乘车必须持有效车票。

(2)旅客不得携带国家规定的危险物品及其他禁止携带的物品乘车。危险物品是指易燃、易爆、有毒、有腐蚀性、有放射性和有可能危及运输工具上人身和财产安全的物品。禁止携带的物品是指国家规定禁止旅客携带的危险物品以外,不宜携带乘车的物品,如《汽车旅客运输规则》第三十九条规定禁止携带的物品,主要指毒品及相关制品、枪支、弹药、黄色书刊、音像制品,以及攻击党和国家领导人、有辱中国人的书籍,受国家保护的珍贵文物、动植物,涉及国家安全的绝密文件、资料等。对于一些不属于危险物品,又不属于禁止或限制携带的物品,但易造成车内污染的,如瓶装的蜂蜜、食用油、酱油等,虽不属禁带的范围,但也要限制携带数量或置于托运行包中或放置在不易破损的地方,避免造成车内污染。为了防止旅客乘车携带危险物品和禁止携带的物品,《道路运输条例》第四十二条规定,客运站要采取措施防止携带危险物品的人员进站。

五、应急预案

(1)客运经营者、货运经营者应当制定突发公共事件的道路运输应急预案。道路运输应急预案是指客运经营者制定的在发生交通事故、自然灾害及其他突发事件时,完成紧急运输任务的对策和计划。突发事件一旦发生,道路运输预案就是完成紧急运输任务的行动指南。

处理突发事件是一项极为复杂的、社会性的、时效性很强的紧急行为。从人员抢救到物质救济,从技术到管理,从决策到指挥,组成了一个完整的救灾系统。

(2)应急预案应当包括报告程序、应急指挥、应急车辆和设备的储备及处置措施等内容。道路突发事件发生后应采取的处置措施,包括危险区的隔离、检测、抢险、救援及控制措施,人员紧急疏散、撤离,伤病人员的救护、救治,以及应急救援保障等。

除了应急指挥、应急车辆和设备的储备及处置措施外,道路运输经营者如果是企业,其道路运输预案还应当包含以下主要内容:

1)基本情况,主要包括企业的地址、从业人数、主管部门、主要经营业务等。
2)突发事件的类型。
3)应急救援的组织机构、人员和职责。
4)报告程序,包括报告时间和报告通信联络方式。
5)应急预案启动程序。
6)预案分级响应条件。

7）应急关闭程序。
8）应急人员培训计划。
9）应急演练计划。
10）附件，包括组织机构名单、主要联系电话、保障制度等。
（3）制定道路运输应急预案要注意以下几点：
1）要统筹安排自身的应急道路运输力量，包括人员、车辆、设备等。
2）要符合自身实际，切实可行。主要是对现有可用于参与应急运输的人员、设备情况、分布特点、可担负的任务及执行任务的能力等逐项分析、正确估价、合理使用。
3）要明确人员或机构及其责任。
4）要与有关部门的有关应急预案相互衔接。
5）预案要定期演习和复查，定期检查和修正。
6）应急人员要进行专业培训演习。
7）应急车辆和设备要定期检查，保证性能完好。
（4）发生突发公共事件时，客运经营者应当服从县级及以上人民政府或者有关部门的统一调度、指挥。具体是指：
1）发生交通事故、自然灾害以及其他突发事件，县级以上人民政府或者有关部门有权统一调度、指挥客运经营者。
2）对县级以上人民政府或者有关部门的统一调度、指挥，客运经营者应当服从。

六、非正式班车的管理

1. 省内临时客运标志牌

（1）遇有下列情况之一，客运车辆可凭临时客运标志牌运行：
1）原有正式班车已经满载，需要开行加班车的。
2）因车辆抛锚、维护等原因，需要接班或者顶班的。
3）正式班车客运标志牌正在制作或者不慎灭失，等待领取的。
（2）凭临时客运标志牌运营的客车应当按正式班车的线路和站点运行。属于加班或者顶班的，还应当持有始发站签章并注明事由的当班行车路单；班车客运标志牌正在制作或者灭失的，还应当持有该条班线的"道路客运班线经营许可证明"或者"道路客运班线经营行政许可决定书"的复印件。
（3）省内临时客运标志牌样式及管理要求由各省级交通主管部门自行规定。

2. 省内客运包车标志牌

（1）客运包车应当凭车籍所在地县级以上道路运输管理机构核发的包车客运标志牌，按照约定的时间、起始地、目的地和线路运行，并持有包车票或者包车合同，不得按班车模式定点定线运营，不得招揽包车合同外的旅客乘车。
（2）客运包车除执行道路运输管理机构下达的紧急包车任务外，其线路一端应当在车籍所在地。
（3）单程的去程包车回程载客时，应当向回程客源所在地县级以上道路运输管理机构备案。
（4）非定线旅游客车可持注明客运事项的旅游客票或者旅游合同取代包车票或者包车合同。
（5）省内包车客运标志牌样式及管理要求由各省级交通主管部门自行规定。

3. 省际标志牌

省际临时客运标志牌、省际包车客运标志牌由省级道路运输管理机构按照交通运输部的统一式样印制，交由当地县以上道路运输管理机构向客运经营者核发。省际包车客运标志牌和加班车、顶班车、接驳车使用的省际临时客运标志牌在一个运次所需的时间内有效，因班车客运标志牌正在制作或者灭失而使用的省际临时客运标志牌有效期不得超过30天。

4. 加班车

在春运、旅游"黄金周"或者发生突发事件等客流高峰期运力不足时，道路运输管理机构可临时调用车辆技术等级不低于三级的营运客车和社会非营运客车开行包车或者加班车。非营运客车凭县级以上道路运输管理机构开具的证明运行。

第五节 客运站经营

一、经营权所含的权利与义务

（1）客运站经营者应当按照道路运输管理机构决定的许可事项从事客运站经营活动，不得转让、出租客运站经营许可证件，不得改变客运站用途和服务功能。客运站经营者应当维护好各种设施、设备，保持其正常使用。

转让是指将客运站经营许可证转给他人使用的行为。转让分为有偿转让和无偿转让。有偿转让是指以盈利为目的，将道路运输许可证转给他人使用，包括买卖、倒卖等。实践中，这种转让较多。而无偿转让则是指将客运站经营许可证转给他人使用，不收取任何费用的行为，主要是继承或者亲戚朋友之间赠予。

出租是指以客运站经营许可证的使用权换取他人租金的行为。

（2）客运站经营者和进站发车的客运经营者应当依法自愿签订服务合同，双方按合同的规定履行各自的权利和义务。

（3）客运站经营者应当禁止无证经营的车辆进站从事经营活动，无正当理由不得拒绝合法客运车辆进站经营。

1）客运站经营者应当禁止无证经营的车辆进站从事经营活动。无证经营的车辆，就是指无车辆营运证的车辆。

2）无正当理由不得拒绝合法客运车辆进站经营。客运站经营者对符合下列条件的客运经营者使用站（场），不得拒绝：①已经依法取得道路旅客运输许可证；②已与客运站签订使用站（场）协议；③车辆持有有效的客运车辆营运证。

二、客运站的安全生产与管理

客运站经营者应当依法加强安全管理，完善安全生产条件，健全和落实安全生产责任制。

客运站经营者应当对出站客车进行安全检查，采取措施防止危险品进站上车，按照车辆核定载客限额售票，严禁超载车辆或者未经安全检查的车辆出站，保证安全生产。

（1）客运站必须认真履行安全生产与管理职责，建立健全安全生产与管理机构，配备安全管理人员，制定并落实各项安全生产与管理制度。

（2）客运站应与进站经营的道路运输企业或经营业户签订安全责任书，明确双方的安全责任。凡进站经营的道路运输企业或经营业户必须按规定做好营运客车的维护工作，确保车辆技术性能良好、安全设施齐全有效，并保证驾驶员和乘务员符合要求。

客运站必须按规定做好进站营运客车和旅客行包的安全例行检查工作，确保出站车辆技术状况良好和旅客行包中无危险物品。

（3）客运站应制定应急预案，按规定设置消防设施和消防器材，并要对站内及营运客车消防器材和消防设施进行定期检查，确保齐全有效。

（4）客运站应采取有效措施，严禁旅客携带易燃、易爆和其他危险物品进站、上车。一级汽车客运站和部分旅客流量较大的二级汽车客运站应配置X光行包检查设备。三级以上客运站必须设立"三品"检查点，并指定专人负责检查。

（5）客运站应严格按照营运客车的载客定额发售车票和检票，严禁超载车辆出站。

（6）客运站从事营运客车安全例行检查的人员应具有汽车维修质量检验员资格，三级以上汽车客运站必须设置车辆检查地沟（台）。

（7）客运站应加强对营运客车进出站的管理，有下列情形之一的不得出站：

1）驾驶证、从业资格证、行驶证、道路运输证、客运线路标志牌不全或不符合规定。

2）车辆的制动、转向、灯光、刮水器、传动系统、轮胎气压和磨损程度安全例行检查不合格。

3）驾驶员饮酒、身体不适或超长线路班车（日行程超过400公里）、夜班车驾驶员数量不足（有途中换班制度的除外）。

4）车辆超载、超限。

5）气候恶劣不宜行车。

（8）客运站应按照以下工作程序进行营运客车安全例行检查：

1）汽车客运站必须在营运客车报班前按"汽车客运站营运客车安全例行检查项目"的要求进行安全例行检查。车站安检人员应对车辆的制动、转向、灯光、传动系统、轮胎气压和磨损程度及消防设施等逐一进行检查，不得漏检（因车辆结构原因需拆卸检查的除外），在确定车辆技术状况良好、驾驶员身体健康且未饮酒的情况下填写"安检表"，安检人员与驾驶员分别签字后出具"安检合格通知单"，通知单上应填写车辆的牌照号、驾驶员的签名和检查时间。

2）车站调度部门在收到"安检合格通知单"后应对驾驶证、从业资格证、行驶证、道路运输证、客运线路标志牌进行检查登记，合格后准予报班。

3）客运站应对进站旅客的行包进行安全例行检查，严禁旅客携带危险物品进站、上车，对查获的危险物品要进行登记并妥善保管或按规定处理。

4）客运站在检票和办理行包托运时，要严格按照车辆的载客和行包装卸定额上客和装载行包，并如实签发路单和行包票据。

5）客运站应把好营运客车的出站关，要对每辆出站的营运客车认真进行检查，再次清点旅客人数，核对营运驾驶员的从业资格证，并让受检客车驾驶员在"出站登记表"上签字，确认无误后放行。

6）因气候恶劣（暴风、暴雨、浓雾、大雪等）能见度低于30米，以及塌方、路阻等原因不宜行车时，值班站长应暂停发班，并及时通知营运客车驾驶员和旅客。

（9）汽车客运站应建立健全检查、登记台账，妥善保管备查。

三、客运站营运客车安全例行检查项目

客运站经营者对出站客车所进行的安全检查，主要是指客车的例行检查，包括客车的日常维护和一级维护，主要包括出车前的清洁、补给、润滑、紧固和安全检视，并检查有关制动、操纵等安全部件，具体包括以下几项：

（1）转向：横（直）拉杆、转向球销、转向节及臂应无裂纹和损伤，球销不得松旷；各部件连接齐全、完好，锁销可靠，转向灵活。

（2）制动：不得有漏油、漏气现象，行车制动系统工作正常；各连接锁销齐全、完好、牢靠；驻车制动有效，气压仪表工作正常。

（3）传动：传动轴、万向节不得有裂纹或松旷现象；各连接部位螺栓齐全、完好，紧固可靠。

（4）灯光：前照灯、防雾灯、转向灯、小灯、刹车灯、尾灯安装牢靠，完好有效；刮水器工作正常。

（5）轮胎：不得有严重磨损、破裂和割伤；轮胎气压符合要求。

（6）悬挂：不得有断裂、移位现象。

（7）随车安全设施：配备有三角木、消防锤，在冰雪道路上运行必须配备有防滑链；灭火器有效。

四、汽车客运站的安全门检

汽车客运站的安全门检是道路旅客运输安全管理中极其重要的措施之一，具体包括以下几项：

1. 安全门检的履行和监督

汽车客运站负责各项安全门检工作，履行检查职责。同级交通行政管理部门委托的道路运输管理机构负责安全门检的指导、协调和监督工作。

2. 安全门检的概念和安全门检点设置

（1）安全门检的概念。汽车客运站安全门检是指车站对车辆技术状况的例行检查（以下简称车况门检）和对载客车辆驶离车站时的门岗检查（以下简称车辆出站门检）。

（2）安全门检点的设置。

1）各级汽车客运站应设立安全门检点，落实责任人，向当地道路运输管理机构填报"汽车客运站安全门检点登记表"并备案，由市道路运输管理机构统一制发"安全门检点"站牌。

2）各级汽车客运站应在车辆的出站处设置车辆出站门检岗位。三级以上汽车客运站和接纳管理50辆（含）以上营运客车的公用型站场，必须设置车况门检岗位，其中二级以上汽车客运站的车况门检岗位作业场地，还应设有专用工作用房，配置检台或地沟、千斤顶、空压泵、轮胎气压表等工具器材。提倡使用车况自动检验仪。

3. 安全门检人员的配备

安全门检人员的配备应与检验、检查任务及专业技能要求相适应。车况门检岗位由具有修理初级工技术等级或5年以上驾龄的人员担任，其中至少配备1名具有修理中级工以上技术等级的人员；车辆出站门检岗位由具有经验丰富、责任心强的专职人员担任。

从事车站安全门检工作的车况门检和车辆出站门检岗位人员，需经专门培训，由省交通厅核发"岗位培训证书"，持证上岗。

4. 安全门检的实施

（1）建立制度。汽车客运站要具体制定车站安全门检的岗位职责、操作规程等工作制度，建立台账、档案。提倡使用计算机软件应用系统。

（2）编制计划。车况门检计划由车籍地汽车客运站负责编制，报当地道路运输管理机构备案后组织实施。凡进站承担客运班车运输任务的营运客车，都应纳入车况门检范围，实行每车一日一检制度。车籍地未设立车况门检岗位的始发站点和当天不能返回的过夜客车，由就近车站或到达站负责检验。省际长途班车，驾驶员必须做好途中车辆自检工作，回场后立即送检。

（3）门检项目。车况门检项目主要包括：车辆转向系统、制动系统、传动系统、灯光信号系统和轮胎、制动管路等内容，并结合季节特点、地理条件等情况，适当调整或增加检查内容。

（4）车况门检实施。

1）驾驶员应自觉配合车况门检人员工作，车辆必须在班车发车前20分钟前完成各项检查项目。经检验合格的车辆，由车况门检人员、车辆驾驶员共同在"车况门检备查单"上签章。驾驶员持"车况门检合格证""车况门检车辆配客（报修）单"，送交车站行车业务部门，由车站行车人员核对后签发行车路单并组织旅客上车。

2）检验时发现一般机件故障的车辆，车况门检人员应在"车况门检车辆配客（报修）单"上填写报修项目，并督促及时修复，经修复检验合格，再依次办理发班手续。

3）对查出有重大事故隐患的车辆，车况门检人员要采取果断措施，责成车辆进厂修理，同时通过车站及时安排车辆顶班运送旅客。

（5）车辆出站门检。

1）车辆出站门检项目主要包括：旅客与行包装载情况，车况门检合格情况等内容。

2）车辆出站门检实行一班一检制度。承担每一车次运输任务的车辆，出站时应主动停车，接受门岗检查。

3）车辆出站检查时，检查人员还应进入车厢实地核实。对符合出站条件的车辆，检查人员在随车行车路单或结算单上加盖车辆出站门检合格专用章后予以放行。

4）发现车辆超载、未经车况门检或经检查不合格等不符合出站条件的车辆，检查人员应阻止车辆出站，并责成当场纠正。对不听劝阻的，应报告车站，车站要立即采取措施，予以处理。

（6）违规的处罚。

1）营运客车不服从车站安全门检，有欺骗、逃避、强行冲卡出站等行为的，交通行政管理部门应给予严肃教育，责令改正；情节严重的，可给予道路运输经营者停车停班整顿；违反治安管理规定的，应立即送交公安机关处理。

2）汽车客运站安全门检人员违反规定，在安全门检工作中有失职行为的，交通行政管理部门按有关规定，责令改正，可以并处警告或罚款；因此造成道路运输生产事故的，还应追究有关人员的责任。情节严重的，建议上级有关部门给予降低汽车客运站站级、取消文明单位称号等处理。

（7）安全门检的信息交流。汽车客运站应与委托车况门检的道路运输经营者签订服务合约，建立安全门检信息交流报告制度，定期将安全门检情况反馈给运输经营业户，按月将安全门检情况报当地道路运输管理机构。

五、经营服务质量

（1）客运站经营者应当坚持公平、公正原则，合理安排发车时间，公平售票。

（2）各客运公司经营者在发车时间安排上发生纠纷，客运站经营者协调无效时，由当地县级以上道路运输管理机构裁定。

（3）客运站经营者应当公布进站客车的班车类别、客车类型等级、运输线路、起讫停靠站点、班次、发车时间、票价等信息，调度车辆进站发车，疏导旅客，维持秩序。

为确保公平、公正、公开，防止客运站经营者以权谋私，客运站经营者应当为进站经营的客运经营者合理安排班次。此外，客运站是确保运输安全和保证运输优质服务的重要场所，为确保客运站良好秩序和方便旅客，客运站必须配备相应设施，加强对站容、车容、仪容的管理；必须严格执行运价政策，按规定票价在售票口售票，并采取多种售票服务方式，方便旅客；必须建立良好的候车秩序，及时向旅客宣传乘车须知、班车时刻及有关规定，坚持实行旅客凭票进站、检票上车、验票出站制度，严禁旅客无票乘车；客运站在受理行包时，须严格按有关规定计费，受理后须负责组织装卸，做好交接工作。

（4）客运站经营者应当设置旅客购票、候车、乘车指示，行李寄存和托运，公共卫生等服务设施，向旅客提供安全、便捷、优质的服务，加强宣传，保持站场卫生、清洁。

（5）客运站经营者在客运站从事客运站经营以外的其他经营活动时，应当遵守相应的法律、行政法规的规定。

（6）客运站经营者应当严格执行价格管理规定，在经营场所公示收费项目和标准，严禁乱收费。

（7）客运站经营者应当按规定的业务操作规程装卸、储存、保管行包。

（8）客运站经营者应当建立和完善各类台账和档案，并按要求报送有关信息。

六、进站客运经营者管理

（1）进站客运经营者应当在发车30分钟前备齐相关证件进站等待发车，不得误班、脱班、停班。进站客运经营者不按时派车辆应班，1小时以内视为误班，1小时以上视为脱班。但因车辆维修、肇事、丢失或者交通堵塞等特殊原因不能按时应班且已提前告知客运站经营者的除外。

（2）进站客运经营者因故不能发班的，应当提前1日告知客运站经营者，双方要协商调度车辆顶班。

（3）对无故停班达3日以上的进站班车，客运站经营者应当报告当地道路运输管理机构。

七、应急处置预案

客运站经营者应当制定有关交通事故、自然灾害、公共卫生及其他突发公共事件的道路运输应急预案。

案例分析

案例一

一、案情简介

2005年3月5日上午9时左右，潮州市枫溪交通稽查站6名交通行政执法人员在枫溪境内进行交通行政执法工作时，发现一辆五菱小型普通客车（物证）有涉嫌非法营运的行为，立即上前进行调查取证。

调查取证过程中，当事人（司机）和证明人（乘客）被分开进行调查询问，据当时从车上下来接受询问的4名乘客证实（口头证言）：此前，当事人在安揭路枫溪地段商定以60元的运费运载她们4人前往揭阳市区。而当事人称自己运载的是朋友，并一再否认自己有收费载客行为（当事人陈述）。在询问过程中，一名执法人员采用数码摄像机拍摄了现场情况（视听资料）。询问之后，当带队的负责人依法告知当事人其行为属非法营运时，当事人快速发动其车欲强行离开执法现场，经执法人员奋力阻止才没能得逞，但是乘客却在场面混乱之时悄然离开了执法现场，因而执法人员无法对乘客进行书面询问笔录（书面证言）。执法人员根据乘客的口头证言和摄影机拍摄的现场资料作为认定当事人非法营运的有力证据，依法做暂扣车辆处理，并向当事人做书面询问笔录。当事人依然强调没有收取乘客的运费，对执法人员开具的"交通执法行政强制措施凭证"也拒绝签名。为了使当事人心服口服，在证据面前如实地承认其违法行为，执法人员打开了摄像机重播了现场拍摄的真实情况，可是，谁都没有想到，视屏画面一片模糊，根本无法清晰显示当时的情景（后经专业技术部门鉴定，该摄像机主板出了问题）。看到摄像机无法显示现场图像，当事人立即反驳："你们说我非法营运，证据在哪里？""想要处罚我就要拿出证据来。"当事人的申辩是有法律依据的。本案中，由于视听资料丢失、证人离开，缺乏最能反映案件事实真相的证据，站领导经慎重研究，只得决定不予立案。

二、分析

收集和保全证据对行政处罚具有十分重要的作用。行政执法人员在调查取证过程中，必须做好以下四方面的工作。

（1）迅速行动，防止调查取得的有效证据流失。交通行政执法部门查处非法营运车辆（以下简称"黑车"）通常采用定点检查和流动巡查两种方式。由于黑车经营者在运营中对交通执法人员和喷有"运政"字样的执法车辆警惕性相当高，经常对执法人员的停车手势、停车喊话或指挥停靠不理不睬。因此，执法人员一旦发现被查车辆有非法营运的嫌疑时，就应该迅速行动把被查车辆堵截下来，责令其中止车辆运行，接受调查取证；同时，做好车上乘客的工作，防止乘客不配合询问下车走掉。

（2）熟练掌握视听设备的操作技巧，及时做好视听资料的取证工作。交通行政人员应熟练掌握视听器材的操作、运用，对于视听器材要做到妥善保管、定期检修，保持完好状态；应培养高度的视觉敏感性和拍摄镜头感，在执法过程中全面、快速地拍摄下现场情况，及时抓住每个稍纵即逝的违法细节。拍摄时，要注意把黑车的车型、车牌号码以及黑车上的当事人、乘客、车票、自制线路标志牌、印有具有客运广告性质的名片等证据全部囊括其中，防止证据遗漏。更重要的一点是，对于取得的黑车案件调查取证资料在未结案之前一定要做到妥善保全，使之万无一失。

（3）耐心细致、实事求是地做好当事人及乘客的询问书面笔录。在对当事人及乘客进行询问之前，为了防止当事人引诱、威胁乘客做伪证或者乘客主动帮助当事人隐瞒真相，一定要将当事人和乘客分开后再开展询问工作。在询问当事人时要耐心细致，注意观察、分析他的言谈举止、着装、面部表情，特别是眼神等特征，尽量用柔和的谈话方式和语气，软化其激动抵抗的情绪，防止其态度蛮横、不配合调查取证工作，甚至煽动或召集群众围攻执法人员，扰乱执法现场。询问的内容主要有以下几个方面：①当事人和乘客的姓名、年龄、职业、住址、联系电话；②当事人与乘客之间的关系；③若当事人属驾驶单位公车的，就要弄清楚当事人与车属单位之间关系，当事人是否持单位有效工作证、乘客是否为单位员工；④问清楚当事人与乘客的运费怎样商定，若当事人与学校、工厂、酒店协定长期专车包车运营的，那就要弄清楚是现金支付还是其他结算方式。

（4）建立健全监督制度，开通黑车举报电话。为掌握黑车违法行为信息，及时取缔各种违法经营行为，要尽快制定切实可行的举报投诉制度，开通黑车监督举报电话。条件允许的情况下，还可以在市内交通主干道及各大外出公路的醒目位置固定悬挂黑车监督举报告示牌。建立有奖举报机制，鼓励广大群众积极、如实地投诉、举报。与此同时，稽查、监督执法部门要建立12小时值班制度，认真办理群众举报，及时收集、整理投诉、举报资料，以获取黑车案件及其相关证据的线索。

案 / 例 / 二

一、案情简介

某日上午9时许，在公路上行驶的一台营运大巴突然起火，途经群众纷纷扑救并抢救烧伤的旅客。一位旅客站在路边挥手拦截住一台中巴客车，要求司机运送伤员。中巴客车梁某（个体运输户）停下后，一看现场说："你们往后退一退，我倒一下车。"旅客往后退时，梁某突然加大油门，喊了一句："我车上的旅客不让拉。"便驾车而去。该事件被新闻媒体披露后，引起了社会公愤：梁某被称为"冷血动物""见死不救"，群众强烈要求交通主管部门严惩。

县交通主管部门领导班子集体研究讨论该案如何处理，会上出现了几种不同意见：

（1）认为该案的处理应当以人民满意不满意，人民答应不答应为标准，所以应立即取消梁某的经营资格，并公告全县道路运输经营业户。

（2）认为梁某的行为违反了《合同法》中"承运人应尽力救助遇险旅客"的规定，交通运输部《汽车旅客运输规则》中也有类似规定。因此可以认定梁某违法，应当给予严肃处理。

（3）认为梁某的行为违反了《合同法》和《汽车旅客运输规则》，但《道路运输条例》中没有对"冷血行为"可以处罚的规定。因此，可以认定梁某违法，但不能予以处罚，只能采取强制措施暂扣其道路运输牌证。

（4）认为梁某的行为不违法，只是典型的违反社会主义道德规范的行为，故不应认定为违法，也不应进行行政处罚，而应通过呼吁提高道德水平来解决。

二、分析

上述几种观点都存在错误。

（1）《合同法》和《汽车旅客运输规则》是民事法律，只适用于平等主体承运人与旅客之间的客运法律关系。本案中梁某与受伤的旅客之间没有建立客运合同关系，故不适用于本案。

（2）交通主管部门是行政执法部门，应当以行政法为执法依据。故以《合同法》和《汽车旅客运输规则》作为行政法是错误的，以"人民满意不满意，人民答应不答应"为标准更是违反法治原则的。

（3）根据"处罚法定"和"法无明文不为错"的法治原则，《道路运输条例》中没有对"冷血行为"可以处罚的规定，交通主管部门就不能予以处罚。

（4）采取强制措施暂扣道路运输牌证也是错误的，强制措施暂扣道路运输牌证的适用前提是道路运输经营者有违反道路运输行政管理法规的行为，且暂扣道路运输牌证时还要发给代理证。因此本案既不符合暂扣道路运输牌证的适用前提，也不能发给代理证。

正确的做法应当是：梁某的行为违反了国务院《道路交通事故处理办法》中"救助遇险"的交通安全法规义务，故交通主管部门应当将案件移送公安交通管理机关进行处理。

案 / 例 / 三

一、案情简介

某市道路运输管理机构接待了一位来投诉的乘客。乘客反映："我乘坐市运输公司的中巴，途中一盗窃分子偷了我的钱包，等我发现时盗窃分子正要下车，于是我下车追赶。不料驾驶员驾驶车辆继续前行，将我甩下，造成我车上的行李丢失。我认为驾驶员的行为属甩客，应当赔偿我票价和行李的损失，并应严厉处罚驾驶员。"请思考：旅客意外伤害保险的范围是否包括财物保险？道路运输管理机构对这位乘客所提问题应如何答复？

二、分析

道路运输管理机构应当做如下解答：

（1）关于承运人行为是否构成甩客。

甩客是承运人或其雇用驾驶员故意的行为。本案中承运人或其雇用驾驶员的行为是否构成甩客，目前证据不清，尚不能定性，需要调查取证。

1）如果旅客下车追赶盗窃分子时，已向承运人或其雇用驾驶员说明要返回继续乘车，承运人或其雇用驾驶员同意，这就构成了客运合同的变更，即运输时间的变更。在此情形下承运人或其雇用驾驶员不予等候而驾车离去，属甩客无异。

2）如果旅客下车追赶盗窃分子时，未向承运人或其雇用驾驶员说明要返回继续乘车，承运人或其雇用驾驶员在不清楚旅客还要返回继续乘车的情况下，属提前终止客运合同关系，则不构成甩客。

（2）合同内容是否包括承运人财物保管责任。

根据《合同法》第十七章运输合同的有关规定，承运人财物保管责任分为以下两种情况：

1）旅客托运的行李。承运人对运输过程中的旅客托运行李毁损、灭失承担损害赔偿责任，但承运人证明货物的损失是因不可抗力、货物本身的自然性质或合理损耗及是因旅客的过错造成的，不承担损害赔偿责任。

2）旅客自带的物品。承运人对运输过程中的旅客自带物品毁损、灭失有过错的，应当承担损害赔偿责任。但承运人对运输过程中的旅客自带物品毁损、灭失无过错，不承担损害赔偿责任。

（3）关于旅客意外伤害保险的范围是否包括财物保赔。

旅客意外伤害保险的范围是否包括财物保险问题，应根据承运人与保险公司签订的保险合同确定。一般来讲旅客意外伤害保险是一种人身险，不包括财产保险。

（4）关于道路运输管理机构如何处理。

1）如调查取证后，承运人或其雇用驾驶员的行为构成甩客证据充足，运输管理机构应当根据《道路运输条例》第七十条规定按程序进行处罚。

2）如不构成甩客，承运人或其雇用驾驶员的行为与旅客之间则属合同纠纷，道路运输管理

第四章 道路旅客运输及客运站管理规定

机构接到旅客投诉后应当按照《运输服务质量投诉管理规定》进行调解；调解不成的，由旅客按民事诉讼程序或仲裁程序解决。

复习思考题

1. 汽车客运有哪些基本要求？
2. 简述班车客运的分类及其特点。
3. 旅游客运、出租客运和包车客运分别有哪些管理规定？
4. 行包运输托运、交付的有关规定有哪些？

第五章　道路货物运输及站（场）管理规定

【学习目的】

通过学习本章内容，了解道路货物运输的法规、规章，加强对道路货物运输的安全性、经济性、合理性的认识和掌握。

第一节　概　　述

一、道路货物运输经营及道路货物运输站（场）的概念

1. 道路货物运输经营的概念

道路货物运输经营是指为社会提供公共服务、具有商业性质的道路货物运输活动。道路货物运输包括道路普通货运、道路货物专用运输、道路大型物件运输和道路危险货物运输。

（1）道路普通货运是指在运输、装卸、保管过程中无特殊要求的货物运输。普通货物分为三等：一等普通货物主要是砂、石、渣、土等；二等普通货物主要是日用百货等；三等普通货物主要是农产品、水产品等。

（2）道路货物专用运输是指使用集装箱、冷藏保鲜设备、罐式容器等专用车辆进行的货物运输。

（3）道路大型物件运输是指因货物的体积、重量的要求，需要大型或专用汽车的货物运输。这类货物包括：单件货物外形尺寸长度在14米以上或宽度在3.5米以上或高度在3米以上的货物；重量在20吨以上的单体货物或不可解体的成组（捆）货物。

（4）道路危险货物运输是指承运"危险货物品名表"列名的易燃、易爆、有毒、有腐蚀性、有放射性等危险货物和虽未列入"危险货物品名表"但具有危险货物性质的新产品的货物运输。

（5）物流是物品从供应地向接收地的实体流动过程中，根据实际需要，将运输、储存、装卸搬运、包装、流通加工、配送、信息处理等功能有机结合起来实现用户要求的过程。快递是兼有邮递功能的门对门物流活动，即快递公司通过铁路运输、公路运输、水路运输和航空运输等，对客户货物进行快速投递。在很多方面，快递要优于邮政的邮递服务。除了较快送达目的地及必须签收外，很多快递业者还提供邮件追踪功能、送递时间的承诺及其他按客户需要提供的服务。

2. 道路货物运输站（场）的概念

道路货物运输站（场）（以下简称"货运站"）是指以场地设施为依托，为社会提供有偿服务的具有仓储、保管、配载、信息服务、装卸、理货等功能的综合货运站（场）、零担货运站、集装箱中转站、物流中心等经营场所。

二、道路货物运输的特点及分类

（一）道路货物运输的特点

（1）机动灵活。这是公路运输最大的优点。公路运输在空间上很容易实现"门到门"运输，并且可以根据客户需求随时提供运输服务，能灵活制定运营时间表，运输服务的弹性大。同时能根据各户需求提供个性化服务，最大限度地满足不同性质的货运运输。

（2）驾驶人员容易培训。与其他运输工具相比，汽车驾驶技术简单，容易掌握。汽车驾驶员培训一般只需几个月的时间，而其他运输工具驾驶员培训则需要较长的时间。

（3）运输成本高。公路运输的总成本包括固定成本和变动成本两部分。对于运输企业而言，固定成本所占的比例相对较高。由于公路运输的单次运输量较小，相对于铁路运输和水路运输而言，每吨公里的运输成本较高。研究表明，公路运输的成本分别是铁路运输成本的11.1～17.5倍，水路运输成本的27.7～43.6倍，管道运输成本的13.7～21.5倍，但是只有航空运输成本的6.1%～9.6%。

（4）运输能力小。此外，由于汽车体积小、载重量不大，运送大件货物较为困难，因此，在一般情况下大件货物和长距离运输不太适宜采用道路运输。

道路货物运输生产指标的衡量尺度是货物运输量。货物运输量通过两个指标来反映：一个指标是货运量，它的计算单位是"吨"；另一个指标是货物周转量，它的计算单位是"吨公里"。

（二）道路货物运输的分类

（1）按营运性质分类，道路货物运输可分为经营性道路货物运输和非经营性道路货物运输。

（2）按货物性质分类，道路货物运输可分为普通货物运输和特种货物运输。特种货物运输又可分为危险货物汽车运输和大型特型笨重物件运输。

1）危险货物汽车运输。承运"危险货物品名表"列名的易燃、易爆、有毒、有腐蚀性、有放射性等危险货物和虽未列入"危险货物品名表"但具有危险货物性质的新产品，为危险货物汽车运输。

2）大型特型笨重物件运输。因货物的体积、重量的要求，需要大型或专用汽车运输的，为大型特型笨重物件运输。

（3）按营运方式分类，道路货物运输可分为整批货物运输、零担货物运输、集装箱运输。

1）整批货物运输。托运人一次托运的货物计费重量在3吨以上，或不足3吨，但其性质、体积、形状需要用一辆汽车运输的，称为整批货物运输。

2）零担货物运输。托运人一次托运的货物计费重量为3吨及3吨以下的，称为零担货物运输。

3）集装箱运输。采用集装箱为容器，使用汽车运输的（包括集装箱空箱的运输），称为集装箱运输。

（4）按营运的组织方式和使用运输工具分类，道路货物运输可分为快件货物运输、出租汽车货物运输、搬家运输、联合运输、甩挂运输和驼背运输等。

1）快件货物运输。在规定的距离和时间内将货物运送到目的地的运输，称为快件货物运输。应托运人的要求，采取即托即运的，称为特快件货物运输。

2）出租汽车货物运输。采用装有出租营业标志的小型货车，供货主临时雇用，并按时间、里程和规定费率收取运输费用的，称为出租汽车货物运输。

3）搬家运输。为个人或单位搬迁提供运输和搬运装卸服务，并按规定收取费用的，称为搬家运输。

4）联合运输。由两种或两种以上运输方式（公铁、公航），或同一运输方式（公公）中两个以上经营者接力运送货物的运输方式，称为联合运输。

5）甩挂运输。甩挂运输是指用牵引车拖带挂车至目的地，将挂车甩下后，换上新的挂车运往另一目的地的运输方式。

6）驼背运输。将汽车（货物）开到底架上停放妥当，用汽车牵引底架行驶进行货物运输的，称为驼背运输。

（5）按运输距离分类，道路货物运输可分为长途运输和短途运输。

（6）按运输起讫地所属分类，道路货物运输可分为省际运输和省内运输。

三、道路货物运输及站场管理的原则

（1）"公平、公正、公开、便民"原则。打破地区封锁和垄断，促进道路运输市场的统一、开放、竞争、有序。

（2）"依法经营，诚实信用，公平竞争，优质服务"原则。奉行"奉献社会"的宗旨，加强企业管理，树立"诚信、敬业、协作、创新"的企业价值观，完善以人、制度、创新为核心的管理模式，建立科学的企业管理制度，培养高素质的职业化管理队伍，公司强化质量管理，服务管理规范化，服务过程程序化，服务质量标准化，创优质服务、优美环境、优良秩序，为货主提供安全、优质、方便、快捷的运输服务。

（3）鼓励道路货物运输实行集约化、网络化经营。鼓励企业间以资产为纽带跨地区、跨行业进行重组、兼并，实现强强联合，优势互补。鼓励运输企业公车公营，提高企业管理水平和服务水平，实现规模化、集约化和网络化经营。

（4）鼓励采用集装箱、封闭厢式车和多轴重型车运输。

四、我国货运交通的管理模式

（1）交通运输部主管全国道路货物运输和货运站管理工作。

（2）县级以上地方人民政府交通主管部门负责组织领导本行政区域的道路货物运输和货运站管理工作。

（3）县级以上道路运输管理机构负责具体实施道路货物运输和货运站管理工作。

第二节 经 营 许 可

一、道路货运经营

申请从事道路货物运输经营的，向县级道路运输管理机构（不含设区的市所属区运输管理机构，下同）提出申请。

1. 申请从事道路货物运输经营的条件

申请从事道路货物运输经营应当具备下列条件：

（1）车辆技术要求应当符合《道路运输车辆技术管理规定》有关规定。

（2）车辆其他要求：

1）从事大型物件运输经营的,应当具有与所运输大型物件相适应的超重型车组。

2）从事冷藏保鲜、罐式容器等专用运输的,应当具有与运输货物相适应的专用容器、设备、设施,并固定在专用车辆上。

3）从事集装箱运输的,车辆还应当有固定集装箱的转锁装置。

（3）有符合规定条件的驾驶人员：

1）取得与驾驶车辆相应的机动车驾驶证。

2）年龄不超过60周岁。

3）经设区的市级道路运输管理机构对有关道路货物运输法规、机动车维修和货物及装载保管基本知识考试合格,并取得从业资格证。

对从事货运经营的驾驶人员的考试由设区的市级道路运输管理机构负责。由设区的市级道路运输管理机构负责考试；考试的主要内容包括道路货物运输法规、机动车维修和货物及装载保管基本知识。道路运输有关法律主要包括《道路运输条例》《道路交通安全法》和交通运输部制定的有关道路货物运输的规章。机动车维修知识主要包括车辆维修和一般故障的判断、排除,以及车辆的分类、构造、性能、技术运用等基本知识。

（4）有健全的安全生产管理制度,包括安全生产责任制度、安全生产业务操作规程、安全生产监督检查制度、驾驶员和车辆安全生产管理制度等。

安全生产管理制度是保证运输企业运输生产安全而制定的一系列管理制度和行为规范的总称。其内容包括安全生产责任制,安全生产和操作规程,安全生产投入有效实施制度,安全生产的监督检查制度,消除生产安全事故隐患的制度等内容。涉及道路运输的安全生产管理制度主要指道路运输企业的安全生产制度,包括安全生产涉及的部门及各部门的责任；货运、站场、机动车维修等道路运输安全生产操作规程；道路运输安全生产检查制度,包括日检、月检和进站、出站、出厂时的检查；消除道路运输安全隐患的措施等。

2. 申请从事道路货运经营须提供的材料

申请从事道路货物运输经营的,应当依法向工商行政管理机关办理有关登记手续后,向县级道路运输管理机构提出申请,并提供以下材料：

（1）道路货物运输经营申请表。

（2）负责人身份证明,经办人的身份证明和委托书。

（3）机动车辆行驶证、车辆检测合格证及其复印件；拟购置运输车辆的承诺书,承诺书应当包括车辆数量、类型、技术性能、购置时间等内容。

（4）聘用或拟聘用驾驶员的机动车驾驶证、从业资格证及其复印件。

（5）安全生产管理制度文本。

（6）法律、法规规定的其他材料。

二、道路货运站经营

申请从事道路货运站经营的,应当依法向工商行政管理机关办理有关登记手续后,向县级道路运输管理机构提出申请。

1. 申请道路货运站经营的条件

申请从事道路货运站经营应当具备下列条件：

（1）有与其经营规模相适应的货运站房、生产调度办公室、信息管理中心、仓库、仓储库棚、场地和道路等设施，并经有关部门组织的工程竣工验收合格。验收合格包括两层含义，第一层含义是必须经过验收，第二层含义是必须合格，达到规定的要求。

验收合格具体要达到以下两方面的要求：①货运站的站级划分和建设必须符合JT/T 402—2016《公路货运站站级标准及建设要求》的规定；②货运站投入经营前，为确保安全和符合需要，必须经交通、消防等主管部门验收后，方可投入使用。

（2）有与其经营规模相适应的安全、消防、装卸、通信、计量等设备。

（3）有与其经营规模、经营类别相适应的管理人员和专业技术人员。

（4）有健全的业务操作规程和安全生产管理制度。

2. 申请从事货运站经营须提供的材料

申请从事货运站经营应当提供下列材料：

（1）"道路运输站（场）经营申请表"。

（2）负责人身份证明，经办人的身份证明和委托书。

（3）经营道路货运站的土地、房屋的合法证明。

（4）货运站竣工验收证明。

（5）与业务相适应的专业人员和管理人员的身份证明、专业证书。

（6）业务操作规程和安全生产管理制度文本。

三、行政许可程序

1. 对经营申请的答复

（1）道路运输管理机构对道路货运经营申请予以受理的，应当自受理之日起20日内做出许可或者不予许可的决定；道路运输管理机构对货运站经营申请予以受理的，应当自受理之日起15日内做出许可或者不予许可的决定。

（2）道路运输管理机构对符合法定条件的道路货物运输经营申请做出准予行政许可决定的，应当出具"道路货物运输经营许可决定书"，明确许可事项。在10日内向被许可人颁发"道路运输经营许可证"并在上面注明经营范围。

（3）道路运输管理机构对符合法定条件的货运站经营申请做出准予行政许可决定的，应当出具"道路货物运输站（场）经营许可决定书"，明确许可事项。在10日内向被许可人颁发"道路运输经营许可证"并在上面注明经营范围。

（4）对道路货物运输和货运站经营不予许可的，应当向申请人出具"不予交通行政许可决定书"。

2. 被许可人履行承诺

（1）被许可人应当按照承诺书的要求购置运输车辆。购置车辆或者已有车辆经道路运输管理机构核实并符合条件的，道路运输管理机构向投入运输的车辆颁发"道路运输证"。

（2）道路货物运输经营者设立子公司的，应当向设立地的道路运输管理机构申请经营许可；设立分公司的，应当向设立地的道路运输管理机构报告备案。

3. 经营期限内变更、暂停、终止

（1）道路货物运输和货运站经营者变更名称、地址等，应当向做出原许可决定的道路运输管理机构备案。

（2）道路货物运输和货运站经营者需要终止经营的，应当在终止经营之日30日前告知原许

可的道路运输管理机构，并办理有关注销手续。

第三节　货运经营管理

一、经营权所含的权利与义务

道路货物运输经营者应当按照"道路运输经营许可证"核定的经营范围从事货物运输经营，不得转让、出租道路运输经营许可证件。

二、经营服务质量

（1）运输的货物应当符合货运车辆核定的载质量，载物的长、宽、高不得违反装载要求。禁止货运车辆违反国家有关规定超限、超载运输。禁止使用货运车辆运输旅客。

（2）道路货物运输经营者运输大型物件，应当制定道路运输组织方案。涉及超限运输的应当按照交通运输部颁布的《超限运输车辆行驶公路管理规定》办理相应的审批手续。

（3）从事大型物件运输的车辆，应当按照规定装置统一的标志和悬挂标志旗，夜间行驶和停车休息时应当设置标志灯。

（4）道路货物运输经营者不得运输法律、行政法规禁止运输的货物。《道路运输条例》第二十六条规定："货运经营者不得运输法律、行政法规禁止运输的货物。法律、行政法规规定必须办理有关手续后方可运输的货物，货运经营者应当查验有关手续。"

根据现行法律、法规的规定，禁止运输的货物一般是指非法生产的违禁物品，如毒品、假劣药品，以及伪造、变造、非法印刷的人民币。这些违禁物品本质上是禁止流通的，道路运输经营者不得承运。限制运输的货物是指根据国家有关法律法规的规定，必须向有关部门办理准运手续方可运输的货物，如枪支、烟草、麻醉药品、剧毒化学品、木材、野生动植物、致病微生物、血液制品和核材料等，这些货物在运输时必须向有关管理机关办理准运手续。之所以对运输货物的种类做出限制性规定，主要是从保障安全和维护市场秩序的角度考虑的。

（5）道路货物运输经营者不得采取不正当手段招揽货物、垄断货源，不得阻碍其他货运经营者开展正常的运输经营活动。道路货物运输经营者应当采取有效措施，防止货物变质、腐烂、减少或损失。

（6）国家鼓励实行封闭式运输。道路货物运输经营者应当采取有效措施，防止货物脱落、扬撒等情况的发生。

三、从业人员的教育管理

（1）道路货物运输经营者应当对从业人员进行经常性的安全、职业道德教育和业务知识、操作规程培训。

（2）道路货物运输经营者应当按照国家有关规定在其重型货运车辆、牵引车上安装、使用行驶记录仪，并采取有效措施，防止驾驶人员连续驾驶时间超过4个小时。

（3）道路货物运输经营者应当要求其聘用的车辆驾驶员随车携带"机动车驾驶证""机动车行驶证""道路运输证""机动车保险证"，以及相关的从业资格证件。

四、货运商务作业各环节的管理

1. 签订运输合同

承运人、托运人、货运代办人在签订和履行汽车货物运输合同时，应遵守国家法律和有关的运输法规、行政规章。

承运人是指使用汽车从事货物运输并与托运人订立货物运输合同的经营者。托运人是指与承运人订立货物运输合同的单位和个人。收货人是指货物运输合同中托运人指定提取货物的单位和个人。货运代办人是指以自己的名义承揽货物并分别与托运人、承运人订立货物运输合同的经营者。

汽车货物运输合同可采用书面形式、口头形式和其他形式。书面形式的合同种类分为定期运输合同、一次性运输合同、道路货物运单（以下简称运单）。汽车货物运输合同由承运人或托运人本着平等、自愿、公平、诚实、信用的原则签订。

2. 运单填写

货物托运时，要填写运单，已签订定期运输合同或一次性运输合同的，要在运单托运人签字盖章处填写合同序号。未签订定期运输合同或一次性运输合同的，托运人应按以下要求填写运单：

（1）准确表明托运人和收货人的名称（姓名）和地址（住所）、电话、邮政编码。

（2）准确表明货物的名称、性质、件数、重量、体积及包装方式。

（3）准确表明运单中的其他有关事项。

（4）一张运单托运的货物，必须是同一托运人、收货人。

（5）危险货物与普通货物及性质相互抵触的货物不能用一张运单。

（6）托运人要求自行装卸的货物，经承运人确认后，在运单内注明。

（7）应使用钢笔或圆珠笔填写运单，字迹清楚，内容准确；需要更改时，必须在更改处签字盖章。

托运的货物品种不能在一张运单内逐一填写的，应填写"货物清单"。托运货物的名称、性质、件数、质量、体积及包装方式等，应与运单记载的内容相符。

按照国家有关部门规定需办理准运或审批、检验等手续的货物，托运人托运时应将准运证或审批文件提交承运人，并随货同行。托运人委托承运人向收货人代递有关文件时，应在运单中注明文件名称和份数。

3. 货物托运

托运是发货人委托运输部门将一批货物运到指定的地点并交付给指定的收货人的行为。发货人向运输部门托运货物时，按一定手续填写货物运单，同时提供其他必要的证明文件。

托运的货物中，不得夹带危险货物、贵重货物、鲜活货物和其他易腐货物、易污染货物、货币、有价证券，以及政府禁止或限制运输的货物等。

托运的货物应当按照承托双方约定的方式包装。对包装方式没有约定的，按照通用的方式包装；没有通用方式的，应在足以保证运输、搬运、装卸作业安全和货物完好的原则下进行包装。整批货物运输时，散装、无包装和不成件的货物按重量托运；有包装、成件的货物，托运人能按件点交的，可按件托运，不计件内数量。

依法应当执行特殊包装标准的，按照规定执行。托运人应根据货物性质和运输要求，按照国家规定，正确使用运输标志和包装储运图示标志。

使用旧包装运输货物，托运人应将包装上与本批货物无关的运输标志、包装储运图示标志清除干净，并重新制作标志。

托运特种货物时，托运人应按以下要求在运单中注明运输条件和特约事项。若托运有途中需要饲养、照料的生物、植物，尖端精密产品，稀有珍贵物品，文物，军械弹药，有价证券，重要票证和货币等，托运人必须派人押运。

大型特型笨重物件、危险货物、贵重和个人搬家物品，是否派人押运，由承托双方根据实际情况约定。除规定的货物外，托运人要求押运时，需经承运人同意。

需派人押运的货物，托运人在办理货物托运手续时，应在运单上注明押运人员姓名及必要的情况。押运人员每车一人，托运人需增派押运人员的，在符合安全规定的前提下，征得承运人的同意，可适当增加。押运人员须遵守运输和安全规定。押运人员在运输过程中负责货物的照料、保管和交接；如发现货物出现异常情况，应及时做出处理并告知车辆驾驶人员。

4. 货物受理

承运人应根据承运货物的需要，按货物的不同特性，提供技术状况良好、经济适用的车辆，要能满足所运货物重量的要求。使用的车辆、容器应做到外观整洁，车体、容器内干净，无污染物、残留物。承运特种货物的车辆和集装箱运输车辆，需配备符合运输要求的特殊装置或专用设备。

承运人受理凭证运输或需有关审批、检验证明文件的货物后，应当在有关文件上注明托运货物的数量、运输日期，加盖承运章，并随货同行，以备查验。

承运人受理整批或零担货物时，应根据运单记载货物名称、数量、包装方式等，核对无误，方可办理交接手续。发现与运单填写不符或可能危及运输安全的，不得办理交接手续。

承运人应当根据受理货物的情况，合理安排运输车辆，货物装载重量以车辆额定吨位为限，轻泡货物以折算重量装载，不得超过车辆额定吨位和有关长、宽、高的装载规定。

承运人应与托运人约定运输路线。起运前运输路线发生变化的必须通知托运人，并按最后确定的路线运输。承运人未按约定的路线运输所增加的运输费用，托运人或收货人可以拒绝支付增加部分的运输费用。

货物运输中，在与承运人非隶属关系的货运站场进行货物仓储、装卸作业，承运人应与站场经营人签订作业合同。

运输期限应由承托双方共同约定后在运单上注明。承运人应在约定的时间内将货物运达。零担货物按批准的班期时限运达，快件货物按规定的期限运达。

整批货物运抵前，承运人应当及时通知收货人做好接货准备；零担货物运达目的地后，应在24小时内向收货人发出到货通知或按托运人的指示及时将货物交给收货人。

车辆装载有毒、易污染的货物卸载后，承运人应对车辆进行清洗和消毒。因货物自身的性质，或应托运人要求，需对车辆进行特殊清洗和消毒的，由托运人负责。

5. 货物的接收

货物运达承托双方约定的地点后，承运人知道收货人的，应及时通知收货人，收货人应凭有效单证及时提（收）货物，无故拒提（收）货物，应赔偿承运人因此造成的损失。承运人可以提存货物。

货物交付时，承运人与收货人应当做好交接工作，如发现货损货差，由承运人与收货人共同编制货运事故记录，交接双方在货运事故记录上签字确认。

货物交接时，承托双方对货物的重量和内容若有质疑，均可提出查验与复磅，查验和复磅的费用由责任方负担。

五、应急处置预案

道路货物运输经营者应当制定有关交通事故、自然灾害、公共卫生以及其他突发公共事件的道路运输应急预案。

第四节　货运站经营

一、经营权所含的权利与义务

（1）货运站经营者应当按照经营许可证核定的许可事项经营，不得随意改变货运站的用途和服务功能。

（2）货运站经营者应当依法加强安全管理，完善安全生产条件，健全和落实安全生产责任制。

货运站经营者应当对出站车辆进行安全检查，防止超载车辆或者未经安全检查的车辆出站，保证安全生产。

（3）货运站经营者应当按照货物的性质、保管要求进行分类存放，危险货物应当单独存放，保证货物完好无损。

（4）货运站经营者应当公平对待使用货运站的道路货物运输经营者，禁止无证经营的车辆进站从事经营活动，无正当理由不得拒绝道路货物运输经营者进站从事经营活动。

1）货运站经营者应当禁止无证经营的车辆进站从事经营活动。无证经营的车辆就是指无"车辆营运证"的车辆。

2）无正当理由不得拒绝道路货物运输经营者进站从事经营活动。货运站经营者对符合下列条件的货物运输经营者使用站（场），不得拒绝：①已经依法取得道路旅客运输许可证；②已与货运站签订使用站（场）协议；③车辆持有有效的货运车辆营运证。否则，货运站（场）经营者可以拒绝。

（5）货运站经营者应当按照规定的业务操作规程进行货物的搬运装卸。搬运装卸作业应当轻装、轻卸，堆放整齐，防止混杂、撒漏、破损，严禁有毒、易污染物品与食品混装。

为保护环境卫生，2017年修订的《城市市容和环境卫生管理条例》第十五条规定："在市区运行的交通运输工具，应当保持外型完好、整洁，货运车辆运输的液体、散装货物，应当密封、包扎、覆盖，避免泄漏、遗撒。"因此，货运经营者应当采取必要措施，防止货物脱落、扬撒等。采取的必需措施，可以使用厢式运输车辆，没有使用厢式运输车辆的，至少必须盖苫布。

（6）货运站经营者不得超限、超载配货，不得为无道路运输经营许可证或证照不全者提供服务；不得违反国家有关规定，为运输车辆装卸国家禁运、限运的物品。

二、经营服务质量

（1）货运站经营者不得垄断货源、抢装货物、扣押货物。

（2）货运站要保持清洁卫生，各项服务标志醒目。

（3）货运站经营者经营配载服务应当坚持自愿原则，提供的货源信息和运力信息应当真实、准确。

（4）货运站经营者应当严格执行价格规定，在经营场所公布收费项目和收费标准，严禁乱收费。

（5）货运站经营者应当建立和完善各类台账和档案，并按要求报送有关信息。

三、应急处置预案

货运站经营者应当制定有关突发公共事件的应急预案。

第五节 危险货物运输管理

一、道路危险货物运输经营的相关概念

（1）危险货物是指具有爆炸、易燃、毒害、感染、腐蚀等危险特性，在生产、经营、运输、储存、使用和处置中，容易造成人身伤亡、财产损毁或者环境污染而需要特别防护的物质和物品。危险货物以列入国家标准GB 12268—2012《危险货物品名表》的为准，未列入《危险货物品名表》的，以有关法律、行政法规的规定或者国务院有关部门公布的结果为准。

（2）道路危险货物运输是指使用载货汽车，通过道路运输危险货物的作业全过程。

（3）道路危险货物运输车辆是指满足特定技术条件和要求，从事道路危险货物运输的载货汽车（以下简称专用车辆）。

二、危险货物的分类

（1）危险货物的分类、分项、品名和品名编号应当按照GB 6944—2012《危险货物分类和品名编号》、《危险货物品名表》执行。

（2）危险货物的危险程度依据GB 12463—2009《危险货物运输包装通用技术条件》，分为Ⅰ、Ⅱ、Ⅲ等级。

三、申请道路危险货物运输许可的条件

1. 有符合要求的专用车辆及设备

（1）自有专用车辆（挂车除外）5辆以上；运输剧毒化学品、爆炸品的，自有专用车辆（挂车除外）10辆以上。

（2）专用车辆的技术要求应当符合《道路运输车辆技术管理规定》有关规定。

（3）配备有效的通信工具。

（4）专用车辆应当安装具有行驶记录功能的卫星定位装置。

（5）运输剧毒化学品、爆炸品、易制爆危险化学品的，应当配备罐式、厢式专用车辆或者压力容器等专用容器。

（6）罐式专用车辆的罐体应当经质量检验部门检验合格，且罐体载货后总质量与专用车辆核定载质量相匹配。运输爆炸品、强腐蚀性危险货物的罐式专用车辆的罐体容积不得超过20立方米，运输剧毒化学品的罐式专用车辆的罐体容积不得超过10立方米，但符合国家有关标准的

罐式集装箱除外。

（7）运输剧毒化学品、爆炸品、强腐蚀性危险货物的非罐式专用车辆，核定载质量不得超过10吨，但符合国家有关标准的集装箱运输专用车辆除外。

（8）配备与运输的危险货物性质相适应的安全防护、环境保护和消防设施设备。

2. 有符合要求的停车场地

（1）自有或者租借期限为3年以上，且与经营范围、规模相适应的停车场地，停车场地应当位于企业注册地市级行政区域内。

（2）运输剧毒化学品、爆炸品专用车辆以及罐式专用车辆，数量为20辆（含）以下的，停车场地面积不得低于车辆正投影面积的1.5倍；数量为20辆以上的，超过部分，每辆车的停车场地面积不得低于车辆正投影面积。运输其他危险货物的，专用车辆数量为10辆（含）以下的，停车场地面积不得低于车辆正投影面积的1.5倍；数量为10辆以上的，超过部分，每辆车的停车场地面积不得低于车辆正投影面积。

（3）停车场地应当封闭并设立明显标志，不得妨碍居民生活和威胁公共安全。

3. 有符合要求的从业人员和安全管理人员

（1）专用车辆的驾驶人员取得相应机动车驾驶证，年龄不超过60周岁。

（2）从事道路危险货物运输的驾驶人员、装卸管理人员、押运人员应当经所在地设区的市级人民政府交通运输主管部门考试合格，并取得相应的从业资格证；从事剧毒化学品、爆炸品道路运输的驾驶人员、装卸管理人员、押运人员，应当经考试合格，取得注明为"剧毒化学品运输"或者"爆炸品运输"类别的从业资格证。

（3）企业应当配备专职安全管理人员。

4. 有健全的安全生产管理制度

（1）安全生产管理制度包括：①企业主要负责人、安全管理部门负责人、专职安全管理人员安全生产责任制度；②从业人员安全生产责任制度；③安全生产监督检查制度；④安全生产教育培训制度；⑤从业人员、专用车辆、设备及停车场地安全管理制度；⑥应急救援预案制度；⑦安全生产作业规程；⑧安全生产考核与奖惩制度；⑨安全事故报告、统计与处理制度。

（2）符合下列条件的企事业单位，可以使用自备专用车辆从事为本单位服务的非经营性道路危险货物运输：①省级以上安全生产监督管理部门批准设立的生产、使用、储存危险化学品的企业；②有特殊需求的科研、军工等企事业单位。

（3）申请从事道路危险货物运输经营的企业，应当依法向工商行政管理机关办理有关登记手续后，向所在地设区的市级道路运输管理机构提出申请，并提交以下材料：

1）"道路危险货物运输经营申请表"，包括申请人基本信息、申请运输的危险货物范围（类别、项别或品名，如果为剧毒化学品应当标注"剧毒"）等内容。

2）拟担任企业法定代表人的投资人或者负责人的身份证明及其复印件，经办人身份证明及其复印件和书面委托书。

3）企业章程文本。

4）证明专用车辆、设备情况的材料，包括：①未购置专用车辆、设备的，应当提交拟投入专用车辆、设备承诺书。承诺书内容应当包括车辆数量、类型、技术等级、总质量、核定载质量、车轴数以及车辆外廓尺寸；通信工具和卫星定位装置配备情况；罐式专用车辆的罐体容积；

罐式专用车辆罐体载货后的总质量与车辆核定载质量相匹配情况；运输剧毒化学品、爆炸品、易制爆危险化学品的专用车辆核定载质量等有关情况。承诺期限不得超过1年。②已购置专用车辆、设备的，应当提供车辆行驶证、车辆技术等级评定结论；通信工具和卫星定位装置配备情况；罐式专用车辆的罐体检测合格证或者检测报告及复印件等有关材料。

5）拟聘用专职安全管理人员、驾驶人员、装卸管理人员、押运人员的，应当提交拟聘用承诺书，承诺期限不得超过1年；已聘用的应当提交从业资格证及其复印件以及驾驶证及其复印件。

6）停车场地的土地使用证、租借合同、场地平面图等材料。

7）相关安全防护、环境保护、消防设施设备的配备情况清单。

8）有关安全生产管理制度文本。

（4）设区的市级道路运输管理机构应当按照《道路运输条例》和《交通行政许可实施程序规定》，以及规定的程序和时限实施道路危险货物运输行政许可，并进行实地核查。

1）决定准予许可的，应当向被许可人出具"道路危险货物运输行政许可决定书"，注明许可事项，具体内容应当包括运输危险货物的范围（类别、项别或品名，如果为剧毒化学品应当标注"剧毒"），专用车辆数量、要求以及运输性质，并在10日内向道路危险货物运输经营申请人发放"道路运输经营许可证"，向非经营性道路危险货物运输申请人发放"道路危险货物运输许可证"。

2）市级道路运输管理机构应当将准予许可的企业或单位的许可事项等，及时以书面形式告知县级道路运输管理机构。

3）决定不予许可的，应当向申请人出具"不予交通行政许可决定书"。

四、道路危险货物运输专用车辆、设备管理

（1）道路危险货物运输企业或者单位应当按照《道路运输车辆技术管理规定》中有关车辆管理的规定，维护、检测、使用和管理专用车辆，确保专用车辆技术状况良好。

（2）设区的市级道路运输管理机构应当定期对专用车辆进行审验，每年审验一次。审验按照《道路运输车辆技术管理规定》进行，并增加以下审验项目：①专用车辆投保危险货物承运人责任险情况；②必需的应急处理器材、安全防护设施设备和专用车辆标志的配备情况；③具有行驶记录功能的卫星定位装置的配备情况。

（3）禁止使用报废的、擅自改装的、检测不合格的、车辆技术等级达不到一级的和其他不符合国家规定的车辆从事道路危险货物运输。

除铰接列车、具有特殊装置的大型物件运输专用车辆外，严禁使用货车列车从事危险货物运输；倾卸式车辆只能运输散装硫黄、萘饼、粗蒽、煤焦沥青等危险货物。禁止使用移动罐体（罐式集装箱除外）从事危险货物运输。

（4）用于装卸危险货物的机械及工具的技术状况应当符合行业标准JT 617—2004《汽车运输危险货物规则》规定的技术要求。

（5）罐式专用车辆的常压罐体应当符合国家标准GB 18564.1—2006《道路运输液体危险货物罐式车辆第1部分：金属常压罐体技术要求》、GB 18564.2—2008《道路运输液体危险货物罐式车辆第2部分：非金属常压罐体技术要求》等有关技术要求。

（6）使用压力容器运输危险货物的，应当符合国家特种设备安全监督管理部门制定并公布的TSG R0005—2011《移动式压力容器安全技术监察规程》等有关技术要求。

（7）压力容器和罐式专用车辆应当在质量检验部门出具的压力容器或者罐体检验合格的有效期内承运危险货物。

（8）道路危险货物运输企业或者单位对重复使用的危险货物包装物、容器，在重复使用前应当进行检查；发现存在安全隐患的，应当维修或者更换。道路危险货物运输企业或者单位应当对检查情况做出记录，记录的保存期限不得少于2年。

（9）道路危险货物运输企业或者单位应当到具有污染物处理能力的机构对常压罐体进行清洗（置换）作业，将废气、污水等污染物集中收集，消除污染，不得随意排放，污染环境。

五、道路危险货物运输经营管理

（1）道路危险货物运输企业或者单位应当严格按照道路运输管理机构决定的许可事项从事道路危险货物运输活动，不得转让、出租道路危险货物运输许可证件。严禁非经营性道路危险货物运输单位从事道路危险货物运输经营活动。

（2）危险货物托运人应当委托具有道路危险货物运输资质的企业承运。危险货物托运人应当对托运的危险货物种类、数量和承运人等相关信息予以记录，记录的保存期限不得少于1年。

危险货物托运人应当严格按照国家有关规定妥善包装并在外包装设置标志，并向承运人说明危险货物的品名、数量、危害、应急措施等情况。需要添加抑制剂或者稳定剂的，托运人应当按照规定添加，并告知承运人相关注意事项。危险货物托运人托运危险化学品的，还应当提交与托运的危险化学品完全一致的安全技术说明书和安全标签。

（3）不得使用罐式专用车辆或者运输有毒、感染性、腐蚀性危险货物的专用车辆运输普通货物。其他专用车辆可以从事食品、生活用品、药品、医疗器具以外的普通货物运输，但应当由运输企业对专用车辆进行消除危害处理，确保不对普通货物造成污染、损害。不得将危险货物与普通货物混装运输。

（4）专用车辆应当按照国家标准GB 13392—2005《道路运输危险货物车辆标志》的要求悬挂标志。运输剧毒化学品、爆炸品的企业或者单位，应当配备专用停车区域，并设立明显的警示标牌。专用车辆应当配备符合有关国家标准以及与所载运的危险货物相适应的应急处理器材和安全防护设备。

（5）道路危险货物运输企业或者单位不得运输法律、行政法规禁止运输的货物。法律、行政法规规定的限运、凭证运输货物，道路危险货物运输企业或者单位应当按照有关规定办理相关运输手续。法律、行政法规规定托运人必须办理有关手续后方可运输的危险货物，道路危险货物运输企业应当查验有关手续齐全有效后方可承运。

（6）道路危险货物运输企业或者单位应当采取必要措施，防止危险货物脱落、扬散、丢失以及燃烧、爆炸、泄漏等。

（7）驾驶人员应当随车携带"道路运输证"。驾驶人员或者押运人员应当按照JT 617—2004《汽车运输危险货物规则》的要求，随车携带"道路运输危险货物安全卡"。在道路危险货物运输过程中，除驾驶人员外，还应当在专用车辆上配备押运人员，确保危险货物处于押运人员监管之下。

（8）道路危险货物运输途中，驾驶人员不得随意停车。因住宿或者发生影响正常运输的情况需要较长时间停车的，驾驶人员、押运人员应当设置警戒带，并采取相应的安全防范措施。运输剧毒化学品或者易制爆危险化学品需要较长时间停车的，驾驶人员或者押运人员应当向当

第五章　道路货物运输及站（场）管理规定

地公安机关报告。

（9）危险货物的装卸作业应当遵守安全作业标准、规程和制度，并在装卸管理人员的现场指挥或者监控下进行。危险货物运输托运人和承运人应当按照合同约定指派装卸管理人员；若合同未予约定，则由负责装卸作业的一方指派装卸管理人员。驾驶人员、装卸管理人员和押运人员上岗时应当随身携带从业资格证。严禁专用车辆违反国家有关规定，超载、超限运输。道路危险货物运输企业或者单位使用罐式专用车辆运输货物时，罐体载货后的总质量应当和专用车辆核定载质量相匹配；使用牵引车运输货物时，挂车载货后的总质量应当与牵引车的准牵引质量相匹配。

（10）道路危险货物运输企业或者单位应当要求驾驶人员和押运人员在运输危险货物时，严格遵守有关部门关于危险货物运输线路、时间、速度方面的有关规定，并遵守有关部门关于剧毒、爆炸危险品道路运输车辆在重大节假日通行高速公路的相关规定。道路危险货物运输企业或者单位应当通过卫星定位监控平台或者监控终端及时纠正和处理超速行驶、疲劳驾驶、不按规定线路行驶等违法违规驾驶行为。监控数据应当至少保存3个月，违法驾驶信息及处理情况应当至少保存3年。

（11）道路危险货物运输从业人员必须熟悉有关安全生产的法规、技术标准和安全生产规章制度、安全操作规程，了解所装运危险货物的性质、危害特性、包装物或者容器的使用要求和发生意外事故时的处置措施，并严格执行JT 617—2004《汽车运输危险货物规则》、JT 618—2004《汽车运输、装卸危险货物作业规程》等，不得违章作业。

（12）道路危险货物运输企业或者单位应当通过岗前培训、例会、定期学习等方式，对从业人员进行经常性安全生产、职业道德、业务知识和操作规程的教育培训。

（13）道路危险货物运输企业或者单位应当加强安全生产管理，制定突发事件应急预案，配备应急救援人员和必要的应急救援器材、设备，并定期组织应急救援演练，严格落实各项安全制度。道路危险货物运输企业或者单位应当委托具备资质条件的机构，对本企业或单位的安全管理情况每3年至少进行一次安全评估，出具安全评估报告。

（14）在危险货物运输过程中发生燃烧、爆炸、污染、中毒或者被盗、丢失、流散、泄漏等事故，驾驶人员、押运人员应当立即根据应急预案和"道路运输危险货物安全卡"的要求采取应急处置措施，并向事故发生地公安部门、交通运输主管部门和本运输企业报告。运输企业或者单位接到事故报告后，应当按照本单位危险货物应急预案组织救援，并向事故发生地安全生产监督管理部门和环境保护、卫生主管部门报告。

案例分析

案例一

一、案情简介

四通八达货运配载中心受理了钢窗厂一笔业务，收取了运费及1 000元货运配载费后，找到了一台货运卡车的司机承运货物。四通八达货运配载中心当时查验并复印了司机的营运手续。不料货主多日不见承运货物，遂向钢窗厂查询。钢窗厂向四通八达货运配载中心查询。四通八达货运配载中心急忙打货运卡车司机的手机，但手机关机；又向自己登记的司机营运手续颁发地的道路运输管理机构查询，道路运输管理机构答复未发过此营运手续。至此，四通八达货运配载中心方知碰上了骗子，于是又赶忙向公安机关报案。公安机关侦察证实：手机号码是一位失主所丢失，车辆及营运手续系伪造，犯罪嫌疑人不知去向。

钢窗厂要求四通八达货运配载中心赔偿损失，四通八达货运配载中心认为应当等公安机关侦察抓捕犯罪嫌疑人后，由犯罪嫌疑人赔偿损失，货运配载中心仅仅是中介，不应承担赔偿责任。

钢窗厂投诉到道路运输管理机构，要求道路运输管理机构解决。

道路运输管理机构经派人调查情况属实，做出如下决定：

（1）根据《道路运输条例》第七十二条的规定，认定四通八达货运配载中心违反了运输站场管理规定，罚款10 000元，并责令其赔偿货主全部损失。

（2）没收四通八达货运配载中心收取的1 000元货运配载费。

四通八达货运配载中心不服，向地级市道路运输管理机构申请行政复议，其理由如下：

（1）四通八达货运配载中心愿赔偿货主损失，赔付后就不应罚款。

（2）道路运输管理机构对伪造的营运手续未及时查获，也有渎职之责。道路运输管理机构的渎职，应当成为减免四通八达货运配载中心责任的理由。

地级市道路运输管理机构应如何进行行政复议？

二、分析

行政复议要对下级道路运输管理机构的具体行政行为进行全面审查，本案应采取以下方式进行分析：

（1）赔偿损失是民事责任，不是行政处罚，故责令赔偿货主全部损失是错误的，对错误的具体行政行为应当予以撤销。

（2）该营运车辆若经过当地道路运输管理机构批准进站，则道路运输管理机构对伪造的营运手续未及时查获，有渎职之责；否则，由四通八达货运配载中心承担全部责任。

（3）四通八达货运配载中心应向公安机关报案，所有损失应向失踪营运车辆司机追偿。

（4）该营运车辆若未经过当地道路运输管理机构批准进站，罚款10 000元和没收1 000元货运配载费是正确的。

案 / 例 / 二

一、案情简介

王某驾驶一台货运卡车在途经交通检查站时，被道路运输管理机构的执法人员查获其车里拉有穿山甲、青蛙等野生动物。执法人员要求其出示证件，王某出示了道路运输管理机构颁发的营运证等手续，经查均合法；执法人员再次要求其出示野生动物准运证件，王某极其不安，连连说：“你们管得太宽了，野生动物准运证件又不是你们发的，凭什么你们查？”道路运输管理机构的执法人员解释说：“一是保护野生动物人人有责；二是我们是受林业部门的委托来查的。"王某不耐烦地说："你们没权查，让开，否则我撞死你们。"随后便发动汽车，当场将一名执法人员撞成重伤。王某因此被公安机关刑事拘留。

事后查明：王某无野生动物准运证件；林业部门口头委托道路运输管理机构的执法人员代查代扣，查处后给予奖励；王某当场将一名执法人员撞成重伤系故意。

现争议：道路运输管理机构的执法人员是否越权，如果是，王某则认为他的行为是抵制"公路三乱"，因此是正当的。

二、分析

（1）野生动物准运证件应由林业部门执法人员检查，道路运输管理机构的执法人员代查代扣显然是超越职权的行为。本案中的难点在于对"林业部门口头委托"的认定，如果成立，则不是超越职权；如果不成立，则是超越职权。所谓"委托"，是指行政机关委托具有管理公共事务职能的事业单位从事行政执法的制度。本案中林业部门口头委托道路运输管理机构的执法人员代查代扣，并承诺在查处后给予奖励，一是不符合"委托"给"事业单位"的要求，是违法"委托"给"道路运输管理机构的执法人员"；二是不符合"委托"执法制度的本质，"给予奖励"实际是利益再分配。应当认为，超越职权是对国家机关职责分工的破坏，是对国家机关运行秩序的破坏。

（2）王某无证运输野生动物是违法的，故意将一名执法人员撞成重伤更是犯罪行为。道路运输管理机构的执法人员代查代扣非法运输野生动物的超越职权行为，不能成为影响王某构成犯罪的条件。根据刑法规定的犯罪构成要件，认定王某故意伤害罪无异。

（3）道路运输管理机构的执法人员今后发现无证运输野生动物等违禁物应积极向有权查处的机关报告，由该机关进行查处。

复习思考题

1. 汽车货物运输的基本条件是什么？
2. 汽车货物运输托运与承运有哪些手续？
3. 试述汽车货物运输的责任。

第六章　公路运输合同

【学习目的】

通过学习本章内容，了解公路运输合同的签订及其作用，熟练掌握公路货物运输合同和旅客运输合同的基本内容，能运用实际案例进行责任分析，保护当事人双方的合法权益。

第一节　概　　述

一、运输合同的概念

合同是平等主体的自然人、法人、其他组织之间设立、变更、终止民事权利义务关系的协议。《中华人民共和国合同法》（以下简称《合同法》）是我国市场经济的基本法律制度，对规范市场行为，促进改革开放和社会主义现代化建设，起着重要的作用。

运输合同是一种应用较为广泛的合同形式，既具有合同的共性特征，又具有自己的个性特征。

运输合同是指承运人与托运人或旅客之间所订立的协议。根据运输合同，承运人应在一定期限内将运送物或旅客运抵约定地点，并收取运费。运输合同包括货物运输合同与旅客运输合同。

（一）运输合同的当事人

运输合同的当事人一方为承运人，另一方为托运人或旅客。

1. 承运人

承运人是指使用汽车，以运送物品或旅客为营业，并与托运人订立运输合同的经营者。所谓运送是指将物品或旅客从一场所移至另一场所的行为。运送的目的在于克服物与人在距离上的困难。

所谓以运送物品或旅客为营业，具有两层含义：①运送是为他人而为之，为运送自己的物品而运送的人是事实上的承运人，而非合同上的承运人；②承运人必须与他人或旅客订立运输合同。法律上讲的营业是有其特定含义的，营业就是从事经营活动。营业具有三个特征：①承运人的运送营业目的是获取经济上的利益。值得一提的是，承运人并不因其经营亏损而失去其营业特征，只要其经营目的是为了获利就是营业；以营利为目的与事实上是否赢利无关。②从事运送经营具有连续性，即连续不断地从事运输业务经营。③从事同一性质的经营活动。

承运人应根据承运货物或旅客的需要，按货物或旅客的不同特性，提供技术状况良好、经济适用的车辆，并能满足运输要求。使用的车辆、容器应做到外观整洁，车体、容器内干净，无污染物、残留物。

承运人为收受运费的人。运输合同大多为有偿合同，但一些公益性的运输合同等，则可能为无偿性合同。如果合同中未予明确说明，一般认定为有偿合同。

2. 托运人、旅客及收货人、货物运输代办人

托运人是以自己的名义与承运人订立货物运输合同的单位或个人。注意托运人与货主的区别：货主即货物的所有人，两者可为同一人，也可为非同一人。

在汽车客运时，乘客可能是与承运人订立运输合同的当事人，也可能为第三人。如为无行为能力人购票或招手拦乘出租车时，无行为能力人为乘客，订合同的人（购票人、拦出租车人）处于代理人的地位。

收货人是指货物运输合同中托运人指定提取货物的单位或个人。收货人与托运人可为同一人或非同一人。

一般认为：收货人与托运人为非同一人时，收货人就不是合同当事人。因为根据《合同法》，合同是当事人双方意思一致的意思表示。当然这并不排斥收货人在运输纠纷解决过程中依法保护自己的合法权益。

货物运输代办人（以下简称货运代办人）是指以自己的名义承揽货物并分别与托运人、承运人订立货物运输合同的经营者。

（二）运输合同的客体

运输合同的客体是指运输合同当事人权利义务共同指向的对象。依我国法学界一般观点，运输合同的客体为运送行为或运送劳务，而非运送的物品或旅客。

（三）运输合同的内容

运输合同的内容是指运输合同的当事人依运输合同所享有的权利和承担的义务。货物运输合同当事人的权利和义务如下：

1. 托运人的义务

运输合同是双务合同，因此，一方的权利就是另一方的义务，反之亦然。有关当事人的权利与义务，本书拟从承托双方义务方面叙述。

（1）告知义务。托运人应承运人的请求，有依规定如实填写运单的义务，托运人必须准确填写运单的各项内容，字迹要清楚，并需对其所告知情况的真实性负担责任。如无运单的填发，托运人也应将所托运的货物的品种、数量、性质等情况如实告知承运人。若托运人怠于告知，因此而给承运人造成损害，自应承担损害赔偿之责。托运人在普通货物中不得夹带危险、易腐、易溢漏货物和贵重物品、货币、有价证券、重要票证。

运输有特殊要求的货物，在货物运单托运人记事栏内应注明商定的运输条件和特约事项，例如：

1）长大笨重货物及高级精密仪器等应提供货物规格、性质及对运输要求的说明书；必要时承托双方应先查看货物和运输现场条件，商定运输方案后办理运输手续。

2）鲜活货物应提供说明最长运输期限及途中管理、照料事宜说明书；货物最长运输期限应大于汽车运输能够达到的最短期限。

（2）有关文件交付及说明的义务。对国家或者省、自治区、直辖市人民政府规定禁运、限运以及需办理卫生、公安或其他准运证明的货物，托运人应随同运单提交有关证明，并在运单记事栏内注明文件名称、文号、份数。

（3）支付运费、运杂费的义务。承运人以运输作为营业，因此，请求支付运费为承运人的重要权利。与此相应，托运人因运输而实现了货物位移的目的，支付运费及其他费用就成为托运人的头等义务。

1）支付运费的时间。承运人因完成运输任务而请求支付运费是理所当然的事，因此，运费的支付时间应为承运人将货物运抵目的地而能交付收货人时;另外,运输合同为合同的一种,依当事人意思自治原则,运费支付时间也可由承托双方自行约定。货物运杂费可在货物托运或起运时一次结算付清;订有运输合同的,从其合同;也可采用预付费用方式,随运随结。

2)运费的计算标准及数额。运费支付数额通常由当事人以合同约定,实行意思自治,但在有契约强制的运送营业时,承运人应公告运费表,并应按《汽车运价规则》办理。运费的计算标准依计费重量及计费里程确定。

3)运费的退还。运费的退还是指由于不可抗力,承运人的责任或托运人取消托运等原因而导致运输未实行终了,而由承运人退还托运人已支付的运费的制度。

(4)及时受领所运货物。托运人于货物到达目的地后,有依合同约定的时日及时收取货物的义务。若托运人怠于收取或拒绝收取货物,应负违约责任。对拒绝受领者,将按无法交付的货物处理。

(5)包装所运货物的义务。为使承运货物安全运抵目的地,托运人应依国家或交通运输部有关规定,对所运货物进行适于运输的包装,托运人若违背该义务,因此造成的损失,将由其自负。

(6)装卸的义务。依有关规定,货物装卸既可由承运人负责,也可由托运人负责。由承运人负责时,托运人应支付承运人装卸费;由托运人装卸时,托运人应按有关规定负责装卸,并由承运人监督装卸,承运人发现装卸不合要求时,有权要求托运人改善。

(7)正确制作运输标志和包装储运图示标志。运输标志包括运单号码、货物品名、货物总件数、起讫地点和发、收货人。运输标志及包装储运图示标志的作用在于提醒承运人正确运输、保管。因此托运人应依货物性质正确制作,以免发生差错。

2. 承运人的义务

(1)按时运送的义务。运输期限为承运人履行运输义务、承担承运责任的期限。运输期限一般由当事人协商确定。

1)关于运输期限的确定,当事人可采用下列方式:①既约定开始时间又约定完成时间;②只约定开始时间;③只约定完成时间;④既未约定开始时间,又未约定完成时间。

采用第一种方式,运输期限比较明确;采用第二种、第四种方式时运输期限不明确,依《合同法》规定,此时承运人应于合理时间内开始及完成运输;采用第三种方式,只要承运人于约定期限将所运货物运达目的地即可,至于何时开始,并无大碍。

2)关于运输期限的起讫,《道路货物运输及站场管理规定》规定:①托运人负责装卸的,运输期限从货物装载完毕开始至车辆到达指定卸货地点止;②承运人负责货物装卸的,运输期限从商定装车时间开始至车辆到达指定卸货地点卸载完毕止;③零担货物运输期限从托运人把货物交给承运人开始,至货物运到抵达站发出到货领取通知时止。

(2)保管货物的义务。承运人的保管义务是指承运人于运输期限(自受领运送物之时至交付时止)内,应以善意管理人的注意妥为保管所运送的货物。所谓以善意管理人的注意保管,是指应根据所运货物的具体情况及在承运途中所发生的具体情况确定,不能一概而论,如关于运送物的受领权归属有诉讼(二人以上主张受领),或路途发生路阻、高温等情况,足以影响运送物的安全或延迟送达,承运人应像管理自己的货物一样管理所运货物,或做必要的检查、处理,甚至处置(如寄存)。承运人对运输的货物全过程负责,适时检查,妥善保管,注意防潮、防火、防腐、防丢失，发现情况及时采取措施。有特殊要求的货物，必须遵守商定的事项。

关于押送人员的义务：押送人员是托运人委派的随车负责保管、照料运送货物的人员，是否委派押运人员，应由承托双方根据实际情况协商确定。但若所运货物为需要饲养、照料的有生动植物，尖端保密产品，稀有珍贵物品和文物，军械弹药，有价证券，重要票证，货币等，托运人必须委派押运人员。押运人员负责运输途中货物的照料、管理及货物的交接。在有押运人员的情况下，承运人员应协助押运人员共同做好货物运输的安全工作。

（3）依托运人的指示而处分的义务。依运输合同法理论，为保护托运人在交易上的安全，托运人对于承运人享有对其货物的处分权。所谓处分权是指承运人尚未将运送物到达目的地的情况通知收货人前，或收货人在运送物到达后尚未请求交付运送物之前，托运人有权请求承运人中止运送、返还运送物或为其他处分的权利。与变更运输合同不同，处分权为单方法律行为，承运人负有遵从的义务，而合同的变更是双方法律行为，应由双方协商一致。运输合同中有返还运送物的请求权和运送物的回送，前者属托运人的行使权，后者则属于变更合同的问题。

1）依托运人的指示而处分的义务的设定目的在于维护托运人在交易上的安全。例如，货物于起运后，托运人作为卖方得悉作为买方的收货人的信誉下降或由于目的地市场行情的恶化，此时，承运人若将货物交于收货人或运抵目的地将使托运人遭受经济上的严重不利。法律使托运人享有处分权，托运人则可指示承运人中止运送或于目的地返还运送物，就可保护托运人的利益。

2）处分权的行使时间。依一般原理，托运人行使处分权应于货物未达目的地，通知收货人前，或运送物到达目的地后，收货人尚未请求交付运送物之前。

3）处分权的种类：①中止运送，即于运送途中托运人指示承运人暂时停止运送；②返还运送物，即于货物现存地托运人指示承运人将货物交付予托运人；③其他处分，如托运人指示承运人将货物交付给收货人之外的其他人。

4）托运人行使处分权应承担相应的后果，如支付已运送部分的运费；偿还因中止运送、返还运送物或其他处分的费用；赔偿承运人因此而蒙受的损失等。

5）我国有关法律法规关于托运人处分权的规定。①《中华人民共和国破产法》有关于取回权的规定，所谓取回权是指物的所有人将破产企业内属于自己所有的财产取回的权利。在运输合同的情况下，当承运人将货物运抵收货人（买方）处时，若收货人已受破产宣告，则作为卖方的托运人有权将该物取回，此时承运人应将该货交于托运人。②货物运输过程中，由于自然灾害、道路阻塞造成运输阻滞时，承运人应及时与托运人联系，协商处理，或接运或回运或绕道行驶或于受阻处存放。一旦托运人有指示，承运人应遵从指示办理。

（4）运到的通知义务。承运人将货物运达目的地后，应立即通知收货人，以便使收货人能及时请求交付所运货物。当然，承运人若运到后已直接将货交给收货人，则无需通知到货。

（5）运送物的交付义务。经收货人的请求，承运人负有将所运货物交付收货人的义务，承运人交付运送物，将使承运人的义务终结。

1）交付货物可采用：①件交件收，此方式适于包装货物的交付；②磅交磅收，此方式适于散装货物的交付；③凭铅封交接，此方式适于集装箱及其他施封货物的交付。

2）关于无法交付货物的处理。无法交付货物应依《关于港口、车站无法交付货物的处理办法》（以下简称《办法》）办理。《办法》规定，无法交付货物是指：①承运人发出到货或领货通知后30日内无人领取或拒收的，经承运人催询和通知，托运人超过一个月仍不领取和处理的货物。②车站发现的无票货，运单上的收、发货人姓名不清，地址不详，经查询仍无法查明的货物；或由车站口贴出招领公告之日起，超过一个月仍无人领取的货物。③运输部门在沿途拾得的无标志的货物；公安部门破获盗窃案件收回的找不到货主的运输物资。④运输部门在清理库场时收集整理的地脚货物等。但承运人错运、错发、错卸的货物，不得作为无法交付货物处理；属于承运人自己造成的无票货物不得作为无法交付货物处理。

对于无法交付的货物，应按下列规定处理：①运输部门对无法交付的货物要做好清点、查对、登记、造册和保管工作。在保管期内仍要努力寻找线索，尽力做到物归原主。②由运输部门开列清单，报有关部门审核批准处理。③无法交付的货物由车站向有关物资单位有价移交，但是军用物资、历史文物、珍贵图书、重要资料和违禁物品等，应分别向省级军事、公安、文化等主管部门无偿移交。④处理无法交付货物所得的货款，应先扣除该货物的运输、装卸、储存、清扫、洗刷、广告及其他劳务费用，其余货款就地交入金库。⑤无法交付的货物处理后，货主要求归还货物或价款时，一律不予受理。

关于无法交付货物的处理，《民法通则》设有提存制度。所谓提存是指债务人（承运人）对已到期而无法履行的债务，得以提存有关机关或部门而消灭债务人的义务的制度。《办法》的规定实为提存的规定，但关于处理方法，似乎与民法通则的规定不尽一致，如依《民法通则》的规定，对于提存的债务，债权人（收货人）可请求法院或其他机关给付。

（6）提供适运的车辆的义务。承运人提供适运的车辆是保证安全、及时运送的物质条件。货运车辆必须经车辆管理部门审验合格，技术状况良好，车辆完整清洁，并配备必要的工具。特种货物、零担货物、集装箱等运输车辆，应符合专项规定。

（7）按约定进行装卸的义务。承、托双方可约定由承运人负责装卸，承运人装卸时，应按照有关规章的规定进行装卸，不得野蛮装卸。

3．收货人的权利和义务
（1）收货人的权利。
1）承运人将货物运达目的地后，收货人有凭证取得所运货物的权利。
2）收货人验收货物时，若发现货物短少或灭失，有请求承运人赔偿的权利。

收货人对于承运人取得权利的法理依据在学说上很不一致，包括：①代理说，此说认为收货人为托运人的代理人或推定的代理人；②无因管理说，此说认为收货人为无因管理人，托运人为被管理人，收货人行使收取货物要求赔偿等权利为无因管理的行为；③新契约说，此说认为收货人的权利来自收货人与承运人之间的合同，即运送物的交付为要约，收货人的收取为承诺；④债权让与说，此说认为因运送物的到达，托运人的债权视同让与收货人；⑤第三人利益所订合同说，此说认为当托运人与收货人非同一人时，运输合同实际是为第三人（收货人）利益订立的合同；⑥法律规定说，此说认为收货人权利的取得是基于法律对收货人的特殊规定等。

（2）收货人的义务。收货人收到提货通知后，应依规定时间验收、提取货物，并支付有关费用。

二、运输合同的种类

（1）依运送对象不同，可将运输合同分为货物运输合同和旅客运输合同。货物运输合同又可分为普通货物、特种货物（如鲜活货物、易腐、易变质货物和动物等）和危险品货物（如易燃、易炸、有毒货物等）的运输合同。此外，旅客运输合同和货物运输合同有时还存在一定交叉，如旅客行李包裹运输合同。

（2）依运输工具分类，可将运输合同分为公路运输合同、铁路运输合同、水路运输合同、航空运输合同以及管道运输合同等。本书所述主要为公路运输合同。

（3）依运送方式不同，可将运输合同分为单一交通工具的运输合同和联运合同。

三、运输合同的特征

（1）运输合同原则上为双务、有偿合同。运输合同双方当事人都既享有权利，又负有义务，故为双务合同。

运输合同原则上为有偿合同，有时可为无偿，如未达1.2米的孩童可免费运送。若不认为运输合同可以无偿，则运送孩童的合同就属非运输合同，从而减轻了承运人的责任。

（2）运输合同既是诺成性合同，又是实践性合同。诺成性合同与实践性合同相对应，指合同的成立以双方当事人意思表示一致，不需要交付标的物。关于运输合同究竟为诺成性抑或实践性，学术界有不同看法，各国法律规定亦不尽然。本书认为运输合同既有诺成性，又有实践性，前者如包车运输合同、整车运输合同等，后者如零担货运合同等。

（3）运输合同的客体为运输行为或运输劳务。运输合同属于提供劳务的合同，其客体为承运人将一定货物或者旅客送到约定地点的运送行为，而非运输的货物本身或旅客。

（4）运输合同大都是标准合同。运输合同的主要条款是由相关法律法规规定的。合同格式也是统一事先印制的，当事人只需依格式填写即可，因此，运输合同大都是标准合同。

四、目前我国有关运输合同的法律渊源

（1）《民法通则》。《民法通则》是调整有关平等民事主体之间的财产关系及人身关系的法律，是我国最重要的法律之一。民法调整的对象极为广泛，其调整的财产关系主要包括物权关系和债权关系。债权关系亦十分广泛，既包括侵权之债，又包括合同之债，还包括其他债权债务关系。运输合同作为合同的一种，自然属于民法的调整范围。因此，《民法通则》作为调整运输合同关系最重要的法律是无可置疑的。

（2）《合同法》。运输合同从其性质上讲，既有民事性质，又有经济性质，现行《合同法》是运输合同法律渊源的重要形式。

第二节　汽车货物运输合同

一、汽车货物运输合同的概念

汽车货物运输合同也称公路货运合同，是指承运人依约定将一定物品或货物于一定期限内运抵约定地点，并将该货物交付托运人或托运人指定的第三人（收货人），由托运人支付运费的协议。

（1）货运合同的运送对象。即货物，可分为三种：普通货物、特种货物和轻泡货物。

普通货物分为一、二、三等。特种货物包括：①长大笨重货物；②危险货物；③贵重货物；④鲜活货物。

（2）运送工具。运送工具既可为汽车，也可为拖拉机、人力车等。承运人从事运输所使用的运输工具，既可为自己所有的运输工具，也可为租来的运输工具。

（3）投保方式。货物运输有货物保险和货物保价运输两种投保方式，采取自愿投保的原则，由托运人自行确定。

货物保险由托运人向保险公司投保，也可以委托承运人代办。

货物保价运输是按保价货物办理托运手续，在发生货物赔偿时，按托运人声明价格及货物损坏程度予以赔偿的货物运输。托运人一张运单托运的货物只能选择保价或不保价。托运人选择货物保价运输时，申报的货物价值不得超过货物本身的实际价值；保价运输为全程保价。分程运输或多个承运人承担运输，保价费由第一程承运人（货运代办人）与后程承运人协商，并在运输合同中注明。承运人之间没有协议的按无保价运输办理，各自承担责任。办理保价运输的货物，应在运输合同上加盖"保价运输"戳记。保价费按不超过货物保价金额的7‰收取。

二、汽车货物运输合同的形式

汽车货物运输合同可采用书面形式、口头形式和其他形式。书面形式合同种类分为定期运输合同、一次性运输合同、道路货物运单（以下简称运单）。汽车货物运输合同由承运人和托运人本着平等、自愿、公平、诚实、信用的原则签订。

1. 定期运输合同

定期运输合同应包含下列基本内容：

（1）托运人、收货人和承运人的名称（姓名）、地址（住所）、电话、邮政编码。

（2）货物的种类、名称、性质。

（3）货物重量、数量或月、季、年度货物批量。

（4）起运地、到达地。

（5）运输质量。

（6）合同期限。

（7）装卸责任。

（8）货物价值，是否保价、保险。

（9）运输费用的结算方式。

（10）违约责任。

2. 一次性运输合同、运单

一次性运输合同、运单应包含以下基本内容：

（1）托运人、收货人和承运人的名称（姓名）、地址（住所）、电话、邮政编码。

（2）货物名称、性质、重量、数量、体积。

（3）装货地点、卸货地点、运距。

（4）货物的包装方式。

（5）承运日期和运到期限。

（6）运输质量。

（7）装卸责任。

（8）货物价值，是否保价、保险。

（9）运输费用的结算方式。

（10）违约责任。

（11）解决争议的方法。

定期运输合同适用于承运人、托运人、货运代办人之间商定的时期内和批量货物运输。

一次性运输合同适用于每次货物运输。

承运人、托运人和货运代办人签订定期运输合同、一次性运输合同时，运单视为货物运输合同成立的凭证。在每车次或短途每日多次货物运输中，运单视为合同。

汽车货物运输合同自双方当事人签字或盖章时成立。当事人采用信件、数据电文等形式订立合同的，可以要求签订确认书，签订确认书时合同成立。

三、契约自由

契约自由原则又称合同自由原则，是指合同当事人在是否订立合同、与谁订立合同、订立何种内容的合同等方面有自主决定的权利。契约自由原则贯穿于《合同法》的始终，是合同立法、司法、法律解释等应遵循的基本准则。

运输契约自由是契约自由原则在运输合同法中的具体反应，是指运输合同的当事人有权决定是否订立运输合同、与谁订立运输合同，以及订立何种内容的运输合同的权利。

坚持运输契约自由原则的同时，应结合运输合同的特点，对运输合同自由加以必要的、合理的限制，以充分发挥运输契约自由应有的积极功效。

1. 契约自由原则的建立

运输契约自由与契约自由的原则紧密联系，运输契约自由原则的建立有赖于契约自由原则的建立。因此，有必要先就契约自由原则的产生做一简要说明。契约自由原则是西方国家民法的三大原则之一，是资本主义合同法的核心和灵魂。契约自由原则的思想源于罗马法中的诺成性契约，但作为一项法律原则，契约自由原则发端于近代民法。契约自由原则建立的理论基础为以亚当·斯密为代表的自由主义经济思想和18～19世纪的理性哲学。按照自由主义经济思想，自由竞争可以促进社会的繁荣，也可使个人的利益得到满足。因此，政府应当尽可能减少对经济活动的干预。契约自由就是自由主义经济思想在法律上的正常反映。资产阶级启蒙思想家认为，人生而平等，每个人都应当有自己的意志自由，因此，尊重个人的意志自由，就应承认契约自由。契约自由只不过是个人意志自由的一个具体表现。按照马克思主义的观点，法律是社会物质生活条件的反映，契约自由原则是商品经济在法律上的表现，没有商品经济，就不会有契约自由。

新中国成立以来，我国先后实行过计划经济、有计划的商品经济等经济管理体制，在这种管理体制下，企业缺乏基本的自主经营的权利，企业既无生产经营决策权，又无物资购买、产品销售、产品劳务定价权，企业订不订立合同、与谁订立合同、订立何种内容的合同等，都是由指令性计划决定的，企业的任务只是无条件地执行指令性计划。因此，作为高度集中的经济管理体制的反映，契约自由的原则不可能在法律上得到完全承认。相反，计划原则在合同法律上则受到更加充分的尊重。例如，1981年的《经济合同法》中，关于计划的合同条款就有10条之多，强调合同的订立、履行、变更和解除都必须遵守国家计划，把计划原则确认为《经济合同法》的一项重要原则，认为凡是违反国家计划的合同即为无效合同。

作为《经济合同法》的配套法规，国务院于1986年先后批准了《铁路货物运输合同实施细则》《航空货物运输合同实施细则》（现失效）《公路货物运输合同实施细则》（现失效）和

《水路货物运输合同实施细则》等运输合同法规，也将计划原则作为运输合同的重要内容，淡化了运输合同订立、履行、变更和解除自由的原则。例如，《铁路货物运输合同实施细则》第三条第二款规定："铁路货物运输合同，应按照优先运输国家指令性计划产品，兼顾指导性计划产品和其他物资的原则，根据国家下达的产品调拨计划、铁路运输计划和铁路运输能力签订。在签订国家指令性计划产品运输合同中，如不能达成一致意见，可逐级报请双方上级主管综合部门处理；其他货物运输，由托运人与承运人协商签订货物运输合同。"（此条于2011年修订时删除）又如，《公路货物运输合同实施细则》规定："公路货物运输合同，必须符合国家政策、法律、行政法规和计划的要求……"等。

2. 运输契约自由原则的内容及特点

与契约自由原则相比较，运输契约自由的内容有其自有的特点。运输契约自由原则的内容及特点如下：

（1）缔结运输合同及选择缔约伙伴的自由。运输合同的当事人有权决定是否与他人订立运输合同，与谁订立运输合同。然而，在选择缔约伙伴的自由方面，运输合同当事人双方的自由程度不尽一致，不同运输方式的承运人选择缔约伙伴的自由也不尽一致。托运人、旅客享有较为充分的选择缔约伙伴的自由，尤其是在公路、水路客货运输的情况下，由于"国家、集体、个体一起上"的运输局面已经形成，承运人之间的竞争较为激烈，因而旅客及托运人有较大余地地选择承运人的条件。而在铁路运输情况下，由于国家垄断经营，托运人和旅客实际上只享有是否订立运输合同的自由，而无权或没有可能选择承运人。承运人选择是否订立运输合同及与谁订立运输合同的自由度较小。尤其是在公路班车运输、出租车运输、铁路运输和航空运输的情况下，由于国家实行运送强制，对于符合条件的运输要约，承运人无权拒绝。但在公路包车运输的情况下，承运人则有权决定与谁订立运输合同。

（2）订立何种内容的运输合同的自由。运输合同的当事人有权依法决定合同的内容，在法律规定的范围内，当事人可自由地决定运输货物的数量、包装、交接手续、运输的起止日期等合同的内容。然而，与购销、租赁等合同当事人的订约自由相比较，运输合同当事人决定合同内容的自由实际上受到了更多的限制。在托运人、旅客方面，由于运输合同多为标准合同，因此，托运人和旅客往往没有可能就包括运价在内的合同条款进行讨价还价，而只能被动地接受或拒绝。当然，为保护托运人及旅客的利益，法律也不允许承运人随意定价，而应遵循国家有关法律、法规。

3. 运输契约自由应受到适当的限制

如前所述，确立契约自由原则是市场经济发展的必然要求，契约自由原则使合同当事人双方获得了广泛的行为自由，能够充分发挥市场主体的能动性与创造性，有利于活跃社会经济活动，创造社会财富，有利于市场经济的发展。然而，为使契约自由原则能充分实现其应有价值，而不至于被滥用，必须对其加以适当限制。正如德国学者所说，"契约自由就像一块狩猎保护地，在这里，人们竭尽全力减少外来的危险，以使这一区域内的动物能够自由活动和自谋生存……"纵观世界各国民商法及运输法的规定，对运输契约自由的限制主要有：

（1）标准合同的限制。标准合同的限制是指"合同条款由当事人一方预先拟定，对方只能表示全部同意或者不同意合同，亦即一方当事人要么从整体上接受合同条件，要么不订立合同"。标准合同限制了托运人及旅客的契约自由。

运输合同广泛采用标准合同的形式,主要是由于运输营业不断重复进行的特点。运输经营者利用标准合同可以节省时间,降低运送成本;而运输事业的利用者也可基于标准合同,避免讨价还价,减少缔约的麻烦。如果没有标准合同,运输经营者面对大量简单重复的运输业务,将会难以应付;而对于旅客或托运人而言,也会为乘车、托运耗费大量精力。总而言之,标准合同在运输营业中的应用,大大简化了运送程序,既方便了托运人和旅客,又使承运人因此而获得了巨大的好处。

标准合同限制了旅客及托运人的契约自由。标准合同对于承运人而言是自由的,而对于托运人或旅客而言则不是完全自由的。在许多情况下,相对人并不知道标准合同的基本内容,或对此未加注意,或者仅注意到某些条款而没有注意到其他条款。这样,标准合同制定一方可能利用其经济优势形成诸多不公正条款,从而损害托运人和顾客的利益。由于标准合同对托运人及旅客的可能的不公正,必须对其进行规范,以维护托运人或旅客的合法权益,平衡运输合同双方当事人的地位。

如何维护旅客及托运人的利益,最大可能地使标准合同不至于损害其利益,是一个值得探讨的、重要的问题。借鉴国外有关的立法经验及做法,针对我国的实际情况,可以考虑采用下列方式进行规范:①通过运输行业协会进行自律,即通过运输行业协会对有关运输标准合同的内容进行审查,对公平合理的标准合同给予承认;反之,则不予承认其效力。②通过运输行政机关对有关运输标准合同的条款进行必要审查,取缔不公平的条款。③通过立法对标准合同的概念、有效条件、解释原则等内容做出规定,从而规范有关标准合同。例如,在德国,对一般条款的解释上采用有利于对方当事人的原则。④司法解释。

(2)运送强制。运送强制是指承运人对于具有法定要件的要约,原则上不得拒绝,且负有将运费及其他运送条件公之于众的义务。运送强制主要运用于航空运输、铁路运输及在一定线路上定期运送的汽车运输(如班车运输、零担运输)等。运送强制限制了承运人缔结合同的自由,但这种限制是为了在更大程度上平衡承、托双方的利益,使承运人不至于滥用契约自由,从而把"契约自由限制在一个安全的范围内"。

(3)其他限制。"在契约自由的四周存在着许多的限制和禁止",运输契约自由更是如此。这些限制既有合理的限制,又有不合理的限制,法律的任务就是消除那些不合理的限制。我国有关法律、法规对运输契约自由的限制除上述两点外,还有下列一些规定:规定违反法律规定的运输合同,国家利益、社会公共利益的运输合同为无效合同;《反不正当竞争法》关于限制垄断行为、不正当竞争行为的规定;有关运价方面的规定;主管机关对运输合同的监督、检查的规定等。应当看到,这些规定对当事人契约自由的真正实现,对于保护运输营业、托运人及旅客的利益,起到了积极作用,但其中也有一些限制性规定并不一定合理,如1986~2001年期间的《公路货物运输合同实施细则》第十七、二十三、二十四条规定,交通主管部门对运输违约行为可以处以罚款;交通主管部门对运输合同有权进行监督、检查等。用行政的手段解决合同纠纷,追究当事人的行政责任,把行政机关对运输合同的监督检查规定在有关合同法规之中,扩大了国家对合同的干预范围,不利于运输契约自由的实现。

(4)运输契约自由及其限制相辅相成。运输契约自由及其限制是一个问题的两个方面。对运输契约自由的限制并不是为了否定运输契约自由,而是为了更进一步实现契约自由的真谛,使契约自由能够在一个安全的范围内发挥其应有的功效。因此,我国有关法律、法规既应确认契约自由的原则,以发挥运输市场主体的创造性,活跃运输经济;又要对运输契约自由进行必要的、合理的限制,以使运输契约自由能够在一个安全的范围内发挥其作用。运输契约自由及其限制相辅相成,紧密联系,不可偏废。

四、订立运输合同的程序

订立合同要经过两个步骤,即要约与承诺。运输合同作为合同的一种,其订立也须经过这两个阶段。

1. 要约

要约是指当事人一方以订立合同为目的而向对方提出的明确的意思表示。

由于运输合同的特点,存在着签约时是否提供货物给承运人的区别,托运是否为订立运输合同的要约,理论界也就出现了不同的说法。有人认为:订立货物运输合同要经过两个阶段:①托运阶段,即托运人办理托运时,把如实填报的货物托运单交给承运人;②承运人按托运单所列项目核实验收并加盖承运日期戳,合同才为成立。这种观点认为托运即要约。这种观点值得商讨,因为《货规》等法规并未明示托运与承运是所有运输合同成立所必经的两个阶段。这里应当把合同的成立阶段和办理运输的阶段区别开来。《货规》将运输分为口头、书面形式。书面形式合同种类分为定期运输合同、一次性运输合同、道路货物运单。例如,在签订定期运输合同后,根据该合同安排运输,托运就不是合同成立的阶段,而是在合同成立后,当事人履行合同,具体办理运输时的一个阶段。至于道路货物运单式运输,存在两种情况:一是已签订定期运输合同或一次性运输合同的;二是未签订定期运输合同或一次性运输合同的。对于第二种情况,如零担运输,托运可视为订立合同的要约阶段,实际上,此时订立合同的阶段与办理运输阶段属于重合。

2. 承诺

(1)承诺是指受要约人向要约人做出的无条件同意并接受要约内容的意思表示。承诺的效力是使合同成立,承诺生效的时间就是合同成立的时间。

(2)承运是否一定为承诺。有些观点认为承运即承诺,我们认为此种说法不符合有关运输规章。在定期运输合同、一次性运输合同运输的情况下,托运人与承运人已订立运输合同,为落实该合同才具体办理托运与承运手续,此时,不能认为承运就是承诺。当然,在承托双方于托运时事先并无运输合同存在的情况下,如道路货物运单零担运输,可以理解承运为承诺。

(3)承运是指承运人对托运人提交的运单、货物等进行审核并加盖承运章的法律行为,承运的效力在于使承运人开始对所承运的货物负责。

五、承运人与托运人的责任

(一)承运人的责任

1. 承运人承担违约责任的归责原则

民事责任有侵权责任和违约责任之别。当事人承担民事责任,必须遵循一定的归责原则。归责原则是确定当事人应否承担民事责任的准则。违约责任的归责原则是指合同当事人承担违约责任的法律原则。违约责任归责原则的确定,对违约责任制度的基本内容具有决定性作用,表现在:归责原则决定违约责任的构成要件;决定当事人的举证责任及其内容;决定当事人的免责事由;决定损害赔偿范围等。违约责任的归责原则主要有过错责任与无过错责任原则两种。

（1）过错责任原则及其主要特点。过错责任原则又称过失责任原则，指合同当事人一方违反合同约定的义务，应以过错作为确定其违约责任的要件的违约责任的归责原则。在过错责任原则下，违约方无过错（故意和过失）即不承担违约责任。与侵权责任中的过错责任相比较，合同责任中的过错责任普遍适用过错推定的原则，即违约方若不能举证法律规定的免责事项（如不可抗力等），则推定其有过错。与严格责任或称无过错责任相比较，过错责任的免责事项主要有不可抗力、债权人的过错等；而无过错责任的免责事项仅限于债权人的过错，不可抗力一般不能成为无过错责任的免责事项。

（2）我国《民法通则》第一百零六条第三款规定："没有过错，但法律规定应当承担民事责任的，应当承担民事责任。"传统观点认为这是无过错责任原则存在的依据。无过错责任原则也叫无过失责任原则，是指没有过错造成他人损害的依法律规定应由与造成损害原因有关的人承担民事责任的确认责任的准则。执行这一原则，主要不是根据行为人的过错，而是基于损害的客观存在，根据行为人的活动及所管理的人或物的危险性质与所造成损害后果的因果关系，而由法律规定的特别加重责任。学术上也把无过错责任称之为"客观责任"或"危险责任"，英美法则称之为"严格责任"。

《侵权责任法》第七条规定："行为人损害他人民事权益，不论行为人有无过错，法律规定应当承担侵权责任的，依照其规定。"依据上述规定以及《民法通则》《侵权责任法》相关条款的规定，无过错责任原则是指损害的发生既不是加害人的故意也不是受害人的故意和第三人的故意造成的，但法律规定由加害人承担民事责任的一种特殊归责原则；它是一种基于法定特殊侵权行为的归责原则，其目的在于保护受害人合法权益，有效弥补受害人因特殊侵权行为所造成的损失。

1）在运输合同中，承运人的免责事项为不可抗力，托运人过失，货物本身的自然属性，即承运人对因特别事变所造成的货物毁损灭失不承担责任。

2）承运人欲免除其对所承运货物的毁损灭失的责任，须由其举证证明免责事项的存在，即举证责任倒置。

2. 过错责任是我国汽车货物运输合同承运人承担违约责任的主要归责原则

我国汽车货物运输合同未采用无过错责任，而是主要采用了过错责任原则。

运输合同采用过错责任原则，符合社会主义道德伦理和民法通则关于诚实信用的原则。合同是双方当事人的合意，对双方当事人具有法律约束力，因此，每个人都应当对自己的合同行为恪守信用，谨慎从事。那种因疏忽或过于自信而导致违背合同的行为，在道德上应受到谴责。

运输合同采用过错责任原则是近代各国民法的立法趋势，是社会经济发展的产物。作为自由资本主义时期民法的典范，《法国民法典》采用了无过错责任，使承运人承担较重的责任。采用无过错责任的国家往往将承运人视同保险人，如英国法称承运人为运送物的保险人。但德国新商法，以及日本新商法、瑞士债务法则相继规定承运人应承担过错责任。理论上有人认为，此种立法上的变迁，是基于近代保险业的日益发达。所以，我国公路货运合同采用过错责任原则，符合有关立法的国际趋势。

3. 承运人为第三人的行为向托运人、收货人负责的原则

在我国因第三人的行为造成承运货物的毁损灭失，承运人是否应承担责任？应承担责任的依据是什么？大陆法系的民法大多规定了债务人应为第三人的行为向债权人承担责任的原则。例如,《法国民法典》第1 735条规定:"承租人对于因其家人或次承租人的行为而发生的毁损或灭失,应负赔偿责任。"

4. 损害赔偿请求权人

运输合同是托运人与承运人所订立的合同,因此,当发生损害、违约时,应由托运人行使损害赔偿请求权,亦即托运人为合格的原告。但若货物已运达目的地,经收货人请求交付时,收货人也取得了损害赔偿请求权。

5. 货运事故赔偿数额

货运事故赔偿数额按以下规定办理:

(1)货运事故赔偿分限额赔偿和实际损失赔偿两种。法律、行政法规对赔偿责任限额有规定的,依照其规定。建议相关部门出台指导性文件,就公路货运的赔偿责任限额出台最低标准,由货运公司在最低标准之上制定自己的赔偿责任限额。实践中,货运公司均是自行确定赔偿责任限额,赔偿责任限额是运费的2~10倍不等,约85%的赔偿责任限额确定在运费3倍左右。

(2)在保价运输中,货物全部灭失,按货物保价声明价格赔偿;货物部分毁损或灭失,按实际损失赔偿;货物实际损失高于声明价格的,按声明价格赔偿;货物能修复的,按修理费加维修取送费赔偿。保险运输按投保人与保险公司商定的协议办理。

(3)货物损失赔偿费包括货物价格、运费和其他杂费。货物价格中未包括运杂费、包装费及已付的税费时,应按承运货物的全部或短少部分的比例加算各项费用。

(4)丢失货物赔偿后,又被查回,应送还原主,收回赔偿金或实物;原主不愿接受失物或无法找到原主的,由承运人自行处理。

(5)承托双方对货物逾期到达,车辆延滞,装货落空都负有责任时,按各自责任所造成的损失相互赔偿。

6. 承托双方彼此之间索赔中的几个问题

(1)索赔应提交的文件。当事人要求另一方当事人赔偿时,须提出赔偿要求书,并附运单、货运事故记录和货物价格证明等文件。要求退还运费的,还应附运杂费收据。

(2)承托双方的索赔时效。货物赔偿时效从收货人、托运人得知货运事故信息或签注货运事故记录的次日起计算。

在约定运达时间的30日后未收到货物,视为灭失,自31日起计算货物赔偿时效。

依有关规章的规定,承托双方彼此要求对方赔偿的时效为180天,而我国《民法通则》规定的一般时效为2年。由此可见,承托双方的索赔时效是采用短期时效。短期时效的采用,主要考虑到货运事故发生后,相关的证据不能长期保全的情况。关于索赔时效的适用范围,主要是承托双方因货运事故而引起的损害赔偿请求权。

(3)违约金、赔偿金的支付。未按约定的或规定的运输期限内运达交付的货物,为迟延交付。

承运人或托运人发生违约行为,应向对方支付违约金。违约金的数额由承托双方约定。对承运人非故意行为造成货物迟延交付的赔偿金额,不得超过所迟延交付的货物全程运费数额。

违约金、赔偿金应在明确责任后10日内偿付,否则按逾期付款处理,任何一方不得以自行扣发货物或扣付运费来充抵。

货物赔偿费一律以人民币支付。

明确责任的方式可以是当事人达成一致,也可以是经调解机关调解达成一致,还可以是仲裁裁决、法院判决的方式等。

(4)货运事故赔偿请求的提出。零担货运起运前发生的货运事故和赔偿,由起运站负责处理;运输途中及到站后发生的货运事故和赔偿,由到达站负责处理。赔偿费用由责任方承担,无法分清责任的,由事故有关各方共同赔偿。由车辆肇事引起的零担货运事故,由事故发生的就近站会同当地公安机关及有关单位做出现场记录,班车的所属单位应先向货主单位负责赔偿。承运人委托第三人组织装卸,因装卸原因造成货物损失,由装卸人负责赔偿,但承运人应先向托运人赔偿,再向装卸人追偿。由于托运人责任而给承运人造成车辆、机具、设备损坏或人身伤亡的,由托运人负责,但给第三人造成损失的,应先由承运人向第三人承担责任。

7. 承运人承担责任的方法

承运人承担责任的方法主要有以下三种:

(1)赔偿损失。赔偿损失即支付赔偿金。承运人承担赔偿损失责任的情况主要是承运人在承运责任期内发生货物毁损、灭失的情况。

(2)支付违约金。支付违约金适用的情况:①承运人拒绝承运或部分拒绝承运;②承运人迟延交货。前者应由承运人支付不履行违约金,违约金数额由当事人约定,但约定数额一般不超过违约部分运量应计运费的10%,无约定者,按违约部分运量应计运费的5%支付。后者应由违约方按人民银行逾期付款的规定处理。

(3)将货物无偿运到规定地点并交付指定收货人。其适用情况为承运人错运到达地或错交收货人。

8. 承运人责任免除

货物在承运责任期间和站(场)存放期间内,承运人和站(场)经营人未遵守承托双方商定的运输条件或特约事项发生货物毁损或灭失,承运人、站(场)经营人应负赔偿责任。但有下列情况之一者,承运人、站(场)经营人举证后可不负赔偿责任。

(1)不可抗力。

(2)货物本身的自然性质变化或者合理损耗。

(3)包装内在缺陷,造成货物受损。

(4)包装体外表面完好而内装货物毁损或灭失。

(5)托运人违反国家有关法令,致使货物被有关部门查扣、弃置或做其他处理。

(6)押运人员责任造成的货物毁损或灭失。

(7)托运人或收货人过错造成的货物毁损或灭失。

(二)托运人的责任

1. 法定责任

托运人应承担以下责任:

(1)托运人未按合同规定的时间和要求,备好货物和提供装卸条件,以及货物运达后无人收货或拒绝收货,而造成承运人车辆放空、延滞及其他损失,托运人应负赔偿责任。

(2)因托运人下列过错,造成承运人、站(场)经营人、搬运装卸经营人的车辆、机具、设备等损坏、污染或人身伤亡以及因此而引起的第三方的损失,由托运人负责赔偿。

1)在托运的货物中有故意夹带危险货物和其他易腐蚀、易污染货物及禁止、限运货物等行为。

2）错报、匿报货物的重量、规格、性质。

3）货物包装不符合标准，包装、容器不良，而从外部无法发现。

4）错用包装、储运图示标志。

（3）托运人不如实填写运单，错报、误填货物名称或装卸地点，造成承运人错送、装货落空以及由此引起的其他损失，托运人应负赔偿责任。

（4）经核实确属托运人的故意行为，造成承运人的车辆、机具、设备受损，以及造成第三者损失的，托运人按规定赔偿直接损失。交通主管部门或合同管理机关对托运人应处以罚款，并追究肇事者的个人责任。触犯刑法的，依法追究刑事责任。

2. 托运人责任免除

有下列情况之一者，托运人不承担责任：①不可抗力；②执行国家法令，执行抢险救灾、战备任务的；③承运人过错造成的。

承运人、托运人、收货人及有关方在履行运输合同或处理货运事故时，发生纠纷、争议，应及时协商解决或向县级以上人民政府交通主管部门申请调解；当事人不愿和解、调解或者和解、调解不成的，可依仲裁协议向仲裁机构申请仲裁；当事人没有订立仲裁协议或仲裁协议无效的，可以向人民法院起诉。

六、货运合同的变更与解除

1. 合同的变更和解除

合同的变更与解除指在合同成立后，未履行之前，因订立合同时所依据的主客观情况发生变化，而对原合同条款进行修改补充或终止原合同的行为。合同变更与解除的前提是合同已有效成立，但合同尚未履行或尚未履行完。

在承运人未将货物交付收货人之前，托运人可以要求承运人中止运输、返还货物、变更到达地或者将货物交付给其他收货人，但应当赔偿承运人因此受到的损失。

（1）凡发生下列情况之一者，允许货运合同变更和解除：

1）由于不可抗力使运输合同无法履行。

2）由于合同当事人一方的原因，在合同约定的期限内确实无法履行运输合同。

3）合同当事人违约，使合同的履行成为不可能或不必要。

4）经合同当事人双方协商同意解除或变更，但承运人提出解除货运合同的，应退还已收的运费。

（2）货物运输过程中，因不可抗力造成道路阻塞导致运输阻滞，承运人应及时与托运人联系，协商处理，发生货物装卸、接运和保管费用按以下规定处理：

1）接运时，货物装卸、接运费用由托运人负担，承运人收取已完成运输里程的运费，退回未完成运输里程的运费。

2）回运时，收取已完成运输里程的运费，回程运费免收。

3）托运人要求绕道行驶或改变到达地点时，收取实际运输里程的运费。

4）货物在受阻处存放，保管费用由托运人负担。

2. 货运合同变更与解除的形式

货运合同的变更与解除应当采用书面形式。因为货运合同的变更与解除易发生纠纷，所以，为慎重起见，不允许采用口头形式。

3. 货运合同变更与解除的条件

（1）双方协商一致而变更、解除。货运合同的变更与解除，其实质为双方订立了一个新合同，因此，货运合同既然可以因承托双方协商一致而成立，当然也可因双方协商一致而变更、解除。

（2）不可抗力。公路运输受自然条件影响较大，因此，在运输过程中，如果发生自然灾害、道路阻塞等不可抗力而使运输阻滞时，可以变更货运合同。

（3）托运人单方有权变更、解除合同的情况（即托运人的处分权）。

1）取消托运。取消托运理论上也称为中止运输。托运人取消托运，须在承运人未将货物交付收货人之前办理。因取消运输所发生的费用，由取消方负担。中止运输的规定，是保护托运人的权利而设立，如当发生收货方（买方）信誉下降时，法律赋予托运人以中止运输的权利，能够避免托运人（卖方）权利的落空。

2）变更到达地点或收货人。在承运人未将货物交付收货人之前，变更到达地或者将货物交付给其他收货人，但应当赔偿承运人因此受到的损失。在货物起运后，在可能条件下允许变更到达地点或收货人。

3）提请返还货物。在承运人未将货物交付收货人之前，提请返还货物。由此发生的费用由托运人承担。

（4）承运人提出解除运输合同。承运人提出解除运输合同，应退还已收的运费。若给托运人造成其他损失，托运人可依法提出赔偿。

七、公路货运合同纠纷的处理

关于公路货运合同争议的解决方式，承运人、托运人、收货人及有关方在履行运输合同或处理货运事故时，发生纠纷、争议，应及时协商解决或向县级以上人民政府交通主管部门申请调解；当事人不愿和解、调解或者和解、调解不成的，可依仲裁协议向仲裁机构申请仲裁；当事人没有订立仲裁协议或仲裁协议无效的，可以向人民法院起诉。

第三节 汽车旅客运输合同

一、汽车旅客运输合同的概念和特征

汽车旅客运输合同是指运送方与旅客就在一定期限将旅客及旅客行李运抵目的地而收取运费的合同。其特点如下：

（1）汽车旅客运输合同的双方当事人为承运人和旅客。承运人是收取运费，并将旅客及其行李安全、及时运达目的地的经营者。汽车客运营业，涉及旅客生命健康、财产安全，在我国，承运人（即汽车客运经营者）必须办理有关手续，经过运输主管部门的许可，取得合法资格后方准许参加营业性汽车客运。世界各国法律对此均有类似规定，即从事汽车客运营业须经过运输主管部门的许可。

我国目前的旅客运输经营者有公有制运输企业、私有制运输企业、运输个体户、中外合资经营的运输企业等，但不管是什么性质的运输经营者，都无一例外地需要运输主管部门的许可，

方可进行旅客运输经营。

旅客是购买车票，乘坐汽车以克服空间距离的困难的自然人。旅客既可是与承运人订立合同的人，也可以不是，如成年旅客携带的婴儿。但无论其是否亲自订立合同，都应享有旅客的权利。

（2）汽车旅客运输合同的对象是旅客。一般情况下，旅客既是汽车旅客运输合同的当事人，又是运送对象，但是，当旅客为无行为能力人、限制行为能力人或1.2米以下的孩童时，则其仅为运送对象，合同当事人为他们的监护人。死尸及骨灰非民法意义上的自然人，不能成为汽车旅客运输合同法律关系主体，在取得有关部门批准许可后，也可成为运送的对象。

（3）汽车旅客运输合同大都为有偿合同。汽车旅客运输合同由承运人提供运送服务，旅客支付运费，因此为有偿合同。但在当事人的特约下，也可为无偿。

（4）旅客运送分为营业性班车客运、旅游客运、出租车客运、包车客运、客运服务等，其中包车客运是诺成性合同，其余为实践性合同。

二、汽车旅客运输合同的种类

汽车旅客运输合同分为班车客运、旅游客运、出租车客运和包车客运合同四种。

（1）班车客运合同。班车客运合同是指旅客与班车客运经营者订立的运输合同。班车客运经营是指客运经营者定点、定线进行的旅客运送经营。班车客运实行"运送强制"，即对符合规定的旅客购买车票的订立合同的要约，客运经营者不得拒绝。

（2）旅游客运合同。旅游客运合同是指旅游客运经营者与旅客之间订立的运输合同。旅游客运是指以运送旅游者游览观光为目的，其路线必须有一端位于名胜古迹、风景区等旅游点的一种营运方式。

（3）出租车客运合同。出租车客运合同是指出租车客运经营者与旅客订立的运输合同。出租车客运是指以轿车、小型客车为主，根据用户（旅客）要求的时间和地点行驶、上下及等待，按里程或时间计费的一种营运方式。出租车客运属旅客运输的一种，而非车主将车租给用户。因此，车主与用户之间的关系并非出租人与承租人间的租赁关系，而是一种运输合同关系。

（4）包车客运合同。包车客运合同是指承运人与用户就将客车全部包给用户（旅客），在用户的指示下进行运输的合同。包车客运是旅客运输的一种经营方式，其特点是承运人遵照用户的指示进行运输，或按行驶里程或按包用时间收取运费。包车不同于租车，前者为运输合同，后者为租赁合同；前者由车主（承运人）驾驶，后者由用户驾驶。

三、汽车旅客运输合同的订立

（1）订立程序。汽车旅客运输合同的订立须经过要约与承诺两个阶段。在班车客运、旅游客运的情况下，其要约为旅客购买车票的意思表示，承运人（车站）发售车票的意思表示为承诺。当旅客提出购买车票的意思表示时，非法律法规规定，承运人一般不得拒绝承诺，即对承运人实施"运送强制"。

在出租车客运情况下，乘客招拦停车搭乘的意思表示为要约，出租车停车的意思表示为承诺。空驶出租车受乘客招拦停车后，一般不得拒绝乘客租用。所谓"拒载"是指出租车违反"运送强制"义务的行为。

在包车客运的情况下，用户填写"汽车旅客运输包车预约书"的意思表示为要约，运输经营者盖章允诺的意思表示为承诺。包车客运不实行"运送强制",因此,运输经营者对用户的要约无承诺的义务,但有承诺资格。

(2)车票之性质。《合同法》第二百九十三条规定:"客运合同自承运人向旅客交付客票时成立,但当事人另有约定或者另有交易习惯的除外。"车票是旅客乘车的凭证,表现承运人有承运车票持有人的债务作用。在班车客运、旅游车客运、出租车客运的情况下,车票实为运输合同的替代,具有证约合同的作用。

四、承运人的义务及责任

(一)承运人的义务

1. 按时将旅客及行李运达目的地

旅客运输经营实行责任运输,保证旅客及时到达目的地。为保证旅客能及时到达目的地,运输经营者应当:①班车必须按指定车站和时间进入车位装运行包,检票上客,正点发车;②严禁提前发车;③班车必须按规定线路、班点和时间运行、停靠,不得绕道、点行驶;④运行途中发生意外情况,无法运行时,应以最快方式通知就近车站派车接运,并及时公告;⑤班车到站后,按指定车位停放,及时向车站办理行包和其他事项的交接手续。

2. 保障旅客及其行李的安全

安全运输是旅客运输实行责任运输的核心,也是承运人最主要的义务之一。承运人必须采取各种措施,保证安全运输。为确保安全运送,承运人必须做到以下几点:

(1)提供适合运输的车辆,营运客车必须经过车辆管理部门审验合格,保持良好的技术状况。

(2)委派合格的客运人员,如驾驶人员应当持有相应准驾车类的驾驶证;乘务人员必须具备一定业务知识;站务人员应具备一定业务知识。

(3)客运人员严格履行其职责,驾、乘人员须遵守下列规定:

1)严格遵守交通规则和操作规程,精心保养车辆,出车前、行车中、收车后,应认真做好车辆的安全检查。

2)客车驾驶员应合理安排作息时间,保证充足睡眠,行车途中思想集中,每天驾驶时间不得太长,确保行车安全。

3)遵守运输法律,执行运行计划,服从调度和现场指挥,正点运行。

4)客车行经险桥、渡口、危险地段和加油前,要组织旅客下车;事后以及中途就餐、停歇后均须核实人数,方能开车;途中遇非常情况或发生事故,应尽快呼救,抢救伤员,保护现场,必要时组织旅客疏散。

5)讲究职业道德,文明服务,礼貌待客,重点照顾有困难的旅客。

6)对旅客进行安全宣传等。

3. 提供方便、舒适的运输服务

如车站应设置售票处、候车区、卫生间,配备时钟、座椅,供应饮用水,公布班车时刻表、里程票价表、营运路线图、旅客须知,张贴禁止、限运物品宣传图;一、二级站还应设置问询服务处、值班站长室、民警值班室、广播室和公用电话等;保持车站、车辆的卫生;旅游客车应备有饮水、常用药等服务性物品,并根据实际需要,装配御寒或保温设备,随车配有导游人员等。

（二）承运人的责任

1. 承运人承担责任的原因

汽车旅客运输合同，以将旅客及其行李安全、及时运抵目的地为宗旨，因此，承运人的责任分为承运人对旅客的责任和对行李的责任两种。承运人对旅客的责任主要包括运送迟延责任、旅客伤害责任和旅客误乘、漏乘责任三种。承运人对行包的责任包括迟延运送责任和行包之毁损、灭失责任两类。

2. 承运人对旅客的责任

（1）承运人对旅客承担责任的条件。

1）承运人有过错。承运人对旅客伤害、迟延、漏乘、误乘承担责任，以承运人有过错为条件，亦即实行过错责任原则。因此，旅客如果主张运送承担责任，则须证明承运人有过错。

2）承运人有违章或违约行为。在旅客运输过程中发生下列情况，均由运方承担责任：①因客车技术状况或装备的问题，造成旅客人身伤害及行包损坏、灭失的；②因驾驶员违章行驶或操作造成人身伤害及行包损坏、灭失的；③因驾驶员擅自改变运行计划，如提前开车，绕道行驶或越站，致使旅客漏乘等，造成的直接经济损失；④在行车途中发生托运行包灭失、损坏的；⑤不按运行计划或合同向车站提供完好车辆，使班车停开、缺班的；⑥由于运方原因发生的其他问题。

3）有损害后果。如造成旅客人身伤亡、迟延到达的后果等。

4）违章或违约行为与损害后果之间有因果关系，即因承运人的违章、违约行为而造成旅客的人身、财产的损害后果，承运人才承担责任。反之，承运人即可不承担责任。

（2）承担责任。

1）直接损失的赔偿。因车站或承运人的责任，造成旅客误乘、漏乘的，按以下规定处理：①发觉站以最近一次班车将旅客运至原车票指定的车站。②旅客留在车上的自理行包和携带品如有灭失、损坏，由责任方赔偿。③旅客的其他直接经济损失，由责任方赔偿，但赔偿金额最多不超过旅客购车票价款的100%。因承运人的责任而导致旅客误乘、漏乘，责任方的赔偿范围为遭受的直接损失，即现有财产的减少。

2）赔偿实际损失。因车站或运方的责任，造成旅客人身伤害的，由责任方赔偿处理。此时，应依《民法通则》的规定，由责任方赔偿旅客的实际损失，即直接损失和间接损失都属赔偿范围。

3. 承运人对旅客行包的责任

旅客行包有自理行包和交托行包之别。前者指由旅客随身携带并保管的行包或称行李，后者指由旅客将行包交托运送方保管、运送的行包。承运人对旅客行包的责任区分为对自理行包的责任和对交托行包的责任两种。

（1）承运人对旅客自理行包的责任。承运人仅对因自己的过错而导致自理行包毁损、灭失承担责任，亦即承运人对旅客之自理行包承担过错责任。因此，旅客若要对承运人主张自理行包损失赔偿，就须证明承运人对行包之毁损、灭失有过错。

（2）承运人对旅客之交托行包的责任。承运人对旅客的交托行包的毁损、灭失承担责任。即承运人除能证明行包的毁损、灭失系因不可抗力、行包本身之属性、旅客之过错所致者，应由承运人承担责任。

4. 经营者责任免除

旅客运输过程中因下列情况造成损失，经营者不负赔偿责任。

（1）被有关部门查获处理的物品。
（2）行包包装完整无异，而内部缺损、变质。
（3）旅客自行看管的物品非经营者责任造成的损失。
（4）因不可抗力而导致旅客伤亡的。
（5）因旅客自身的原因而致伤亡的。

大多数国家对旅客运送实行严格责任即无过错责任，其理由为运输者从事高速、高危险作业而获取利益，就应承担比一般经营更为严格的责任，以充分保障旅客的安全。

五、旅客的义务及责任

1. 旅客的义务

（1）按照约定或票面指定的时间、地点乘车。班车客运，旅客须持符合规定的客票，按票面指定的日期、车次检票乘车；直达班车、普通班车在始发站对号入座。

（2）遵守运输安全规定。为保障旅客生命财产安全和公共卫生，旅客不能携带易燃、易爆等危险品，不能携带动物、凶器；服从站务及驾乘人员安排，爱护公共设施，保持清洁卫生；7岁以下的儿童乘车应有成人旅客陪伴；乘车时，要坐稳扶好，头、手不得伸出车外，不准翻越车窗，车未停稳不准下车，不准随便开启车门；车内不准吸烟，不准随地吐痰，行驶中不要与驾驶员闲谈及妨碍驾驶操作，不准从车窗向外扔东西。

（3）凭票乘车。车票是旅客乘车的凭证，无票一般不得乘车，旅客中途上车应即时购票；车票遗失者，应另行购票乘车；旅客在始发站无票乘车，上车后即向驾乘人员申明的，允许补票乘车，并加收补票手续费。

2. 旅客的责任

旅客违反运输合同，违反规章的行为，应由旅客承担责任。

（1）旅客无票，持无效客票或不符合规定的客票乘车的，除补收始发站至到达站全程客票价款外，并处以100%的罚款。

（2）隐瞒酒醉、恶性传染病乘车造成污染，危及其他旅客的，应向其他旅客承担民事侵权责任。

（3）夹带危险品或其他政府禁运物品进站、上车、托运的，应视具体情况承担责任，未造成危害和损失的，承担行政责任。由车站代表运输管理机关没收其携带的全部危险品和禁运物品，并视情节轻重处以30元以下的罚款；已造成损失的，应对承运人、旅客承担民事赔偿责任，并承担行政或刑事责任。

（4）损害车站设施和设备或造成其他旅客伤的，承担民事侵权责任，赔偿实际损失。

（5）自理行包和随身携带的物品丢失、损坏的，除可归责于承运人责任外，由旅客自负其责。

（6）客车中途停靠，不按时上车造成漏乘错乘的，由旅客自负其责。

（7）旅客乘车途中因自身病害造成的伤亡和损失，承运人不承担责任，应由旅客自负其责。

（8）由于旅客原因发生的其他问题。

3. 旅客责任免除

旅客运输过程中发生下列情况，均由车站承担责任：

（1）由于车站在发售客票中填错发车的日期、班次、开车时间，造成旅客误乘或漏乘的。

（2）由于检票、发车、填写路单失误造成旅客误乘、漏乘的。

（3）在车站保管、装卸、交接过程中造成旅客寄存物品和托运行包损坏、灭失或错运的。

（4）由于不按时检票或不及时接车造成班车晚点运行的。

（5）由于站方原因发生的其他问题。

六、旅客及运送方彼此索赔中的几个问题

（1）赔偿请求权的行使。班车客运在发车前发生违规违约和客运事故，旅客应向始发站提出赔偿请求，在运输途中发生的，旅客应向就近站提出赔偿请求，到站后发生的，向到达站提出；旅游、出租车和包车客运向运方请求赔偿。

（2）短期时效的规定。旅客运送的索赔时效，因证据易于灭失，旅客运输过程中发生事故后，有关方面应做好记录，受损方应在事故发生之日起90日内，向责任方提出赔偿要求，责任方应在接到赔偿要求后，10日内作出答复。

（3）旅客索赔时应提交的文件。旅客在提出本规则规定范围内的赔偿要求时，应同时提交客票、行包票等有关凭证。

七、汽车旅客运输合同的变更与解除

汽车旅客运输合同的变更与解除是指在旅客购票后，乘车前换乘、退票等行为。

（1）班车客运变更解除事项及其处理。旅客不能按票面指定的日期、车次乘车时，可在该班车开车2小时前办理改乘，改乘以一次为限。开车前2小时内不办理改乘，可做退票处理，核收退票费。

（2）旅游客运的变更及解除。提供旅游综合服务的旅游客运，退票须在开车前办理，核收退票费；无旅游综合服务的旅游客运，退票按班车退票办理；旅客中途终止旅游的，不予退票。

（3）包车客运的变更与解除。用户要求变更使用包车的时间、地点或取消包车，须在使用前办理变更手续。运输经营者要求变更车辆类型、约定时间或取消包车，亦应事先与用户协商，经同意后，方能变更。运输经营者自行变更车辆类型或未按约定时间供车者，按违约或延误供车处理。

八、汽车旅客运输合同纠纷的处理方式

汽车旅客运输合同纠纷的处理方式为：

（1）当事人协商。

（2）由交通管理部门调解。

（3）向法院起诉。

第四节 承揽运送人与承揽合同

一、承揽运送人

1. 承揽运送人的定义

一般认为，承揽运送人有狭义与广义之别。狭义的承揽运送人是指以承揽运送货物为营业范围，为托运人（委托人）的利益考虑，而以自己的名义与运送方订立运送合同，并接受委托人支付报酬的人。然而实践中单纯以承揽运送货物为营业范围者并不很多，如货运代理企业、

货运中心等,常兼营代理业务、居间业务等。此种兼营承揽运送营业与代理运送营业的人,我们称之为广义的承揽运送人。承揽运送人须以承揽运送为营业,亦即须有承揽运送的经营范围,否则,不得为承揽运送人。

2. 关于承揽运送的立法体例

关于承揽运送,各国多在商法中加以规定,如德、日、法商法,瑞士则于债法中加以规定。然而有关承揽运送的立法,各国规定不尽一致。综合而论,大体有三种:①法国、德国、日本的立法,认为承揽运送是独立的营业,因此,立法将承揽运送列为独立章节加以规定;②瑞士债法,认为承揽运送是行纪行为的一种,故其立法将承揽运送置于行纪章之末;③西班牙、葡萄牙等国商法,将承揽运送于运送章节中进行规定。

3. 承揽运送的作用

承揽运送人的出现,得益于越来越细的社会分工。我国随着市场经济的发展,行业分工明显细化。在运输行业,为适应不同需要,形式多样的运输服务业不断涌现,各种各样的货运中心、货运代理组织令人耳目一新,承揽运送也应运而生。承揽运送的出现,还在于承揽运送本身的作用,在承揽运送中,承揽运送人的主要义务在于为委托人(货主、托运人)选择有信用、有能力完成运输任务的适当的运送人;同时,为确保货物运送工作顺畅安全,承揽运送人亦可发挥其专业优势,为托运人运送提供各种必要的准备,如运送途中需要的准运证明、出境运送中的有关手续,甚至运送物品的包装、交付等任务。因此,承揽运送既可以克服委托人对运输市场的缺乏了解,还可减少委托人办理有关手续的麻烦,方便了货流其畅,节约了社会财富。

二、承揽合同

承揽合同是承揽人按照定做人的要求完成工作,交付工作成果,定做人给付报酬的合同。承揽包括加工、定做、修理、复制、测试、检验等工作。

承揽合同的内容包括承揽的标的、数量、质量、报酬、承揽方式、材料的提供、履行期限、验收标准和方法等条款。

有关承揽合同的规定如下:

(1)承揽人应当以自己的设备、技术和劳力,完成主要工作,但当事人另有约定的除外。

(2)承揽人将其承揽的主要工作交由第三人完成的,应当就该第三人完成的工作成果向定做人负责;未经定做人同意的,定做人也可以解除合同。

(3)承揽人可以将其承揽的辅助工作交由第三人完成,但应当就该第三人完成的工作成果向定做人负责。

(4)承揽人提供材料的,承揽人应当按照约定选用材料,并接受定做人检验。

(5)定做人提供材料的,定做人应当按照约定提供材料。承揽人对定做人提供的材料,应当及时检验,发现不符合约定时,应当及时通知定做人更换、补齐或者采取其他补救措施。

(6)承揽人不得擅自更换定做人提供的材料,不得更换不需要修理的零部件。

(7)承揽人发现定做人提供的图纸或者技术要求不合理的,应当及时通知定做人。因定做人怠于答复等原因造成承揽人损失的,应当赔偿损失。

(8)定做人中途变更承揽工作的要求,造成承揽人损失的,应当赔偿损失。

(9)承揽工作需要定做人协助的,定做人有协助的义务。定做人不履行协助义务致使承揽工作不能完成的,承揽人可以催告定做人在合理期限内履行义务,并可以顺延履行期限;定做人逾期不履行的，承揽人可以解除合同。

（10）承揽人在工作期间，应当接受定做人必要的监督检验。定做人不得因监督、检验妨碍承揽人的正常工作。

（11）承揽人完成工作，应当向定做人交付工作成果，并提交必要的技术资料和有关质量证明。定做人应当验收该工作成果。

（12）承揽人交付的工作成果不符合质量要求的，定做人可以要求承揽人承担修理、重做、减少报酬、赔偿损失等违约责任。

（13）定做人应当按照约定的期限支付报酬。对支付报酬的期限没有约定或者约定不明确，依照《合同法》第六十一条的规定仍不能确定的，定做人应当在承揽人交付工作成果时支付；工作成果部分交付的，定做人应当相应支付。

（14）定做人未向承揽人支付报酬或者材料费等价款的，承揽人对完成的工作成果享有留置权，但当事人另有约定的除外。

（15）承揽人应当妥善保管定做人提供的材料以及完成的工作成果，因保管不善造成毁损、灭失的，应当承担损害赔偿责任。

（16）承揽人应当按照定做人的要求保守秘密，未经定做人许可，不得留存复制品或者技术资料。

（17）共同承揽人对定做人承担连带责任，但当事人另有约定的除外。

（18）定做人可以随时解除承揽合同，造成承揽人损失的，应当赔偿损失。

三、承揽运送合同

承揽运送合同是承揽运送人与委托人之间达成的，由承揽运送人以自己的名义选定适当的运送人，并由委托人支付承揽运送人报酬，承揽运送人就运送人的运送行为对委托人承担责任的合同。承揽运送合同的当事人为委托人与承揽运送人。其内容为承揽运送人以自己的名义为委托人选定适当运送人，委托人支付报酬给承揽运送人。

承揽运送合同有如下特点：

（1）承揽运送合同的当事人为托运人与承揽运送人。此点使承揽运送合同区别于一般的货物运送合同，其中承揽运送合同中的托运人又称委托人，与一般运送合同中的托运人无异，但承揽运送人与运送人（承运人）有严格区别。承揽运送人一般以承揽运送货物为营业范围；狭义的承揽运送人无运送能力（如工具、厂站、仓库等），而运送人则必须有运送能力，其经营范围即为运送。

（2）承揽运送人是以自己的名义与托运人或运送人订立合同。承揽运送人以自己的名义与托运人订立承揽运送合同，为托运人选择适当的运送人，并因此收取报酬；承揽运送人又以自己的名义与运送人订立合同，形成独立的权利义务关系。此点使承揽运送人与运送代理人、居间人相区别。在运输代理中，代理人是以被代理人（托运人）的名义与运送人订立合同，其行为产生的法律后果由被代理人自己承担。而运送居间人（或称经纪人、捎客）仅以牵线搭桥、介绍托运人与运送人签订合同为宗旨，因此，运送居间人并非运送合同的当事人。

（3）运送承揽人与行纪人相近。行纪人是以自己的名义与委托人订立合同，又以自己的名义与第三人订立合同，如旧货所有人将其货交于寄卖所出售，寄卖所即为行纪人。此点使运送承揽人与行纪人相近。据说承揽运送起源于行纪，也有认为承揽运送属行纪行为的一种，因此，各国法律一般规定承揽运送合同的处理，准予援引行纪的有关规定。然而，承揽运送与行纪亦有区别，在行纪法律关系中，行纪行为所涉及的为货物买卖，而承揽运送则旨在为委托人（托运人之货物）寻找适当的运送人。

（4）承揽运送合同是有偿性和诺成性的合同。承揽运送合同为有偿性合同，因此承揽运送人因提供了相应劳务而取得要求委托人支付报酬的权利。承揽运送合同又为诺成性合同，因此承揽运送合同的委托人与承揽运送人达成一致，合同即告成立。

四、承揽运送人、委托人、运送人之间的关系

1. 承揽运送人与委托人之间的关系

承揽运送合同是承揽运送人与委托人之间的合同。承揽运送人依照承揽运送合同，为委托人考虑，而与运送人订立运送合同，因而，学者们一般认为承揽运送人与委托人之间的关系为广义的行纪关系。承揽运送人与委托人之间既然为行纪关系，承揽运送人就应遵从委托人的指示，并为委托人的利益考虑。因运送人的原因造成的货物毁损、灭失，迟延责任，由承揽运送人对委托人负责。

2. 承揽运送人与运送人之间的关系

承揽运送人与运送人之间的关系为运输合同关系，承揽运送人实为托运人，其相对人为运送人。因此，因运送人的行为而造成货物毁损、灭失、迟延等责任，承揽运送人应请求运送人给予赔偿。反之，由于委托人的过错（如在货物中隐匿危险品）而造成运送人损害的，应由承揽运送人对运送人承担责任，然后由承揽运送人请求委托人承担责任。

3. 委托人与运送人之间的关系

一般而言，委托人与运送人之间没有像承揽运送人与运送人、委托人与承揽运送人之间的独立的债权债务关系（运送合同关系、行纪关系），因此除非承揽运送人的债权让与（如承揽运送人将其对于运送人的损害赔偿请求权让与委托人），委托人不得直接向运送人主张权利。但委托人能否直接向运送人主张侵权之债，笔者认为可以。例如，运送人故意将所运货物卖予第三人，或运送人故意毁灭所运货物，委托人可以货物所有人的身份对运送人请求赔偿。

五、承揽运送人的权利和义务

1. 承揽运送人的权利

（1）请求支付报酬的权利。前已提过，承揽运送合同为有偿性合同，承揽运送人是以承揽运送货物为营业，因此，其请求委托人支付相应报酬为当然权利。此处所称的报酬亦称佣金或手续费，但不包括托运费。报酬的金额应由承揽运送人与委托人依承揽运送合同规定。关于报酬支付的时间一般也由委托人与承揽运送人约定。

（2）留置权。承揽运送人有请求委托人支付报酬的权利，因此若委托人不履行其义务，承揽运送人能够留置其因运送合同而占有的委托人的货物。

（3）介入权。所谓介入权是指承揽运送人在与委托人订立承揽运送合同后，未与运送人订立运送合同时，而自行运送的权利。除非委托人有禁止承揽运送人介入的约定，否则承揽运送人可以行使介入权。承揽运送人行使介入权后，其与委托人之间的关系有两种：一为承揽运送合同关系，二为运送合同关系。因此，承揽运送人既可请求委托人支付相应报酬，又可请求委托人履行运送合同中的义务，如支付运费。此处须说明的是，承揽运送人在行使介入权时，既

可全部介入，又可部分介入，如承揽运送1 000吨水泥，承揽运送人可自行运送其中一部分，这就是部分介入。

（4）损害赔偿请求权。若因委托人的过错而致承揽运送人对运送人的损害赔偿，承揽运送人可请求委托人进行赔偿。

2. 承揽运送人的义务与责任

（1）承揽运送人应对所承揽运送的货物的接收、保管、运送人的选定，在目的地交付及其他与运送有关的事项，尽善良管理人的注意，若怠于注意时，应对委托人负责。承揽运送人应选择有信用的人，并与之订立运输合同。另外，承揽运送人亦可再选择其他的承揽运送人，在此情况下，承揽运送人（学理上称其为主承揽运送人）与他承揽运送人之间的关系，实际上与委托人和承揽运送人之间的关系相同。

（2）承揽运送人应对货物的毁损、灭失、迟延负责。若因运送人的过错而致所运货物毁损、灭失、迟延，承揽运送人应对委托人负责。

（3）委托人未于委托时声明其货物为贵重物品及其价值的，承揽运送人对该货物的毁损、灭失不负责任。因为委托人隐瞒真相大大加重了承揽运送人的责任。

案例分析

一、案情简介

马月生为跑运输，于2006年10月购置货车一辆，并将该车登记在宁夏吴忠市泰安公司名下。2007年4月1日泰安公司与马月生签订车辆经营协议书一份，双方约定马月生在车辆挂靠经营期间每月向公司交纳服务费150元，同年6月马月生申领到营业执照。

2007年6月22日，江苏无锡市货运公司因有一批货物需要外运，经与马月生联系，双方签订了运输货物合同书，对货物名称、装货单位、卸货地点、货物运价、付款方式、交货时间以及责任的承担等事项均做了明确约定。货物装载完毕后，马月生聘用驾驶员王某驾车启运。

2007年6月23日10时30分许，当该车行至南洛高速公路安徽省界首市段途中，车辆燃起大火，经报警待当地消防人员赶至，货物及挂车已被焚毁。后经消防部门认定，火灾起火部位位于挂车中上部，因现场破坏严重，致该起火灾原因难以查明。同年9月15日经核定此次火灾损失计59.64万元，其中货车挂车损失9.6万余元，货物损失50万余元。

事故发生后，作为托运方的无锡货运公司向法院提起诉讼，请求判令马月生及吴忠市泰安公司承担责任46万元及施救费用。

被告泰安公司以自己不是该起运输合同承运人不应担责为由，要求法院驳回原告对其公司的诉讼请求。

二、分析

本案是一起运输合同纠纷，根据《合同法》第三百一十一条有关承运人赔偿责任的规定，在承运人不能证明存在免责事由时，承运人应对运输过程中货物的毁损、灭失承担损害赔偿责任。本案案件事实比较清楚，根据上述法律规定，结合具体案情，很容易认定应由承运人承担损害赔偿责任，但是，不同于一般的运输合同纠纷案件的是本案的承运人很难确定，实际承运人马月生，而"运输合同"中的运输单位是泰安公司。在原告一同起诉马月生和泰安公司的情况下，承运人的确定，成为解决这起运输合同纠纷的关键。

马月生与泰安公司之间存在挂靠经营关系，被挂靠单位泰安公司应对挂靠人马月生经营行为承担法律责任。

车辆挂靠经营，是实践中比较常见的现象。对此，我国法律没有明文规定，挂靠车辆当事人之间的权利义务主要依赖双方之间的挂靠经营协议进行约定，但是双方之间的约定不得对抗第三人。因为，挂靠人以被挂靠单位名义从事经营活动，第三人之所以与挂靠人进行交易，往往是基于对被挂靠单位商誉的信赖，所以，为了保护第三人的这种信赖利益，司法实践中，一般把挂靠人与被挂靠单位视为一体，对外承担连带责任。

据此，本案中，马月生基于其与泰安公司之间的车辆挂靠经营协议，以泰安公司的名义从事货物运输经营，泰安公司应被认定为名义上的承运人，对马月生因运输合同所生债务承担连带责任。

另外说明的是，如果挂靠人与被挂靠单位之间的挂靠经营协议对法律责任分担有明确约定的，被挂靠单位对外承担赔偿责任之后，可以依约定向挂靠人追偿。

复习思考题

1. 合同法与运输合同有哪些基本特征？
2. 汽车货物运输合同的基本内容是什么？
3. 汽车旅客运输合同的基本内容是什么？
4. 货物承揽运送合同的基本内容是什么？

第三部分 PART 03

道路交通安全管理法规

第七章 道路交通安全法

【学习目的】

通过学习本章内容,熟练掌握道路交通安全法的基本内容,明确道路交通安全的重要性,明确驾驶员和有关交通参与者的权利与义务,明确道路通行规定和交通事故处理办法,了解违法者要承担的相应的法律责任。

第一节 总 则

《中华人民共和国道路交通安全法》(以下简称《道路交通安全法》)是2003年10月28日公布的关于道路交通安全的法律,于2004年与2011年两次修订。该法分总则、车辆和驾驶人、道路通行条件、道路通行规定、交通事故处理、执法监督、法律责任、附则8章124条。

总则是法律前面的统领性条文。一般是关于立法目的、适用范围、基本原则、管辖等重要方面的规定。它是法的精神的高度概括和体现,其立法宗旨和立法精神贯穿法的始终,并对执法和法律解释起指导性的作用。

一、立法的目的和作用

1. 维护道路交通秩序

交通秩序是指道路交通有条不紊的状况,其中核心词"秩序"是道路交通管理追求的目标之一。维护道路交通秩序是指公安机关交通管理部门在道路上对交通参与人实施组织、指导、控制等的管理活动,目的是确保道路交通路面秩序井然、道路交通畅通,避免和缓解交通拥挤、堵塞,使道路发挥更大的功能和作用。良好的交通秩序也是人们自觉遵守和执行交通行为规范的结果。通常交通秩序主要包含:①通行秩序,包括机动车通行秩序、非机动车通行秩序和行人通行秩序;②车辆停放秩序,包括机动车停放秩序和非机动车停放秩序;③非交通占道秩序,包括商业性占道、大型活动占道、挖掘施工占道、堆物占道等。

2. 预防和减少交通事故

进入21世纪,随着经济发展、市场繁荣、人民生活水平的不断提高,道路交通的压力也大大增加,道路交通事故已经成为"世界第一大公害"。

中国目前仍面临交通安全总体水平与发达国家差距明显,道路交通事故死亡人数总量仍然很大,交通流量高位增长,高速公路事故逐年增多,农村交通安全隐患突出,群死群伤的特大交通事故上升幅度大等问题。

2012年12月2日正式确立为首个"全国交通安全日"。交通安全日,敲响了全民树立安全意识的警钟,漠视法规和安全则会让人成为"马路杀手"或交通事故的受害者。

造成当前道路交通事故高发的原因有:

（1）交通需求矛盾突出。当前和今后一个时期，机动车数量和交通流量仍将保持高速发展的势头，道路基础建设滞后于交通需求，道路状况和交通设施落后的情况，在短时期内难以有根本性的改观。全国公路运输网络的实际通行能力已经超过设计能力，公路里程少、标准低、路况差、发展不平衡。尽管截至2015年年末全国公路总里程457.73万公里，公路密度47.68公里/百平方公里，已建成高速公路12.53万公里；2014年年末，城市道路长度35.2万公里，道路面积68.3亿平方米，人均城市道路面积15.34平方米。然而与机动车的增长速度相比，仍是严重滞后的。据公安部交管局统计，2013年中国汽车保有量超过日本，仅次于美国，私家车过亿；截至2015年年底，全国机动车保有量达2.79亿辆，其中汽车1.72亿辆。交通结构不合理，道路交通供需矛盾仍十分突出。大中城市的交通拥堵日趋严重，道路通行效率降低，严重影响了人们正常的生产、生活。

（2）人们的交通安全意识和交通法制意识淡薄。交通违章数量大，直接影响了道路交通的秩序、安全与畅通。特别是车辆驾驶人员的超载、超速、疲劳驾驶、酒后驾车、无证驾驶等严重影响道路交通安全的行为大量存在。近年来，我国道路交通事业发展迅速，不仅机动车保有量飞速增长，而且各种电动三轮车、电动自行车也大幅增加，成为人们出行的常用交通工具。但是驾校应试培训的缺陷以及道路交通安全法规宣传与严格执法的不足，致使驾驶人、行人等交通参与者的守法意识不强，人们文明出行、安全礼让的现代交通观念尚未完全建立，成为引发交通事故的重大隐患。归根结底还是交通参与者规则意识不强、缺乏安全意识和责任观念的一种表现。

（3）道路交通法律、法规滞后于守法和执法需要的矛盾突出。

3. 保护公民、法人和其他组织的合法权益

保护公民、法人和其他组织的财产安全及其他合法权益，是我国法律制度的基本点，也是《道路交通安全法》的立法宗旨的基本方面。保护公民、法人和其他组织的财产安全及其他合法权益包括：预防和减少交通事故，使公民的人身安全，公民、法人和其他组织的财产安全得到保障；公民、法人和其他组织的通行权利、受到好的服务的权利等应受到尊重，不受侵害。

4. 提高通行效率

交通行为本身追求的目的是要实现人和物的有序流动，以通达为目标。因此，交通行为本身和交通管理都以提高道路的通行效率、保障有效通行为目标之一。实践中，道路的拥挤堵塞影响通行效率、制约交通行为，是需要解决的突出问题。为提高管理效率和通行效率，《道路交通安全法》规定了公安机关交通管理部门应当采取科技手段，实施道路交通监控，鼓励和引导各地使用先进的交通和科技设施；还规定交通事故仅造成车辆之间轻微损失、事实清楚、当事人无争议的，可以自行撤除现场、快速处理事故等，体现了改革和提高通行效率的精神。

总之，《道路交通安全法》就是要在交通管理的宏观层次上达到：为解决道路交通上的难题提供法律保障；通过规范交通行为，明确权利义务关系，保护道路交通参与人的合法权益；通过确定法律制度，加强道路交通的有效管理，提高管理水平；通过教育和处罚，规范执法行为，增强公民的守法意识，提高交通法律的权威性。

二、立法的原则

1. 依法管理

依法管理的原则是行政法治原则对公安机关交通管理部门要在法律的范围内活动，依法办

事的内在要求。依法管理的实践是人民高于政府行政机关，政府行政机关服从人民。因为依法管理的"法"反映和体现的是人民的意志和利益。依法管理是法治作为一种国家社会状态对政府行政机关的要求。它包括：

（1）依法行政，依法办事。
（2）控制执法的随意性，防止滥用自由裁量权。
（3）对违法执法行为承担法律责任。

2. 方便群众

方便群众的原则即便民的原则。在我国，国家的一切权力属于人民，人民行使国家权力的机关是全国人大和地方各级人大。国家行政机关由国家权力机关产生，对国家权力机关负责。我国的国家性质决定了行政机关是国家权力机关的执行机关，其宗旨是为人民服务。

道路交通安全工作中的便民原则，就是指公安机关交通管理部门在依法开展道路交通工作中，应当尽可能为交通参与人提供必要的便利和方便，从而保障交通参与人进行交通活动目的的顺利实现。

三、交通管理规划的主要内容

1. 公共交通优先规划

发展公共交通是解决交通拥堵的根本出路之一。公共交通优先是发展公共交通的重要途径。目前，我国公共交通负债经营、服务水平低、运行速度慢，是影响公共交通发展的根本原因。在道路交通管理中仅仅靠采取"公共交通专用道"的办法，不能解决全部问题，还需要提倡建立综合的大容量公共交通体系，使公共交通、长途线路规划、站点装置与交通通行形成一个既有利于公共交通、长途车辆停靠，又有利于其他车辆、行人通行的科学、完善的整体。发达国家的经验表明，轨道交通和公共汽车是公共交通的主体。目前，我国公共交通系统的路网密度、运行周期时间、发车频率等与居民的实际需求相差甚远，还没有真正形成布局合理、转乘便捷、方便有效的公共交通换乘体系。据有关资料统计，不同的交通方式在占用资源、运输效率方面差别很大。因此，制订科学、合理的城市交通结构体系，政府及相关主管部门加快研究综合公共交通体系，制订中长期发展规划和计划，逐步建立以轨道交通为骨干，公共汽车为主，小汽车交通为辅的适应未来交通需求的新型交通结构体系，对从根本上解决城市交通问题有着极其重要的战略意义。

2. 道路、设施的安全畅通规划

从道路交通的整体出发，对道路及其设施的设计、建设、维护、使用等各个环节提出符合安全、畅通的要求。我国目前影响道路安全畅通的主要问题是：低等级道路数量大，这些道路的线性、坡度、弯道设计等直接影响道路的安全、畅通；道路养护、维修施工作业等对道路交通的影响大，道路建设施工造成堵塞多。低等级道路通行速度低，设计流量少，与以便捷、快速、大流量为特征的现代交通需求矛盾突出，这个根本性问题应当引起高度重视。

3. 交通规划、停车场建设规划

近年来，我国道路建设发展很快，但交通规划不尽合理，考虑道路之间的匹配少，许多交通设施出现了结构性负效应，如城市高架路与普通道路交叉处连接不当，高架路上行驶速度快，普通道路行驶速度慢，交叉处出现交通堵塞多等，交通功能得不到充分发挥，交通堵塞日益加剧。停车场建设、管理所依据的《停车场建设和管理暂行规定》作为规范性文件，法律层次低，法律效力差；同时，也缺乏相应的鼓励性政策，大型建筑、居民区配建少，商业集中区缺乏商业性停车场，难以满足汽车发展和交通需求。

4. 对交通工具结构优化的规划

目前我国的交通工具繁杂，汽车、摩托车、拖拉机、农用机动车同行一个路面，对交通安全与畅通、环境保护、我国汽车工业发展都不利，国家也缺少这方面的政策引导。国家发展和改革委员会颁布的《汽车产业发展政策》中要求，坚持发挥市场配置资源的基础性作用与政府宏观调控相结合的原则，创造公平竞争和统一的市场环境，健全汽车产业的法制化管理体系。政府职能部门依据行政法规和技术规范的强制性要求，对汽车、农用运输车（低速载货车及三轮汽车，下同）、摩托车和零部件生产企业及其产品实施管理，规范各类经济主体在汽车产业领域的市场行为。促进汽车产业与关联产业、城市交通基础设施和环境保护协调发展。创造良好的汽车使用环境，培育健康的汽车消费市场，保护消费者权益，推动汽车私人消费。激励汽车生产企业提高研发能力和技术创新能力，积极开发具有自主知识产权的产品，实施品牌经营战略。推动汽车产业结构调整和重组，扩大企业规模效益，提高产业集中度，避免散、乱、低水平重复建设。鼓励汽车生产企业按照市场规律组成企业联盟，实现优势互补和资源共享，扩大经营规模。培育一批有比较优势的零部件企业实现规模生产并进入国际汽车零部件采购体系，积极参与国际竞争。

5. 对机动车辆安全性能监督、环保监督的规划

保障机动车的安全性和环保性符合国家要求，要从生产、使用等各个环节全程监督管理。现行立法应与《中华人民共和国产品质量法》《中华人民共和国大气污染防治法》《中华人民共和国噪声污染防治法》中对机动车的安全性和环保性的要求相互衔接、配合。机动车管理，只是一个技术性标准，对安全性能存在问题的车辆不准入户，仅仅是从使用环节限制了车辆使用人的使用权，没有对生产厂家实行有效的监督。为从根本上解决安全问题，需要对机动车的生产、市场准入、安全性能，以及对机动车排污、噪声情况实行检测、限期治理的规范等做出综合具体的规定。

6. 自行车和行人交通管理规范

我国一直被称为"自行车王国"，自行车在我国是重要的交通工具，而其他一些国家自行车主要是作为健身工具被使用的。自行车交通对交通秩序的影响相当大，目前，许多城市面临的交通难题之一就是自行车（包括电动自行车）交通秩序乱、行人交通安全设施少，法律规范不足、人们的遵章守纪意识不强，残疾人、老人、儿童交通安全保障缺少必要的设施和措施，这些直接影响着一个城市、一个地区的交通现状和城市的文明程度。

7. 强化农村及私营客运管理

从源头上消除公路客运存在的交通事故隐患。2015年年底全国农村公路（含县道、乡道、村道）里程398.06万公里，其中四级和等外公路占78.3%以上。随着农村经济的发展，农民出行迅速增多，县乡道路交通需求旺盛。但是，农村客运严重滞后，基本处于无序和自发状态，无客运线路和无专门客运车辆的现象普遍，非客运车辆载客的问题在一些农村非常突出，给群众出行造成了重大安全隐患，以致不断造成群死群伤重特大恶性交通事故。私营公路客运或个人承包、租赁、挂靠车辆存在严重事故隐患。因此，强化日常的安全监督管理，并从交通运输政策上引导其向公司化、规模化发展，严格执行客运车辆淘汰更新制度和安全生产规范，是从长

远上保障客运车辆安全的发展方向。

第二节　车辆和驾驶人

本节是关于车辆和驾驶人管理的规定，主要涉及车辆登记、检验、报废、保险和特种车辆使用，以及驾驶人驾驶资格、培训、审验、记分和驾驶车辆上道路行驶前的要求等规定。车辆和驾驶人管理是道路交通安全管理工作的基础，也是公安机关交通管理部门的管理重点。

一、机动车登记

机动车登记是指登记机关经过审查，对符合有关法律、法规和安全标准规定的机动车进行车辆检验，发放、注销机动车号牌、行驶证和机动车登记证书，建立或注销机动车档案的审批程序。机动车登记属于行政许可，是机动车管理的重要组成部分，是道路交通安全管理工作的基础之一。做好机动车登记工作，对于保证道路交通安全，维护国家机动车产业政策，保障税收都具有重要的意义。具体内容包括以下几点：

（1）机动车实行登记制度。

（2）上路行驶的机动车需要经过登记。

（3）机动车登记机关是公安机关交通管理部门（军车、武警车辆的登记分别由中国人民解放军、中国人民武装警察部队车管部门负责）。

（4）机动车未登记前上路行驶，应当申领特殊牌证。

二、机动车安全技术检验

（1）对登记后上道路行驶的机动车，应当依照法律、行政法规的规定，根据车辆用途、载客载货数量、使用年限等不同情况，定期进行安全技术检验。对提供机动车行驶证和机动车第三者责任强制保险单的，机动车安全技术检验机构应当予以检验，任何单位不得附加其他条件。对符合机动车国家安全技术标准的，公安机关交通管理部门应当发给检验合格标志。

（2）对机动车的安全技术检验实行社会化，具体办法由国务院规定。机动车安全技术检验实行社会化的地方，任何单位不得要求机动车到指定的场所进行检验。

（3）公安机关交通管理部门、机动车安全技术检验机构不得要求机动车到指定的场所进行维修、保养。

（4）机动车安全技术检验机构对机动车检验收取的费用，应当严格执行国务院价格主管部门核定的收费标准。

三、关于设立机动车第三者责任强制保险制度和道路交通事故社会救助基金的规定

1. 设立机动车第三者责任强制保险制度的规定

机动车保险分为车辆损失险、机动车第三者责任强制保险（以下简称"第三者责任险"）和附加险三种。

（1）车辆损失险。车辆损失险是以机动车自身为标的的保险。

（2）第三者责任险。第三者责任险是以应由保险人承担的对第三者的赔偿责任为标的的保

险，即被保险人或者允许的驾驶人在使用保险车辆过程中发生意外事故，致使第三者遭受人身伤亡或者财产的直接损毁，被保险人应当支付的赔偿金额，由保险公司依照规定给予补偿。

（3）附加险。附加险是机动车所有人或者管理人在投保车辆损失险或第三者责任险的基础上，选择投保的一种或几种附加险种，如玻璃破碎险等。

由于机动车未投保机动车交通事故第三者责任保险，导致肇事者无力赔偿、机动车肇事后逃逸等现象不断发生，特别是一些群死群伤的恶性重大交通事故引发了不少社会矛盾，有的甚至影响到当地的社会稳定。因此，迫切需要建立切实有效的风险管理机制和保障体系，以保护道路通行者的人身财产安全，促进道路交通安全。

《机动车交通事故责任强制保险条例》是根据《道路交通安全法》和《中华人民共和国保险法》而制定的条例。该条例于2006年3月21日以中华人民共和国国务院令第462号公布；根据2012年12月17日中华人民共和国国务院令第630号公布第2次修订。该条例是国家以立法的形式强制机动车所有人或者管理人购买机动车交通事故责任强制保险，为机动车道路交通事故的受害人提供基本保障的重大举措。

第三者责任险是责任保险的一种，许多国家均已实行。《道路交通安全法》要求必须投保第三者责任险，主要是基于交通事故的多发性、危害性。

由于机动车具有高度危险性，交通事故时有发生，善后处理工作难度较大，事故发生后，作为责任方的机动车所有人往往无力承担第三者的经济赔偿责任，使受害方得不到合理的经济补偿，影响社会安定和经济发展。因此，国家设立第三者责任险制度，机动车所有人必须参加保险（军车保险问题另定），在交通事故发生后，由保险公司赔偿，通过保险机制转移和分散风险。之所以在《道路交通安全法》中规定，主要是按照《保险法》的规定，强制性保险除法律、行政法规规定以外，保险公司和其他单位不得强制与他人订立保险合同。也正是如此，第三者责任险成为我国商业保险中唯一的强制保险。设立第三者责任险制度后，所有的机动车必须参加保险。未投保的，按照《道路交通安全法》有关规定处理。第三者责任险费率根据车辆用途、车型、使用年限，以及违章、事故记录确定；第三者责任险不以营利为目的。

2. 设立道路交通事故社会救助基金的规定

这主要是基于实施第三者责任险后，对已参加第三者责任险但保额不足、未参加第三者责任险或者肇事后逃逸的救助。肇事车辆已参加第三者责任险的，抢救费用由保险公司支付；未参加第三者责任险或者肇事后逃逸的，由道路交通事故社会救助基金先行垫付抢救费用，道路交通事故社会救助基金有权向交通事故责任人追偿。

道路交通事故社会救助基金主要是对第三者责任险制度的补充。《道路交通事故社会救助基金管理试行办法》经财政部、中国保险监督管理委员会、公安部、卫生部、农业部部务会议通过，并已于2010年1月1日起施行。该办法规定的基金为政府基金，基金来源主要是从所收取的第三者责任险保费中提取一定比例的资金、公安机关对未投保的机动车所有人的罚款以及社会捐助等。实行第三者责任险制度和设立道路交通事故社会救助基金后，确保所有交通事故的伤者都能得到及时救助。把机动车驾驶人、车辆的安全行驶记录与保险直接挂钩，实行保险费浮动制度，对违章多、事故多的车辆，要提高保险费；对安全行驶好的，降低保险费并逐年累进，运用经济杠杆保障交通安全。

四、关于驾驶机动车资格的规定

机动车是高度危险的交通工具,上路行驶对驾车者、乘客和社会公众的人身及财产安全都具有很大的威胁。驾驶机动车应当有驾驶证是国际惯例,也是保证交通安全的需要,有两层含义:①驾驶机动车应当有驾驶证;②驾驶证应依法取得。

《机动车驾驶证申领和使用规定》是由公安部出台的关于指导机动车驾驶证申领和使用的权威行政法令。该规定经过历次修改,分别为《公安部令第71号》(已废止)、《公安部令第91号》(已废止)、《公安部令第111号》(已废止)、《公安部令第123号》(已废止)。2016年1月29日,中华人民共和国公安部部长签署了《公安部关于修改<机动车驾驶证申领和使用规定>的决定》,该决定为公安部令第139号。

1. 机动车驾驶证

机动车驾驶证是指依法允许学习驾驶机动车的人员,经过学习,掌握了交通法规知识和驾驶技术后,经管理部门考核合格,核发准予驾驶某一类型机动车的法律凭证。机动车驾驶证按照管理分为民用机动车驾驶证、军用机动车驾驶证和武警机动车驾驶证,其分别由公安、军队、武警车辆管理部门核发和管理。拖拉机的驾驶证,由农业(农业机械)主管部门发放。我国现行的民用驾驶证分为中华人民共和国机动车驾驶证(以下简称机动车驾驶证)、中华人民共和国机动车学习驾驶证(简称学习驾驶证)、中华人民共和国机动车临时驾驶证(简称临时驾驶证)。

机动车驾驶人准予驾驶的车型顺序依次分为:大型客车、牵引车、城市公交车、中型客车、大型货车、小型汽车、小型自动挡汽车、低速载货汽车、三轮汽车、残疾人专用小型自动挡载客汽车、普通三轮摩托车、普通二轮摩托车、轻便摩托车、轮式自行机械车、无轨电车和有轨电车。

机动车驾驶证记载和签注以下内容。

(1)机动车驾驶人信息:姓名、性别、出生日期、国籍、住址、身份证明号码(机动车驾驶证号码)、照片。

(2)车辆管理所签注内容:初次领证日期、准驾车型代号、有效期限、核发机关印章、档案编号。

机动车驾驶证有效期分为六年、十年和长期。

2. 关于申领机动车驾驶证的规定

(1)机动车驾驶证许可条件。申请机动车驾驶证的人,应当符合下列规定:

1)年龄条件:

① 申请小型汽车、小型自动挡汽车、残疾人专用小型自动挡载客汽车、轻便摩托车准驾车型的,在18周岁以上、70周岁以下。

② 申请低速载货汽车、三轮汽车、普通三轮摩托车、普通二轮摩托车或者轮式自行机械车准驾车型的,在18周岁以上、60周岁以下。

③ 申请城市公交车、大型货车、无轨电车或者有轨电车准驾车型的,在20周岁以上,50周岁以下。

④ 申请中型客车准驾车型的,在21周岁以上,50周岁以下。

⑤ 申请牵引车准驾车型的,在24周岁以上,50周岁以下。

⑥ 申请大型客车准驾车型的，在26周岁以上，50周岁以下。

⑦ 接受全日制驾驶职业教育的学生，申请大型客车、牵引车准驾车型的，在20周岁以上，50周岁以下。

2）身体条件：

① 身高：申请大型客车、牵引车、城市公交车、大型货车、无轨电车准驾车型的，身高为155厘米以上。申请中型客车准驾车型的，身高为150厘米以上。

② 视力：申请大型客车、牵引车、城市公交车、中型客车、大型货车、无轨电车或者有轨电车准驾车型的，两眼裸视力或者矫正视力达到对数视力表5.0以上。申请其他准驾车型的，两眼裸视力或者矫正视力达到对数视力表4.9以上。单眼视力障碍，优眼裸视力或者矫正视力达到对数视力表5.0以上，且水平视野达到150度的，可以申请小型汽车、小型自动挡汽车、低速载货汽车、三轮汽车、残疾人专用小型自动挡载客汽车准驾车型的机动车驾驶证。

③ 辨色力：无红绿色盲。

④ 听力：两耳分别距音叉50厘米能辨别声源方向。有听力障碍但佩戴助听设备能够达到以上条件的，可以申请小型汽车、小型自动挡汽车准驾车型的机动车驾驶证。

⑤ 上肢：双手拇指健全，每只手其他手指必须有三指健全，肢体和手指运动功能正常。但手指末节残缺或者左手有三指健全，且双手手掌完整的，可以申请小型汽车、小型自动挡汽车、低速载货汽车、三轮汽车准驾车型的机动车驾驶证。

⑥ 下肢：双下肢健全且运动功能正常，不等长度不得大于5厘米。但左下肢缺失或者丧失运动功能的，可以申请小型自动挡汽车准驾车型的机动车驾驶证。

⑦ 躯干、颈部：无运动功能障碍。

⑧ 右下肢、双下肢缺失或者丧失运动功能但能够自主坐立，且上肢符合第⑤项规定的，可以申请残疾人专用小型自动挡载客汽车准驾车型的机动车驾驶证。一只手掌缺失，另一只手拇指健全，其他手指有两指健全，上肢和手指运动功能正常，且下肢符合第⑥项规定的，可以申请残疾人专用小型自动挡载客汽车准驾车型的机动车驾驶证。

3）有下列情形之一的，不得申请机动车驾驶证

① 有器质性心脏病、癫痫病、美尼尔氏症、眩晕症、癔症、震颤麻痹、精神病、痴呆以及影响肢体活动的神经系统疾病等妨碍安全驾驶疾病的。

② 三年内有吸食、注射毒品行为或者解除强制隔离戒毒措施未满三年，或者长期服用依赖性精神药品成瘾尚未戒除的。

③ 造成交通事故后逃逸构成犯罪的。

④ 饮酒后或者醉酒驾驶机动车，发生重大交通事故构成犯罪的。

⑤ 醉酒驾驶机动车或者饮酒后驾驶营运机动车，依法被吊销机动车驾驶证未满五年的。

⑥ 醉酒驾驶营运机动车，依法被吊销机动车驾驶证未满十年的。

⑦ 因其他情形依法被吊销机动车，驾驶证未满二年的。

⑧ 驾驶许可依法被撤销未满三年的。

⑨ 法律、行政法规规定的其他情形。

未取得机动车驾驶证驾驶机动车，有第⑤项至第⑦项行为之一的，在规定期限内不得申请机动车驾驶证。

（2）申请程序。

1）在户籍所在地居住的，应当在户籍所在地提出申请。

2）在户籍所在地以外居住的，可以在居住地提出申请。

3）现役军人（含武警），应当在居住地提出申请。

4）境外人员，应当在居留地或者居住地提出申请。

5）申请增加准驾车型的，应当在所持机动车驾驶证核发地提出申请。

6）接受全日制驾驶职业教育，申请增加大型客车、牵引车准驾车型的，应当在接受教育地提出申请。

3. 机动车驾驶人考试

（1）机动车驾驶人考试内容分为道路交通安全法律、法规和相关知识考试科目（以下简称"科目一"）、场地驾驶技能考试科目（以下简称"科目二"）、道路驾驶技能和安全文明驾驶常识考试科目（以下简称"科目三"）。考试内容和合格标准全国统一，根据不同准驾车型规定相应的考试项目。

（2）各科目考试的合格标准。

1）科目一满分为100分，成绩达到90分的为合格。

2）科目二满分为100分，考试大型客车、牵引车、城市公交车、中型客车、大型货车准驾车型的，成绩达到90分的为合格，其他准驾车型的成绩达到80分的为合格。

3）科目三满分分别为100分，成绩分别达到90分的为合格。

（3）申请人在道路上学习驾驶，应当随身携带学习驾驶证明，使用教练车或者学车专用标识签注的自学用车，在教练员或者学车专用标识签注的指导人员随车指导下，按照公安机关交通管理部门指定的路线、时间进行。

申请人为自学直考人员的，在道路上学习驾驶时，应当在自学用车上按规定放置、粘贴学车专用标识，自学用车不得搭载随车指导人员以外的其他人员。

（4）每个科目考试一次，考试不合格的，可以补考一次。不参加补考或者补考仍不合格的，本次考试终止，申请人应当重新预约考试，但科目二、科目三考试应当在10日后预约。科目三安全文明驾驶常识考试不合格的，已通过的道路驾驶技能考试成绩有效。

在学习驾驶证明有效期内，科目二和科目三道路驾驶技能考试预约考试的次数不得超过五次。第五次预约考试仍不合格的，已考试合格的其他科目成绩作废。

（5）直辖市、设区的市或者相当于同级的公安机关交通管理部门应当每月向社会公布辖区内驾驶培训机构的考试合格率、三年内驾龄驾驶人交通违法率和交通肇事率等信息，按照考试合格率对驾驶培训机构培训质量公开排名，并通报培训主管部门。

对三年内驾龄驾驶人发生一次死亡三人以上交通事故且负主要以上责任的，省级公安机关交通管理部门应当倒查车辆管理所考试、发证情况，向社会公布倒查结果。对三年内驾龄驾驶人发生一次死亡1~2人的交通事故且负主要以上责任的，直辖市、设区的市或者相当于同级的公安机关交通管理部门应当组织责任倒查。

（6）申请人考试合格后，应当接受不少于半小时的交通安全文明驾驶常识和交通事故案例警示教育，并参加领证宣誓仪式。

车辆管理所应当在申请人参加领证宣誓仪式的当日核发机动车驾驶证。

机动车驾驶人在机动车驾驶证的六年有效期内,每个记分周期均未记满12分的,换发十年有效期的机动车驾驶证;在机动车驾驶证的十年有效期内,每个记分周期均未记满12分的,换发长期有效的机动车驾驶证。

4. 机动车驾驶人管理

(1)道路交通安全违法行为累积记分周期(即记分周期)为12个月,满分为12分,从机动车驾驶证初次领取之日起计算。

依据道路交通安全违法行为的严重程度,一次记分的分值为:12分、6分、3分、2分、1分五种。

对机动车驾驶人的道路交通安全违法行为,处罚与记分同时执行。机动车驾驶人一次有两个以上违法行为记分的,应当分别计算,累加分值。机动车驾驶人在一个记分周期内累积记分达到12分的,公安机关交通管理部门应当扣留其机动车驾驶证。

具体道路交通安全违法行为记分分值如下:

1)机动车驾驶人有下列违法行为之一,一次记12分:

① 驾驶与准驾车型不符的机动车的。

② 饮酒后驾驶机动车的。

③ 驾驶营运客车(不包括公共汽车)、校车载人超过核定人数20%以上的。

④ 造成交通事故后逃逸,尚不构成犯罪的。

⑤ 上道路行驶的机动车未悬挂机动车号牌的,或者故意遮挡、污损、不按规定安装机动车号牌的。

⑥ 使用伪造、变造的机动车号牌、行驶证、驾驶证、校车标牌或者使用其他机动车号牌、行驶证的。

⑦ 驾驶机动车在高速公路上倒车、逆行、穿越中央分隔带掉头的。

⑧ 驾驶营运客车在高速公路车道内停车的。

⑨ 驾驶中型以上载客载货汽车、校车、危险物品运输车辆在高速公路、城市快速路上行驶超过规定时速20%以上,或者在高速公路、城市快速路以外的道路上行驶超过规定时速50%以上,以及驾驶其他机动车行驶超过规定时速50%以上的。

⑩ 连续驾驶中型以上载客汽车、危险物品运输车辆超过4小时未停车休息或者停车休息时间少于20分钟的。

⑪ 未取得校车驾驶资格驾驶校车的。

2)机动车驾驶人有下列违法行为之一,一次记6分:

① 机动车驾驶证被暂扣期间驾驶机动车的。

② 驾驶机动车违反道路交通信号灯通行的。

③ 驾驶营运客车(不包括公共汽车)、校车载人超过核定人数未达20%的,或者驾驶其他载客汽车载人超过核定人数20%以上的。

④ 驾驶中型以上载客载货汽车、校车、危险物品运输车辆在高速公路、城市快速路上行驶超过规定时速未达20%的。

⑤ 驾驶中型以上载客载货汽车、校车、危险物品运输车辆在高速公路、城市快速路以外的道路上行驶或者驾驶其他机动车行驶超过规定时速20%以上未达到50%的。

⑥ 驾驶货车载物超过核定载质量30%以上或者违反规定载客的。
⑦ 驾驶营运客车以外的机动车在高速公路车道内停车的。
⑧ 驾驶机动车在高速公路或者城市快速路上违法占用应急车道行驶的。
⑨ 低能见度气象条件下，驾驶机动车在高速公路上不按规定行驶的。
⑩ 驾驶机动车运载超限的不可解体的物品，未按指定的时间、路线、速度行驶或者未悬挂明显标志的。
⑪ 驾驶机动车载运爆炸物品、易燃易爆化学物品以及剧毒、放射性等危险物品，未按指定的时间、路线、速度行驶或者未悬挂警示标志并采取必要的安全措施的。
⑫ 以隐瞒、欺骗手段补领机动车驾驶证的。
⑬ 连续驾驶中型以上载客汽车、危险物品运输车辆以外的机动车超过4小时未停车休息或者停车休息时间少于20分钟的。
⑭ 驾驶机动车不按照规定避让校车的。

3）机动车驾驶人有下列违法行为之一，一次记3分：
① 驾驶营运客车（不包括公共汽车）、校车以外的载客汽车载人超过核定人数未达20%的。
② 驾驶中型以上载客载货汽车、危险物品运输车辆在高速公路、城市快速路以外的道路上行驶或者驾驶其他机动车行驶超过规定时速未达20%的。
③ 驾驶货车载物超过核定载质量未达30%的。
④ 驾驶机动车在高速公路上行驶低于规定最低时速的。
⑤ 驾驶禁止驶入高速公路的机动车驶入高速公路的。
⑥ 驾驶机动车在高速公路或者城市快速路上不按规定车道行驶的。
⑦ 驾驶机动车行经人行横道，不按规定减速、停车、避让行人的。
⑧ 驾驶机动车违反禁令标志、禁止标线指示的。
⑨ 驾驶机动车不按规定超车、让行的，或者逆向行驶的。
⑩ 驾驶机动车违反规定牵引挂车的。
⑪ 在道路上车辆发生故障、事故停车后，不按规定使用灯光和设置警告标志的。
⑫ 上道路行驶的机动车未按规定定期进行安全技术检验的。

4）机动车驾驶人有下列违法行为之一，一次记2分：
① 驾驶机动车行经交叉路口不按规定行车或者停车的。
② 驾驶机动车有拨打、接听手持电话等妨碍安全驾驶的行为的。
③ 驾驶二轮摩托车，不戴安全头盔的。
④ 驾驶机动车在高速公路或者城市快速路上行驶时，驾驶人未按规定系安全带的。
⑤ 驾驶机动车遇前方机动车停车排队或者缓慢行驶时，借道超车或者占用对面车道、穿插等候车辆的。
⑥ 不按照规定为校车配备安全设备，或者不按照规定对校车进行安全维护的。
⑦ 驾驶校车运载学生，不按照规定放置校车标牌、开启校车标志灯，或者不按照经审核确定的线路行驶的。
⑧ 校车上下学生，不按照规定在校车停靠站点停靠的。
⑨ 校车未运载学生上道路行驶，使用校车标牌、校车标志灯和停车指示标志的。

⑩ 驾驶校车上道路行驶前，未对校车车况是否符合安全技术要求进行检查，或者驾驶存在安全隐患的校车上道路行驶的。

⑪ 在校车载有学生时给车辆加油，或者在校车发动机引擎熄灭前离开驾驶座位的。

5）机动车驾驶人有下列违法行为之一，一次记1分：

① 驾驶机动车不按规定使用灯光的。

② 驾驶机动车不按规定会车的。

③ 驾驶机动车载货长度、宽度、高度超过规定的。

④ 上道路行驶的机动车未放置检验合格标志、保险标志，未随车携带行驶证、机动车驾驶证的。

（2）扣留机动车驾驶证后，机动车驾驶人应当在15日内到机动车驾驶证核发地或者违法行为地公安机关交通管理部门参加为期7日的道路交通安全法律、法规和相关知识学习。机动车驾驶人参加学习后，车辆管理所应当在20日内对其进行道路交通安全法律、法规和相关知识考试。考试合格的，记分予以清除，发还机动车驾驶证；考试不合格的，继续参加学习和考试。拒不参加学习，也不接受考试的，由公安机关交通管理部门公告其机动车驾驶证停止使用。

机动车驾驶人在一个记分周期内有两次以上达到12分或者累积记分达到24分以上的，车辆管理所还应当在道路交通安全法律、法规和相关知识考试合格后10日内对其进行道路驾驶技能考试。接受道路驾驶技能考试的，按照本人机动车驾驶证载明的最高准驾车型考试。

（3）机动车驾驶人初次申请机动车驾驶证和增加准驾车型后的12个月为实习期。在实习期内驾驶机动车的，应当在车身后部粘贴或者悬挂统一式样的实习标志。

机动车驾驶人在实习期内不得驾驶公共汽车、营运客车或者执行任务的警车、消防车、救护车、工程救险车以及载有爆炸物品、易燃易爆化学物品、剧毒或者放射性等危险物品的机动车；驾驶的机动车不得牵引挂车。

驾驶人在实习期内驾驶机动车上高速公路行驶，应当由持相应或者更高准驾车型驾驶证三年以上的驾驶人陪同。

（4）校车驾驶人应当依法取得校车驾驶资格，取得校车驾驶资格应当符合下列条件：

1）取得相应准驾车型驾驶证并具有三年以上驾驶经历，年龄在25周岁以上、不超过60周岁。

2）最近连续三个记分周期内没有被记满12分记录。

3）无致人死亡或者重伤的交通事故责任记录。

4）无酒后驾驶或者醉酒驾驶机动车记录，最近一年内无驾驶客运车辆超员、超速等严重交通违法行为记录。

5）无犯罪记录。

6）身心健康，无传染性疾病，无癫痫病、精神病等可能危及行车安全的疾病病史，无酗酒、吸毒行为记录。

五、安全检查与安全驾驶

保持车况良好是安全、正常行驶的必备条件之一。由于车辆检查、检修、保养得不仔细，致使行驶中车辆发生故障，不能继续行驶，或因故障造成道路交通事故的情况屡见不鲜。为此，《道路交通安全法》规定，驾驶人驾驶机动车上路行驶前，应当对机动车的安全技术性能进行认真检查，不得驾驶安全设施不全或者机件不符合技术标准等具有安全隐患的机动车。

上路前对机动车的安全技术性能进行检查。安全技术性能是指保证机动车安全行驶所必需的安全技术要求。主要通过人工检查，确定机动车装备的完整性（含照明、信号、喇叭、轮胎等）、各部件连接紧固情况及总成技术状况，检查后视镜、刮水器、燃油、水箱、防冻液等情况。通过发动车辆、踩离合器、踩制动、挂挡、加油、打转向盘等，检查车辆的发动机、操纵性能、制动性能是否符合《机动车运行安全技术条件》。通过检查，发现机动车安全设施不全或者机件不符合技术标准存在安全隐患的，应当立即处理，处理前不得驾驶其上路行驶。不得驾驶安全设施不全或者机件不符合技术标准存在安全隐患的机动车，还包含另一层含义：在检查完毕未发现问题而上路行驶的机动车，在行驶中又发现机动车有影响安全驾驶的故障或安全隐患的，应当立即停车处理，不得"带病行驶"。

"驾驶人驾驶机动车上道路行驶前，应当对机动车的安全技术性能进行认真检查"的规定，把着眼点放在驾驶人身上，把驾驶人检查车辆规定为其应当履行的义务。而原《道路交通管理条例》第十九条只是规定机动车必须达到的安全技术条件，将着眼点放在机动车本身上。

每一位机动车驾驶人都要时刻牢记"预防为主，安全第一"的原则，克服麻痹、侥幸心理，按要求对机动车进行定期保养。发车前和收车后要养成检查车辆的习惯。发现车辆有故障，应当及时修理，坚决杜绝冒险行驶。

第三节　道路通行条件

本节是关于道路通行条件的规定。保障"道路为交通所用"是本节立法的基本出发点。道路通行条件是指为保障道路交通有序、安全、畅通而对道路、交通信号灯、交通标志、交通标线及其他交通设施提出的基本要求。

一、道路交通信号设置的规定

此规定就是要求道路交通信号按国家道路交通的设置要求，保持完善、良好，凡毁损、灭失、欠缺的必须予以修复、补充、更新，不能让道路交通参与者在道路通行中无所适从。

在适用此条时，应当注意以下几个问题：

（1）道路交通信号必须按国家颁布的标准进行设置，不得设置与国家颁布的标准不一致的道路交通信号。

（2）交通警察的手势信号要优于其他道路交通信号。

（3）交通信号的设置必须符合道路交通安全、畅通的要求和国家规定的标准，不得擅自更改。

（4）对增设、调换、更新限制性交通信号的，必须提前向社会公告。

二、道路、停车场及道路配套设施规划、设计、建设的规定

此条从确保道路交通安全畅通的角度对道路、停车场及道路配套设施提出规划、设计、建设要求。

道路、停车场和道路配套设施，共同构成道路交通系统。道路交通系统组建得合理，就可以获得较高的总体运行效益，同时也便于管理与控制。道路交通系统组建是否合理，很大程度上取决于规划、设计。我国道路交通正处于发展阶段，现有道路交通系统还不能满足日益增长的交通需求。所以，有计划地合理改变目前的状况，搞好道路交通系统的规划与设计显得十分重要。

道路交通系统的规划与设计，有总体规划与设计和详细规划与设计两个阶段。总体规划与设计，就是要对城市各项建设布局和环境进行全面安排，如选择交通用地，确定规划与设计区域，布置道路交通系统和主要交通设施的位置，综合其他公共设施。详细规划与设计，就是在总体规划与设计的基础上，对道路系统做出详细、具体的规划与设计，为各项道路交通工程提供依据。道路交通系统的规划与设计，必须考虑交通的吸引点、交通流量及其时空分布、交通运输工具的构成和差别，从交通速度的角度进行合理分流，安排机动车和非机动车分道行驶，组成一个合理、快捷、有序的客货运输系统和车辆驻留、停放系统。

道路交通系统的规划与设计，除考虑工程学的因素外，还必须充分考虑各种交通流的有序、安全运行等因素。因为道路交通是由人、车辆、交通路线和服务设施共同构成的，处于一个复杂的、变化较大的环境中，其运行的效益通常要从安全、畅通和经济等方面来衡量。可以说，道路交通的规划与设计如果缺乏对交通流安全、畅通的考虑，就是一个失败的规划与设计。

（1）道路的规划与设计。道路的规划与设计，必须依据道路的功能，即生活性道路和交通性道路来对道路进行分类，并根据道路交通的需求，分清道路功能，组建合理的交通运输网络，使各区域之间、区域之内有方便、安全的交通联系，以保证整个交通的畅通与安全。

（2）停车场的规划与设计。停车场是指供各种机动车和非机动车停放的露天或者室内场所，是道路交通系统的重要组成部分，被人们称为"静态交通"。停车场的规划与设计，对道路交通系统的完善、有效影响很大：①规划、设计合理就能有效地吸储需要停放的车辆，让出更多的通行道路；②规划、设计合理的停车场所，能够减少道路交通的拥堵，使道路交通更加畅通；③可以直接服务于大型宾馆、饭店、商店、体育场馆的交通需求。停车场的规划、设计除遵守"符合城市规划，保障道路交通安全畅通"的原则外，还要求必须与主体工程同时规划、同时设计、同时建设和同时使用。

（3）道路配套设施。道路配套设施是指根据经验和技能把建筑材料组合在一起但不直接供人们在内进行生产、生活或其他社会活动的附着于地面的人工建造物，如桥梁、堤坝、隧道、涵洞、路灯和护栏等。

道路交通流会随着城市功能的变迁、商业中心的转移而发生变化，形成新的交通需求，道路交通的各种附属设施、安全设施也理应随着道路交通流重点的迁移而进行调整。这种调整有重大的、区域性的调整，也有路段通行限制的调整。例如，一些城市在商业繁忙的地段设立了步行街区，禁止机动车辆的通行；一些城市的道路无法进行大面积的改造、扩建，设立单向行驶区域等。这就要求先行规划、设计，广泛征求社会意见，及时调整交通安全设施的道路附属设施，最大限度地确保道路交通的安全、畅通，服务经济发展和人们出行需求。

三、占用道路施工的交通管理措施的规定

（1）因工程建设需要占用、挖掘道路，或者跨越、穿越道路架设、增设管线设施，应当事先征得道路主管部门的同意；影响交通安全的，还应当征得公安机关交通管理部门的同意。

（2）施工作业单位应当在经批准的路段和时间内施工作业，并在距离施工作业地点来车方向安全距离处设置明显的安全警示标志，采取防护措施；施工作业完毕，应当迅速清除道路上的障碍物，消除安全隐患，经道路主管部门和公安机关交通管理部门验收合格，符合通行要求后，方可恢复通行。

（3）对未中断交通的施工作业道路，公安机关交通管理部门应当加强交通安全监督检查，

维护道路交通秩序。

第四节 道路通行规定

有关道路通行条件的规定,从道路通行的一般规定、机动车通行规定、非机动车通行规定、行人和乘车人通行规定、高速公路特别规定五个方面对道路通行做了基本的规范,提出了道路通行中最具稳定性、社会效果性的合理解决办法。同时,由于道路通行的具体规定技术性、操作性强,其中有的内容还会随着道路交通安全情况的发展而有所变化。

一、机动车、非机动车、行人各行其道的规定

各行其道是指车辆、行人按照道路交通法规的规定在准许通行的区域、道路或道路的某一部位上通行,是通行的基本原则之一。机动车、非机动车、行人按照道路的划分在各自的道路空间里通行,是将在道路上通行的各种交通流从空间上进行分离的措施,也是公安机关交通管理部门组织交通的重要手段。

车辆、行人之所以要分道通行,主要是由车辆、行人本身的因素决定的。①车辆的外廓尺寸,即各种车辆的长度、宽度和高度不相同,有较宽的各种机动车,也有仅0.5~1.6米宽的各种非机动车;②载质量不相同,有载质量几吨至几十吨,甚至百吨以上的大货车,也有载质量仅为几十千克的机动车或非机动车;③行驶速度很不相同,有的机动车时速达一百多公里,有的时速却只有十几公里;④行人与车辆相比,行人是弱者,为保护行人通行的安全,有必要明确划出行人的通行空间。为解决这些差别就要求在有条件的道路上划分机动车道、非机动车道和人行道,无条件的道路则规定其必须在各自的道路部位通行,这样才能减少交通参与者之间的相互干扰。此规定对于保护交通参与者的合法权益,保障交通安全,维护交通畅通有着十分重要的作用。

(1)机动车道是指公路、城市道路的车行道(道路两侧之间或公路上铺装路面部分,专供车辆通行的)上右侧第一条车辆分道线至中心线(无中心线的,以几何中心线为准)之间的车道,除特殊情况外,专供机动车行驶。

(2)非机动车道是指公路、城市道路上的车行道上自右侧人行道牙(线)至第一条车辆分道线(或隔离带、墩)之间或者在人行道上划出的车道,除特殊情况外,专供非机动车行驶。

(3)人行道(在城市有连续建筑群的街道)是指从标出车行道界线的路缘石、缘石(流水石)起至房基线高出车行道的部分,专供行人通行。在胡同(里巷)、公共广场、公共停车场、单位出口处将人行道截断部分,虽是行人和车辆共同通行的同一地带,但仍应视为是被截断了的人行道,车辆行经有行人通过此处时,须减速或停车让行,以保证安全。对人流超饱和的人行道,视情况还可将车行道划出一部分作为人行道,以护栏为界,禁止车辆驶入。

交通参与人的道路通行权包含两层含义:①机动车、非机动车、行人应当在各自己划分的范围里通行,即机动车走机动车道,非机动车走非机动车道,行人走人行道;②如道路没有划分范围的,机动车一般应当在道路中间通行。非机动车从道路(不含路肩)右侧边缘线算起,通行路面宽度为:自行车不能超过1.5米、三轮车不能超过2.2米、畜力车不能超过2.6米、残疾人机动轮椅车不能超过1.6米、电动自行车不能超过1.5米。行人从道路(不含路肩)右侧边缘线算

起，通行路面宽度一般不能超过1米。

二、交通信号的规定

交通信号是指在道路上示意车辆、行人如何通行的各种交通指挥信息的总称。

道路交通安全法中规定的交通信号有交通信号灯（含指挥灯信号、车道灯信号、人行横道灯信号）、交通标志、交通标线、交通警察的指挥（含交通指挥棒信号、手势信号）四种。四种类型的交通信号之间的关系是：车辆、行人应当遵守交通信号灯、交通标志、交通标线的规定，并按交通警察的指挥通行；车辆和行人遇有交通信号灯、交通标志、交通标线的规定与交通警察的指挥不一致时，应当服从交通警察的指挥；若该道路无任何交通信号，其通行应当以确保安全、畅通为原则。如果行为人由于未遵守确保安全、畅通的原则，导致发生事故或者堵塞，该行为人应当承担法律责任。

1. 交通信号灯

（1）指挥灯信号。这是目前我国和世界各地普遍使用的信号，它的特点是灯色明快、光源较强、信号清晰醒目、视认性好。

1）绿色光的波长仅次于红、橙、黄三色，可以产生较远的显示距离，给人以舒适、恬静、安全的感觉，因此用作"准许通行"的信号。绿灯亮时，准许车辆、行人通行，但转弯的车辆不准妨碍直行的车辆和被放行的行人通行。

2）黄色光使人产生一种危险出现，需要注意的感觉。黄灯信号用作于绿灯信号已经熄灭，红灯信号即将发亮的过渡信号。这个信号亮时，不准车辆、行人通行，但为了清空路口以变换信号，对于已超过停止线的车辆和已进入人行横道的行人，可以继续通行。

3）红色有比较危险的感觉，用作禁止通行信号，规定红灯亮时是停止信号，不准车辆、行人通行。

4）绿色箭头灯是指绿灯中带有左转弯、直行、右转弯导向箭头的交通指挥灯信号，一般安装在交通繁杂、需要引导交通流的交叉路口。当其亮时，车辆均被允许按箭头所示方向通行。

5）黄灯闪烁时，该路口视为没有指挥灯控制的路口，车辆、行人须确保安全通行。

6）右转弯的车辆和T形路口右边无横道的直行车辆，在黄灯信号或红灯信号亮时，在不妨碍被放行的车辆和行人通行的情况下，可以通行。

（2）车道灯信号。车道灯信号由绿色箭头灯和红色叉形灯组成，设在需要单独指挥的车道上方，只对在该车道行驶的车辆起指挥作用。绿色箭头灯亮时，准许面对箭头灯的车辆进入绿色箭头所指的车道内通行；红色叉形灯亮时，不准面对红色叉形灯的车辆进入红色叉形灯下方的车道通行。设置车道灯的目的，是为适应交通信号灯线控制或区域控制的需要，用以提示车辆驾驶人前方车道能否通行，如不能通行，须驶入绿色箭头灯下方的车道通行，以免造成交通堵塞。

（3）人行横道灯信号。人行横道灯信号主要设于交通繁杂的路口和路段，用于保证行人安全有序地横过马路。在路口，它设立在人流较多的交叉路口的人行横道线的两端，面对车行道，与道路中心线垂直，与交通信号灯相联系且同步使用。人行横道灯信号分绿、红两种灯色，在绿灯镜面是行走人的形象，在红灯镜面是站立人的形象，绿灯亮时，是通行信号，准许行人通过人行横道；绿灯闪烁时，是预告人停止通行信号，不准行人进入人行横道，但已进入人行横道的，可以继续通行；红灯亮时，是禁止通行信号，不准行人进入人行横道。

2. 交通标志和标线

（1）道路交通标志。道路交通标志是指用图形符号、文字向驾驶人员及行人传递法定信息，用以管制、警告及引导交通的安全设施，它在现代道路交通管理中发挥着重要作用。实践证明，合理设置道路交通标志，可以平缓交通，提高道路通行能力，减少交通事故，预防交通堵塞，节省能源，美化道路环境。

（2）道路交通标线。道路交通标线是指以规定的线条、箭头、文字、立面标记、突起路标或其他导向装置，划设于路面或其他设施上，用以管制和引导交通的设施。车辆驾驶人在道路上安全高速地行驶，有赖于道路线向的轮廓分明，在路面标线和视线诱导设施的指引下，建立了行进方向的参照系，对其视野范围中更远的道路走向树立了信心。因此，路面标线是引导驾驶人视线，管制驾驶人驾车行为的重要手段，它可以确保车流分道行驶，导流交通行驶方向，指引车辆在汇合或分流前进入合适的车道，加强车辆行驶纪律和秩序，促使更好地组织交通。正确设置交通标线能合理地利用道路有效面积，改善车流行驶条件，增加道路通行能力，减少交通事故。

据史书记载，我国早在4 600多年前的黄帝时代，就在路旁设置土堆来记里指路，后来又改用铜表、石碑、亭台、牌坊等设施，不仅起到记里指路的作用，还借文字示意起到禁令、指示的作用。像我国封建时代许多地方竖立刻有"官员人等至此下马"字样的石碑，就是指示人们应当怎样行为的指示标志，这可以说是我国早期交通标志的雏形。但是到了近代，与发达国家相比，我国道路交通标志、标线处于相对落后的状况。为了改变这一落后状况，与国际标准接轨，在综合分析国外现行标准和有关研究成果的基础上，结合我国现行规则、标准和道路交通特点，通过针对性对比、验证、评比，制定了既具有中国特色，又与国际标准相一致的交通标志和交通标线国家标准。改革开放以来，我国道路交通标志、标线，不仅在数量上，而且在设施的品种、规格和质量上也有突破性的进展。新产品、新技术得到了广泛的应用，道路交通标志由普通铁质不反光标志发展成为较高等级的铝质定向反光标志；道路交通标线也已逐步开始使用了热塑型反光标线。道路交通标志、标线的发展，反映了我国交通管理工作科学化、现代化的管理水平，说明了现代化的交通需要科学化、现代化的交通管理，需要先进的、现代化的道路交通标志和标线。

我国现行的交通标志、标线规定是GB 5768—2009《道路交通标志和标线》。该国标中的交通标志分为主标志（236个）和辅助标志（20个）两大类，总共有各类标志256个。主标志又分为警告（47）、禁令（51）、指令（36）、指路（77）、旅游区（17）、道路作业区（1）、告示（7）共七类。交通标线分为指示标线（48）、禁止标线（22）和警告标线（14）共三类，总共84种。

三、交通警察的指挥

1. 交通指挥棒信号

用指挥棒指挥交通，在国际上已有较长历史，我国是从1955年开始的，如今在交通管理实践中已较为少见。1955年《城市交通规则》第八条规定，"交通民警使用指挥棒指挥交通"，原《道路交通管理条例》第十三条规定了交通指挥棒信号的种类和含义：指挥棒信号分为直行信号、左转弯信号、停止信号三种。

2. 手势信号

手势信号在各种交通信号中是产生最早的一种信号。它经历了由简到繁，由自由式到规范化的过程。在交通指挥信号已进入自动化、现代化的今天，仍为许多国家保留使用。它的特点是：

（1）迅速灵活。因为是徒手操作是"人到信号到，只需举手之劳"，且能根据突变的交通情况，灵活地指挥疏导。

（2）运用广泛。从时间上讲，除能见度差的天气外，其他时间都能使用；从地点上讲，它不受交通场合的限制，不论路口、路段、停车场、事故现场、集会、路阻等各种场合都能使用；从指挥对象上讲，它既适合于各种车辆驾驶人，也适用于行人。

（3）一目了然，简便易懂。它的动作表示是行是停与人们日常生活习惯动作近似。例如，直行信号，手臂指向所去方向，五指并拢，手掌向前，近似文明礼貌中的"请向前走"的习惯动作；又如左转弯信号，右臂向前平伸，手掌向前，既是示意交警前方的车辆停驶，给左转弯车辆让行，近似人们生活中表示"不行"的习惯动作；再如示意放行方向，近似"给人指路"的习惯动作。

（4）权威性高。手势信号是在现场经过人的大脑对交通情况做出的迅速反应而发出的，具有最好的适时性和最高的准确性，它既可以单独使用，也可以与指挥灯信号配合使用，以弥补指挥灯内容的不足，并且比指挥灯具有更高的权威。例如，被绿灯放行的机动车正在通过路口时，交警发现有自行车突然猛拐可能与其相撞时，交警向机动车发出停止信号，机动车驾驶人也必须服从。

对于手势信号，我国1950年、1951年制定的交通法规都有明确规定，但因当时规定得过于烦琐，加大了交警的劳动强度，1955年《城市交通规则》将其取消，规定"交通民警使用交通指挥棒指挥交通"。但是由于手势信号具有上述优点，所以30多年来实际上一直没有停止使用，只是不作为正式信号而作为辅助信号使用罢了。在使用中，交通警察通过排劣取优，不断完善，经过整理、概括的手势信号动作更趋于简便、标准、规范，对指挥疏导交通发挥了很大的作用。近年来在许多城市制定的地方性交通规则中都对手势信号做出了具体规定。为进一步规范交通警察手势信号，提高交通警察的指挥效能，保障道路交通安全畅通，根据《道路交通安全法》及其实施条例，公安部对1996年3月18日发布的手势信号进行了修改，并决定从2007年10月1日起在全国正式施行。新的手势信号由原来的三种增加到八种。新的八种交通警察手势信号为：停止信号、直行信号、左转弯信号、左转弯待转信号、右转弯信号、变道缓行信号、减速慢行信号、示意车辆靠边停车信号。

鉴于手势信号是由交通警察立正姿势、面向、目光和动作四个方面组成的，人们也是从这四个方面识别信号含义而令行禁止的。因此，交通警察在显示手势信号时，一定要严肃认真、一丝不苟。

四、机动车通行的规定

（1）道路交通安全法取消了最高时速和最低时速的具体规定，但并不是取消了车速限制。具体车速规定体现在限速标志上，或在相关配套法规中解决。俗话说："十次事故九次快。"事实也证明了这一点，大量的交通事故都是与行车时没有按规定时速行驶有关，超速行驶可以说是"隐形杀手"，原因在于以下几点：

1）超速行驶，视力下降，判断不准。驾驶人在行车中的视力称为动视力。一般来说，动视力比静止时视力低10%～20%。动视力与速度成反比，车速越快，视力下降越多。科学试验表明，当时速达72公里时，视力为1.2的驾驶人，此时视力会下降到0.7。此外，随着车速增加，驾驶的视认距离也在缩短,当时速为60公里时,视认距离为240米;而当时速达80公里时,视认距离减少到160米。车速越快,视野越窄,这就是所谓的"隧道形视野"。当时速为40公里时,视野为100度;时速为100公里时,视野仅为40度,这时无法看清两边的景物。

2)超速行驶,反应距离延长。科学研究成果表明,人眼看到的信息传递给大脑,大脑再向肢体传递指令平均需要1秒,这就是所谓的反应时间。这段时间,车辆行驶的距离一般称为反应距离。

反应距离可用以下公式表示

$$s=\frac{vt}{3.6}$$

式中 s —— 反应距离,单位为米;
v —— 车辆行驶速度,单位为公里/小时;
t —— 反应时间,单位为秒。

假如时速为60公里时,反应距离为16.7米;时速为100公里时,反应距离为27.8米。由此可见,车速越快,反应距离越长,危险越大。

3)超速行驶,制动距离延长。从理论上讲,车辆的制动距离与路面摩擦系数及车速有关系。不同路面,摩擦系数不同,车速越快,制动距离越长,发生事故的可能性越大。

4)超速行驶,干扰正常车流。超速行驶的车辆必然时刻处于超越正常行驶车辆的状态。每次超车无论是变道还是驶回原车道,都会形成交织点,而每个交织点都是一个交通事故隐患。

5)超速行驶,加重事故后果。动能与速度平方成正比,同一辆车车速越快,动能越大,在其他条件相同的情况下,冲击力越大,发生事故碰撞时造成的后果越严重。

(2)同车道行驶的机动车,后车应当与前车保持足以采取紧急制动措施的安全距离。有下列情形之一的,不得超车。

1)前车正在左转弯、掉头、超车的。

2)与对面来车有会车可能的。

3)前车为执行紧急任务的警车、消防车、救护车、工程救险车的。

4)行经铁路道口、交叉路口、窄桥、弯道、陡坡、隧道、人行横道、市区交通流量大的路段等没有超车条件的。

(3)机动车载物应当符合核定的载质量,严禁超载;载物的长、宽、高不得违反装载要求,不得遗洒、飘散载运物。

(4)机动车运载超限的不可解体的物品,影响交通安全的,应当按照公安机关交通管理部门指定的时间、路线、速度行驶,悬挂明显标志。在公路上运载超限的不可解体的物品,并应当依照公路法的规定执行。

(5)机动车载运爆炸物品、易燃易爆化学物品以及剧毒、放射性等危险物品,应当经公安机关批准后,按指定的时间、路线、速度行驶,悬挂警示标志并采取必要的安全措施。

(6)机动车载人不得超过核定的人数,客运机动车不得违反规定载货。

五、非机动车和行人通行规定

驾驶非机动车在道路上行驶应当遵守有关交通安全的规定。非机动车应当在非机动车道内行驶;在没有非机动车道的道路上,应当靠车行道的右侧行驶。

行人应当在人行道内行走，没有人行道的靠路边行走。行人通过路口或者横过道路，应当走人行横道或者过街设施；通过有交通信号灯的人行横道，应当按照交通信号灯指示通行；通过没有交通信号灯、人行横道的路口，或者在没有过街设施的路段横过道路，应当在确认安全后通过。

第五节　交通事故处理

交通事故处理是指公安机关交通管理部门依据《道路交通安全法》及有关行政法规、规章的规定，包括对发生的交通事故勘查现场、收集证据、认定交通事故、处罚当事人的现场处理措施与责任、交通警察的交通事故处理职责、受伤人员医疗费承担、损害赔偿责任承担、当事人赔偿争议的解决方式、交通事故逃逸案举报奖励、道路外交通事故的处理等内容。

《道路交通安全法》的有关规定对现行的道路交通事故处理办法做了较大改革。2017年7月22日，《道路交通事故处理程序规定》发布，其是为了规范道路交通事故处理程序，保障公安机关交通管理部门依法履行职责，保护道路交通事故当事人的合法权益，根据《道路交通安全法》及其实施条例等有关法律、法规而制定的。该规定共十二章一百一十四条，经2017年6月15日公安部部长办公会议通过，自2018年5月1日起施行。2008年8月17日发布的《道路交通事故处理程序规定》（公安部令第104号）同时废止。

一、关于交通事故当事人现场处理措施的规定

法律法规分别对发生交通事故后当事人的现场义务、无人身伤亡事故和轻微财产损失事故当事人的现场处理措施做出了规定。

（1）对发生交通事故的所有车辆驾驶人的现场处理措施做出了规定。

1）不论是有人身伤亡的事故，还是单纯财产损失的事故，发生交通事故的车辆驾驶人首先应当立即停车，并保护现场，对受伤人员进行抢救。车辆驾驶人一旦发现或者怀疑自己发生了交通事故，就应该立即采取紧急制动措施，把车停下来，并保持发生交通事故时现场的原始状态，保持现场的连续性。切不可将车辆缓慢地靠向道路一边或向前缓慢停车，或者向后倒车再停，这些行为将对现场造成不同程度的破坏，严重影响交通事故的调查取证和公正处理。更不能明知发生了交通事故，仍驶离现场。停车后应按有关规定，拉紧手制动，切断电源，开启危险信号灯，夜间还须开示宽灯、尾灯。车辆驾驶人下车后应首先查看现场，确认事故是否已经发生，受害人和有关车辆、物品的损害状况，待确认后应在车后设置警告标志。设置警告标志一方面可以保护现场；另一方面，也可以避免新的危险发生，这一措施对高等级道路发生的交通事故尤其重要。高等级道路车辆行驶速度快，对采取措施控制车辆的距离范围要求大，设置警告标志有利于行驶车辆采取合理有效的措施，避免发生新的危险或者事故。

2）车辆驾驶人停车确认事故发生后，应当立即采取措施对现场的范围、车辆行驶轨迹、制动痕迹、其他物品形成的痕迹、散落物、血迹等与事故发生有关空间范围内的痕迹、物品进行保护，以免遭到人为或者过往车辆、人员以及自然条件的破坏，影响交通事故的进一步调查处理。保护现场采取的措施是多方面的，应根据情况和当时的条件，分不同情况区别处理。例如：对现场范围的保护，有条件的可以采用绳索围起来的办法；没有条件的，也可以就地取材，用

路边的石头或者老百姓的竹竿、木杆等物品。对关键痕迹、物品,车辆驾驶人应当采取有力措施,切实保护,它往往对案件的定性具有关键的作用,如车辆的行驶轨迹(包括制动痕迹)、轮胎的侧滑痕迹、散落物的中心区域等。

3)对造成人身伤亡的,车辆驾驶人应当根据情况,立即采取相应的抢救措施,抢救受伤人员。例如:对失火的现场,车辆驾驶人应立即采取措施灭火,并尽快使受伤人员脱离火源;对溺水的人员,应尽快使受伤人员脱离水源,再进行抢救;对大出血的受伤人员,车辆驾驶人应立即采取措施为受伤人员止血,然后迅速送往就近医疗机构进行救治。研究证明,抢救受伤人员的黄金时间是伤后30分钟,发生事故后能够在30分钟内开展抢救工作的不是医务人员,而是车辆驾驶人、乘车人和过往的车辆驾驶人、乘车人、行人和现场目击人员等。车辆驾驶人是最先发现受伤人员的人,也是最有条件采取措施抢救受伤人员的人。车辆驾驶人在考领驾驶证时就已接受过救护知识培训,在抢救受伤人员时应当按照医疗救护科学知识进行救护,以免加重受伤人员损伤。中国红十字总会和公安部1989年联合下发的《关于转发<在机动车驾驶员中开展卫生救护训练情况的通报的简报>的通知》中已明确要求机动车驾驶员要参加救护训练;消极抢救受伤人员或者不抢救受伤人员的车辆驾驶人,应当承担相应的法律责任。对抢救受伤人员需要移动现场物品、人体躺卧位置,或者需要使用事故车辆运送受伤人员等而变动现场的,应当采取措施,明显、准确、有效地标明原物品、人体、车辆等的位置和相互关系。实践中,经常有驾驶员为了抢救受伤人员,随便摆放几块石头或者砖块在现场周围,然后就移动人员和车辆等物品,造成交通警察勘查现场时,难以分清现场范围和有关痕迹、物证,影响调查取证和事故处理。如果因抢救受伤人员而未有效标明位置和相互关系的,驾驶员应当承担由此产生的不良后果的责任。

4)车辆驾驶人在停车保护现场、抢救受伤人员的同时,还应当及时将事故发生的时间、地点、肇事车辆及伤亡情况用电话向交通警察或者公安机关交通管理部门报告,在警察到来之前不得随便离开现场。迅速报告是指事故发生后的当时或者采取必要措施后,马上报告。若报告前先去其他地方或者办其他事情,均为不迅速。迅速报告一方面可以使交通警察或公安机关交通管理部门及时了解情况,迅速勘查交通事故现场,尽快恢复交通;另一方面,对伤亡较大的现场,也可以迅速组织相关人员对现场进行抢救,减少伤亡和财产损失。车辆驾驶人可以自己向交通警察或者公安机关交通管理部门报告,也可以委托现场目击者、车上乘客、同乘人员、过往车辆驾驶人、过往行人等向交通警察或者公安机关交通管理部门报告。在现场保护、抢救受伤人员过程中,车上乘客、同乘人员、过往车辆驾驶人、过往行人等应当积极协助车辆驾驶人,参与现场保护和抢救受伤人员,包括维护现场秩序、救护搬运伤员、协助报案等。

(2)赋予了当事人自行决定撤离交通事故现场、自行协商处理损害赔偿的权利。机动车与机动车、机动车与非机动车发生财产损失事故,当事人对事实及成因无争议的,可以自行协商处理损害赔偿事宜。车辆可以移动的,当事人应当在确保安全的原则下对现场拍照或者标记事故车辆现场位置后,立即撤离现场,将车辆移至不妨碍交通的地点,再进行协商。

非机动车与非机动车或者行人发生财产损失事故,基本事实及成因清楚的,当事人应当先撤离现场,再协商处理损害赔偿事宜。

对应当自行撤离现场而未撤离的,交通警察应当责令当事人撤离现场;造成交通堵塞的,对驾驶人处以200元罚款;驾驶人有其他道路交通安全违法行为的,依法一并处罚。

近年来，因交通事故导致的道路堵塞已引起人民群众的不满，全国各地公安机关交通管理部门纷纷出台地方规定，要求当事人对无人身伤亡的交通事故，对事故的事实及造成事故的成因无争议或者争议不大的，自行立即撤离现场，离开道路或者将车辆移至不妨碍交通的地方，尽快恢复交通。但是，有的当事人既同意自行协商处理，又不撤离现场，而是要求现场谈赔偿条件，写赔偿协议，造成了更为严重的堵塞。

二、关于公安机关交通管理部门接到报警后的现场处理措施和检验、鉴定的规定

（1）对公安机关交通管理部门接到报警后的具体行为要求。处置交通事故是公安机关交通管理部门的职责和义务，它要求公安机关交通管理部门的事故处理人员，本着对人民群众的生命和国家财产高度负责的态度，及时迅速、全面细致、客观真实地依法对现场进行处理。

公安机关交通管理部门接到道路交通事故报警或者出警指令后，应当按照规定立即派交通警察赶赴现场。有人员伤亡或者其他紧急情况的，应当及时通知急救、医疗、消防等有关部门。发生一次死亡三人以上事故或者其他有重大影响的道路交通事故，应当立即向上一级公安机关交通管理部门报告，并通过所属公安机关报告当地人民政府；涉及营运车辆的，通知当地人民政府有关行政管理部门；涉及爆炸物品、易燃易爆化学物品以及毒害性、放射性、腐蚀性、传染病病原体等危险物品的，应当立即通过所属公安机关报告当地人民政府，并通报有关部门及时处理；造成道路、供电、通讯等设施损毁的，应当通报有关部门及时处理。

1）划定警戒区域，在安全距离位置放置发光或者反光锥筒和警告标志，确定专人负责现场交通指挥和疏导，维护良好道路通行秩序。因道路交通事故导致交通中断或者现场处置、勘查需要采取封闭道路等交通管制措施的，还应当在事故现场来车方向提前组织分流，放置绕行提示标志，避免发生交通堵塞。

2）组织抢救受伤人员。

3）指挥勘查、救护等车辆停放在便于抢救和勘查的位置，开启警灯，夜间还应当开启危险报警闪光灯和示廓灯。

4）查找道路交通事故当事人和证人，控制肇事嫌疑人。

（2）对交通警察现场勘查的规定。勘查交通事故现场是交通警察的现场责任之一，是交通事故证据收集的第一个环节，也是交通事故证据最核心、最基础的来源，其真实、全面、可靠的程度直接影响事故处理的正确性。

现场勘查是指运用专门的科学知识和方法，对交通事故涉及的人体、物体及其在时间和空间上的相互关系进行实地勘验、检查、固定、记录的过程。现场勘查的目的是查清事故发生的全过程和事实真相，为正确处理交通事故提供合法、科学、真实、有效的依据。

现场勘查的具体内容包括实地观察、检查、测量和客观记录交通事故现场的道路状况、肇事车辆状况、人体状况、物品及其有关痕迹、物证和相互关系，绘制现场图；采用专门技术，如拍照、录像、制模等提取、固定有关痕迹、物证。必要时，对涉及案件的重要痕迹、物证可以采用专门的仪器设备进行检查、检验，或者进行现场实验。

交通警察勘查道路交通事故现场，应当按照有关法规和标准的规定，拍摄现场照片，绘制现场图，提取痕迹、物证，制作现场勘查笔录。发生一次死亡三人以上道路交通事故的，应当进行现场摄像。

现场图、现场勘查笔录应当由参加勘查的交通警察、当事人或者见证人签名。当事人、见证人拒绝签名或者无法签名以及无见证人的，应当记录在案。

交通警察勘查事故现场完毕后，应当清点并登记现场遗留物品，迅速组织清理现场，尽快恢复交通。

车辆驾驶人有饮酒或者服用国家管制的精神药品、麻醉药品嫌疑的，公安机关交通管理部门应当按照《道路交通安全违法行为处理程序规定》及时抽血或者提取尿样，送交有检验资格的机构进行检验；车辆驾驶人当场死亡的，应当及时抽血检验。

因收集证据的需要，公安机关交通管理部门可以扣留事故车辆及机动车行驶证，并开具行政强制措施凭证。扣留的车辆及机动车行驶证应当妥善保管，不得使用、丢失、破坏。这种扣留是一种暂时扣留行为，是公安机关交通管理部门的一项行政强制措施，不是处罚。公安机关交通管理部门不得扣留事故车辆所载货物。对所载货物在核实重量、体积及货物损失后，通知机动车驾驶人或者货物所有人自行处理。无法通知当事人或者当事人不自行处理的，按照《公安机关办理行政案件程序规定》的有关规定办理。

发生交通肇事逃逸案件后，公安机关交通管理部门应当根据当事人陈述、证人证言、交通事故现场痕迹、遗留物等线索，及时启动查缉预案，布置堵截和查缉。

（3）对交通事故涉及的有关技术鉴定问题的原则规定。在交通事故中需要进行科学技术鉴定的通常包括：道路状况、车辆的安全技术状况、死亡人员的死亡原因、当事人的生理状态和精神状况、有关现场痕迹、物证的同一鉴定（各种不同类型的痕迹、血迹等）等，对这些与案件真实性直接相关的内容，公安机关交通管理部门应当委托专门的技术机构进行鉴定。公安机关交通管理部门通过现场勘查收集到大量现场痕迹、物品等材料，以及道路状况、车辆状况、人体状况的有关资料，针对这些大量现场资料，需要通过科学手段，采用专门的仪器和设备，由具有专门知识和经验的专业人员进行检验、鉴定。检验、鉴定应当依法进行，鉴定机构只有在依法接到公安机关交通管理部门就案件的某一或者某些专门问题的委托之后，才能按照科学技术的原则要求，开展对委托事项的检验、鉴定工作。对女性的检查应当由女性检查人员进行；对尸体的检验、鉴定不能在大庭广众下进行等。鉴定机构应当组织与委托事项密切相关且具有检验、鉴定经验的专业人员进行检验、鉴定；检验、鉴定结束后应当按照科学原则和有关检验、鉴定的规定，依法做出检验、鉴定结论，检验、鉴定人和鉴定机构签名、盖章后，连同剩余检验、鉴定材料一并送回委托单位。

检验、鉴定中，检验、鉴定人应当遵守国家法律法规关于回避原则的规定，保证案件能公正检验、鉴定；遵守案件保密原则的规定，保守案件秘密，避免引起不必要的纠纷。检验、鉴定人对委托检验、鉴定的事项可以要求委托单位提供必要的案情和用于检验、鉴定足够的材料。检验、鉴定人因专门知识或者检验、鉴定材料不足的限制，可以拒绝接受委托。在检验、鉴定过程中，涉及国家有关技术标准、规范、规定的，应当遵从其规定。

检验一般是指办案机关的办案人员或其他专业人员通过自己的感官对与事故案件有关的道路场所、车辆、痕迹、物品、尸体、人身等进行观察、检查，借以收集证据，了解案情的活动。检验一般由办案机关的人员自己进行，对特别复杂的也可以邀请有关专业人员参与；检验的场所可以在现场，也可以在实验室；检验的范围可以是交通事故所有的痕迹、物品，也可以是某一样痕迹、物品；检验完毕应当出具检验报告，检验人须签名或者盖章。

鉴定是指办案机关为了查明案情，指派或者聘请具有专门知识的人对案件中的专门性问题进行检验，根据检验结果，运用专门知识进行分析而得出的综合性判断。鉴定通常是在专门的场所、由具有专门知识的人进行，如某方面的专家在实验室进行检验鉴定；鉴定是以检验为基础和前提的，如果没有客观的检验，其分析判断就缺乏事实依据，其鉴定结论就可能不可靠，就可能与案件没有关系；鉴定完毕后应当出具鉴定结论，鉴定人应在鉴定结论上签名或者盖章。但是，专业性较强的鉴定应由公安机关交通管理部门委托专门的机构进行。

三、交通事故的处理程序

（1）交通警察适用简易程序处理道路交通事故时，应当在固定现场证据后，责令当事人撤离现场，恢复交通。拒不撤离现场的，予以强制撤离。

撤离现场后，交通警察应当根据现场固定的证据和当事人、证人陈述等，认定并记录道路交通事故发生的时间、地点、天气、当事人姓名、驾驶证号或者身份证号、联系方式、机动车种类和号牌号码、保险公司、保险凭证号、道路交通事故形态、碰撞部位等，当场制作道路交通事故认定书。不具备当场制作条件的，交通警察应当在3日内制作道路交通事故认定书。

道路交通事故认定书应当由当事人签名，并现场送达当事人。当事人拒绝签名或者接收的，交通警察应当在道路交通事故认定书上注明情况。

当事人共同请求调解的，交通警察应当场进行调解，并在道路交通事故认定书上记录调解结果，由当事人签名，送达当事人。

（2）交通警察适用一般程序处理道路交通事故时，应当在到达事故现场后，立即进行下列工作：

1）勘查事故现场，查明事故车辆、当事人、道路及其空间关系和事故发生时的天气情况；固定、提取或者保全现场证据材料；询问当事人、证人并制作询问笔录；现场不具备制作询问笔录条件的，可以通过录音、录像记录询问过程。

2）应当按照有关法规和标准的规定，拍摄现场照片，绘制现场图，及时提取、采集与案件有关的痕迹、物证等，制作现场勘查笔录。现场勘查过程中发现当事人涉嫌利用交通工具实施其他犯罪的，应当妥善保护犯罪现场和证据，控制犯罪嫌疑人，并立即报告公安机关主管部门。

3）发生一次死亡三人以上事故的，应当进行现场摄像，必要时可以聘请具有专门知识的人参加现场勘验、检查。现场图、现场勘查笔录应当由参加勘查的交通警察、当事人和见证人签名。当事人、见证人拒绝签名或者无法签名以及无见证人的，应当记录在案。

4）对涉嫌饮酒或者服用国家管制的精神药品、麻醉药品驾驶车辆的人员，公安机关交通管理部门应当按照《道路交通安全违法行为处理程序规定》及时抽血或者提取尿样等检材，送交有检验鉴定资质的机构进行检验。

车辆驾驶人员当场死亡的，应当及时抽血检验。不具备抽血条件的，应当由医疗机构或者鉴定机构出具证明。

因收集证据的需要，公安机关交通管理部门可以扣留事故车辆，并开具行政强制措施凭证。扣留的车辆应当妥善保管。

5）经过调查，不属于公安机关交通管理部门管辖的，应当将案件移送有关部门并书面通知当事人，或者告知当事人处理途径。公安机关交通管理部门在调查过程中，发现当事人涉嫌交通肇事、危险驾驶犯罪的，应当按照《中华人民共和国刑事诉讼法》《公安机关办理刑事案件程序规定》立案侦查。发现当事人有其他违法犯罪嫌疑的，应当及时移送有关部门，移送不影响事故的调查和处理。

6）投保机动车交通事故责任强制保险的车辆发生道路交通事故，因抢救受伤人员需要保险公司支付抢救费用的，公安机关交通管理部门应当书面通知保险公司。抢救受伤人员需要道路交通事故社会救助基金垫付费用的，公安机关交通管理部门应当书面通知道路交通事故社会救助基金管理机构。道路交通事故造成人员死亡需要救助基金垫付丧葬费用的，公安机关交通管理部门应当在送达尸体处理通知书的同时，告知受害人亲属向道路交通事故社会救助基金管理机构提出书面垫付申请。

7）公安机关交通管理部门应当根据管辖区域和道路情况，制定交通肇事逃逸案件查缉预案，并组织专门力量办理交通肇事逃逸案件。

发生交通肇事逃逸案件后，公安机关交通管理部门应当立即启动查缉预案，布置警力堵截，并通过全国机动车缉查布控系统查缉。

8）公安机关交通管理部门应当根据当事人的行为对发生道路交通事故所起的作用以及过错的严重程度，确定当事人的责任。因一方当事人的过错导致道路交通事故的，承担全部责任；因两方或者两方以上当事人的过错发生道路交通事故的，根据其行为对事故发生的作用以及过错的严重程度，分别承担主要责任、同等责任和次要责任；各方均无导致道路交通事故的过错，属于交通意外事故的，各方均无责任；一方当事人故意造成道路交通事故的，他方无责任。

公安机关交通管理部门应当自现场调查之日起10日内制作道路交通事故认定书。交通肇事逃逸案件在查获交通肇事车辆和驾驶人后10日内制作道路交通事故认定书。对需要进行检验、鉴定的，应当在检验报告、鉴定意见确定之日起5日内制作道路交通事故认定书。有条件的地方公安机关交通管理部门可以试行在互联网公布道路交通事故认定书，但对涉及的国家秘密、商业秘密或者个人隐私，应当保密。

第六节　法　律　监　督

本节是关于交通警察队伍管理和值勤执法要求的规范。目前，对公安机关交通管理部门及交通警察的监督有多种形式，主要有党的监督、权力机关的监督、司法机关的监督、新闻媒体的监督、群众的监督及行政机关内部各级监督。这些监督方式在改善执法活动，提高执法水平方面发挥了重要的作用。要防止滥用权力、以权谋私、徇私枉法，以及权力得益化、权力人格化，就必须建立监督的体制和机制，在内部严格实行执法监督、执法考评、错案责任追究制度；在外部实行社会各界对执法进行评议的制度，通过执法监督使交通警察确立有权就有责、用权受监督、侵权须赔偿的观念。

（1）公安机关督察部门应当对公安机关交通管理部门及其交通警察执行法律、法规和遵守纪律的情况依法进行监督。上级公安机关交通管理部门应当对下级公安机关交通管理部门的执法活动进行监督，发现错误应当及时纠正。

（2）公安机关警务督察部门可以依法对公安机关交通管理部门及其交通警察处理交通事故工作进行现场督察，查处违法违纪行为。

交通警察故意或者过失造成认定事实错误、适用法律错误、违反法定程序或者其他执法错误的，应当依照有关规定，根据其违法事实、情节、后果和责任程度，追究执法过错责任人员行政责任、经济责任和刑事责任；造成严重后果、恶劣影响的，还应当追究公安机关交通管理部门领导责任。

（3）公安机关交通管理部门应当加强对交通警察的管理，提高交通警察的素质和管理道路交通的水平。公安机关交通管理部门应当对交通警察进行法制和交通安全管理业务的培训、考核。交通警察经考核不合格的，不得上岗执行职务。

公安机关交通管理部门及交通警察实施道路交通安全管理，应当依据法定的职权和程序，简化办事手续，做到公正、严格、文明、高效。

交通警察执行职务时，应当按照规定着装，佩戴人民警察标志，持有人民警察证件，保持警容严整，举止端庄，指挥规范。

公安机关交通管理部门依法实施罚款的行政处罚，应当依照有关法律、行政法规的规定，实施罚款决定与罚款收缴分离；收缴的罚款及依法没收的违法所得，应当全部上缴国库。

（4）交通警察调查处理道路交通安全违法行为和交通事故，有下列情形之一的，应当回避：

1）是本案的当事人或者当事人的近亲属。

2）本人或者其近亲属与本案有利害关系。

3）与本案当事人有其他关系，可能影响案件的公正处理。

（5）公安机关交通管理部门及交通警察执行职务时，应当自觉接受社会和公民的监督。

任何单位和个人都有权对公安机关交通管理部门及交通警察不严格执法或违法违纪行为进行检举、控告。收到检举、控告的机关，应当依据职责及时查处。

第七节　法　律　责　任

公安机关交通管理部门对道路交通安全违法行为的处罚，属于行政处罚，应当遵守《行政处罚法》对行政处罚种类的设定。因而，《道路交通安全法》将道路交通安全违法行为处罚的种类设定为警告、罚款、暂扣和吊销机动车驾驶证和行政拘留5种。这5种处罚必须由公安机关交通管理部门依照法定的条件和程序做出裁决。

一、警告

警告是公安机关交通管理部门对道路交通安全违法行为人的告诫，指出其危害性，告诫其不要再犯。警告是对道路交通安全违法行为最轻的一种处罚，主要适用于初犯和偶犯，并要求同时具备道路交通安全违法行为情节轻微、危害后果较小的条件。

警告与一般的批评教育从内容到方式都有很多相似之处，但它们有着本质的区别。批评教育是做思想工作，不具有强制性；而警告属于公安机关的执法活动，是依法给予道路交通安全违法行为人的一种行政处罚，具有国家强制性。

依据《道路交通安全法》的规定，警告可以以两种形式做出，即口头警告和书面警告。口头警告适用《道路交通安全法》第八十七条第二款规定的情形，口头警告不用制作行政处罚决定书，只由交通警察口头对道路交通安全违法行为人进行训诫。书面警告适用于本法第八十七条、第九十条规定的情形，即适用于行人、乘车人和非机动车驾驶人及机动车驾驶人轻微的道路交通安全违法行为。对于书面警告，公安机关交通管理部门及其交通警察应当制作行政处罚决定书，并送达当事人。对道路交通安全违法行为警告处罚，通常由交通警察当场做出。

二、罚款

罚款是公安机关交通管理部门依照道路交通安全法律、法规的规定，对道路交通安全违法行为人限令其在一定的期限内向国家缴纳一定数额金钱的处罚方式。它是行政处罚中最常见的一种处罚方式。

罚款不同于作为刑罚附加刑的罚金，后者是由人民法院依据对刑事犯罪人判处的一种附加刑。两者在适用对象、法律依据、最高限额和处罚机关等方面都不相同。

对于罚款的限额《道路交通安全法》采取了两种方式予以规定：①明确规定了罚款的最低和最高限额；②规定了罚款额为行为人违法所得的倍数。具体来讲，对于道路交通安全违法行为人所实施的单项道路交通安全违法行为最高的罚款限额为5 000元，最低罚款限额为5元；或者最高罚款限额为行为人违法所得的10倍，最低罚款限额为行为人违法所得的2倍。当一个道路交通安全违法行为人实施了不同的道路交通安全违法行为时，依据分别裁决、合并执行的原则，罚款的数额可以超过上述最高限额的限制。同时根据道路交通安全违法行为危害性的大小，《道路交通安全法》分别为不同类型的道路交通安全违法行为设定了不同的罚款档次。

三、暂扣机动驾驶证

暂扣机动车驾驶证，相当于原《道路交通管理条例》和原《道路交通事故处理办法》中的吊扣机动车驾驶证，是指公安机关交通管理部门依法对道路交通安全违法行为人（机动车驾驶人）在一定时间内暂停其机动车驾驶资格的处罚方式。它可以单独适用，也可以与警告、罚款、行政拘留的处罚方式并处。对于受暂扣驾驶证处罚的机动车驾驶人，在暂扣期满后由当地车辆管理机关酌情复试道路交通安全法律、法规及道路驾驶操作。

在适用暂扣机动车驾驶证的处罚时应当注意以下几点：

（1）作为行政处罚的暂扣机动车驾驶证是《道路交通安全法》根据《行政处罚法》第八条规定，对原《道路交通管理条例》和原《道路交通事故处理办法》中规定的吊扣机动车驾驶证的修改。这一修改的原因在于1996年制定的《行政处罚法》明确规定的处罚种类之一是"暂扣或者吊销许可证、暂扣或者吊销执照"，而没有使用"吊扣"。《道路交通安全法》规定采用暂扣机动车驾驶证的处罚，一方面维护了法律的统一；另一方面也减少了公安机关交通管理部门在执法中产生不必要的误会。

（2）使用暂扣机动车驾驶证的处罚，应当注意与原《交通违章处理程序规定》中的滞留机动车驾驶证副证或者正证、机动车行驶证，以及暂扣机动车、非机动车的行政强制措施相区别。这两者最本质的区别在于暂扣机动车驾驶证属于行政处罚，而滞留机动车驾驶证副证或者正证、机动车行驶证，以及暂扣机动车、非机动车属于行政强制措施，它们在适用的对象、程序以及后果上是完全不同的。

四、吊销机动车驾驶证

《道路交通安全法》增加了吊销机动车驾驶证适用范围，对于相对严重的道路交通安全违法行为，公安机关交通管理部门可以依法吊销当事人的机动车驾驶证。吊销机动车驾驶证是对当事人驾驶资格最严厉的一种处罚，即对于实施了严重道路交通安全违法行为的机动车驾驶人，停止其驾驶资格的处罚方式。它与暂扣机动车驾驶证的主要区别在于重新获得驾驶资格时应履行的手续和要求不同，被吊销机动车驾驶证后的重新申领，应按照初次申领机动车驾驶证对待；而暂扣机动车驾驶证后，其作为机动车驾驶人的档案依然保留，驾驶人也只需按规定进行复试，而不是重新申领。对于吊销机动车驾驶证的处罚，《道路交通安全法》和原《道路交通事故处理办法》对适用的情况有明确规定，并且《行政处罚法》赋予了当事人要求听证的权利。吊销机动车驾驶证后重新申领的期限，依照有关机动车驾驶证登记管理法规的规定；而对于由于交通肇事后逃逸，而被吊销机动车驾驶证的，则行为人终生不得再次申领机动车驾驶证。

五、拘留

这里所称的拘留，指的是行政拘留，是公安机关依法对道路交通安全违法行为人在一定时间内剥夺其人身自由，羁押于一定场所的处罚方式，也称治安拘留，是道路交通安全违法处罚中最为严厉的一种。行政拘留的期限为1~15日，它只适用于有严重道路交通安全违法行为的人。对于道路交通安全违法行为人实施的拘留处罚应以县、市公安局、公安分局或者相当于县一级的公安机关的名义裁决。

在拘留处罚的适用上，要注意以下几点：①对于孕妇及正在哺乳自己一周岁以内婴儿的妇女不得裁决拘留处罚；②对县级以上人大代表裁决拘留处罚的，应在执行前向本级人大常委会报告备案；③在拘留期间不涉及剥夺政治权利问题；④对于被裁决拘留处罚的人，如提出申诉或者提起行政诉讼，并依法提出保证人或提交保证金的，拘留应暂缓执行。

目前，根据我国法律规定，存在3种形式的拘留，即行政拘留、刑事拘留和司法拘留，应注意严格区分它们。刑事拘留，是对刑事犯罪嫌疑人采取的一种强制措施；司法拘留，是人民法院在诉讼过程中，对于妨害诉讼秩序的人做出的在一定期限内限制其人身自由的一种处罚方式。

案例分析

案例一

一、案情简介

2017年10月5日6时许，陈某（20岁）驾驶无号牌的三轮摩托车（发动机号116154××）搭载王某、谢某在江滨堤路由东往西行驶，行至出事地点越过道路中心线超越前方车辆时，与由西往东李某（18岁）驾驶的无号牌两轮摩托车（发动机号161032××）发生碰撞，造成两车损坏及李某受伤的交通事故。经过公安局交警支队民警的现场勘查及调查材料综合分析证实：陈某未依法取得驾驶证驾驶未经公安机关交通管理部门登记的机动车，在道路上没有按照交通信号越过对方车道行驶；李某未依法取得驾驶证驾驶未经公安机关交通管理部门登记的机动车在道路上行驶。

二、分析

陈某未依法取得驾驶证驾驶未经公安机关交通管理部门登记的机动车，在道路上没有按照交通信号越过对方车道行驶，其行为违反了《道路交通安全法》第八条（国家对机动车实行登记制度。机动车经公安机关交通管理部门登记后，方可上道路行驶。尚未登记的机动车，需要临时上道路行驶的，应当取得临时通行牌证）、第十九条第一款（驾驶机动车，应当依法取得机动车驾驶证）及第三十八条（车辆、行人应当按照交通信号通行；遇有交通警察现场指挥时，应当按照交通警察的指挥通行；在没有交通信号的道路上，应当在确保安全、畅通的原则下通行）的规定，是造成此事故的主要原因；其次，李某未依法取得驾驶证驾驶未经公安机关交通管理部门登记的机动车在道路上行驶，其行为违反了《道路交通安全法》第八条及第十九条第一款的规定。因此，交警部门应依法确定陈某承担此事故主要责任，李某承担次要责任，对陈某处以200元以上2 000元以下罚款，并处15日以下拘留，对李某处以200元以上2 000元以下罚款。

案 例 二

一、案情简介

吴某被某市某纺织有限公司录用工人，2018年3月15日，吴某在下班途中与单某驾驶的机动车发生碰撞受伤。为赔偿问题，吴某将单某及其投保的保险公司告上法庭，要求两被告赔偿。经法院审理，双方达成了调解协议，由保险公司赔偿医药费、护理费、误工费等损失37 000元，单某赔偿1 500元。事故发生后，吴某同时向某市劳动和社会保障局申请工伤认定，经某市劳动和社会保障局认定，吴某因交通事故受伤构成工伤。吴某受伤情况经某市劳动能力鉴定委员会鉴定为九级伤残。由于市某纺织有限公司未为吴某缴纳工伤保险金，吴某遂申请劳动仲裁，要求用人单位某市某纺织有限公司承担工伤保险责任，并终止劳动关系。该市劳动争议仲裁委员会做出裁决后，纺织有限公司不服，认为仲裁裁决未扣除吴某在交通事故赔偿案件中已获赔的医疗费等费用，遂向该市人民法院提起诉讼。

二、分析

用人单位以外的第三人侵权造成劳动者损害的，侵权人已对劳动者（受害人）进行了赔偿，并不影响受害人享受工伤待遇，因此对某市某纺织有限公司提出吴某享受工伤待遇时应扣除交通事故侵权人已赔部分的主张该市法院应依法不予支持。因某市某纺织有限公司没有为吴某缴纳工伤保险费，故吴某享受的工伤待遇应当由纺织有限公司直接支付。用人单位应承担医疗费、护理费、一次性工伤医疗补助金、一次性伤残就业补助金、一次性伤残补助金等。

复习思考题

1. 《道路交通安全法》立法的目的和原则有哪些？
2. 简述机动车的登记制度。
3. 机动车驾驶员培训包括哪些内容？
4. 试述机动车道路通行规定。
5. 公安机关交通管理部门现场交通事故处理的职责有哪些？

第八章 机动车辆保险与交通事故理赔

【学习目的】

通过学习本章内容，基本了解保险知识和《保险法》的基本内容，重点掌握机动车辆保险条款的解释，掌握机动车辆保险的理赔程序。

第一节 保险知识简介

一、保险的含义

保险可以从不同的角度进行定义。从经济的角度看，保险是分摊意外事故损失的一种财务安排。通过保险，少数不幸的被保险人的损失由包括受损者在内的所有被保险人分摊，是一种非常有效的财务安排。从法律的角度看，保险是一种合同行为，是一方同意补偿另一方损失的一种合同安排，提供损失赔偿的一方是保险人，接受损失赔偿的另一方是被保险人。投保人通过履行缴付保险费的义务，换取保险人为其提供保险经济保障的权利，体现民事法律关系主体之间的权利和义务关系。从社会的角度看，保险是社会经济保障制度的重要组成部分，是社会生产和社会生活"精巧的稳定器"。从风险管理角度看，保险是风险管理的一种方法，通过保险，可以起到分散风险、消化损失的作用。

《中华人民共和国保险法》（以下简称《保险法》，1995年6月30日第八届全国人民代表大会常务委员会第十四次会议通过；2002年10月28日第九届全国人民代表大会常务委员会第三十次会议《关于修改〈中华人民共和国保险法〉的决定》修正；2009年2月28日第十一届全国人民代表大会常务委员会第七次会议修订，2009年2月28日中华人民共和国主席令（十一届）第十一号公布，自2009年10月1日起施行；根据2014年8月31日第十二届全国人民代表大会常务委员会《关于修改保险法等五部法律的决定》修正；2015年4月24日第十二届全国人民代表大会常务委员会第十四次会议全国人民代表大会常务委员会《关于修改<中华人民共和国计量法>等五部法律的决定》修正）将保险定义为："保险，是指投保人根据合同约定，向保险人支付保险费，保险人对于合同约定的可能发生的事故因其发生所造成的财产损失承担赔偿保险金责任，或者当被保险人死亡、伤残、疾病或者达到合同约定的年龄、期限等条件时承担给付保险金责任的商业保险行为。"

二、保险的特征

1. 经济性

保险是一种经济保障活动。保险的经济性主要体现在保险活动的性质、保障对象、保障手段、保障目的等方面。保险经济保障活动是整个国民经济活动的一个有机组成部分，其保障对象即财产和人身，直接或间接属于社会生产中的生产资料和劳动力两大经济要素；其实现保障的手段，最终都必须采取支付货币的形式进行补偿或给付；其保障的根本目的，无论从宏观角度还是从微观角度,都是为了有利于经济发展。

2. 商品性

在商品经济条件下,保险是一种特殊的劳务商品,保险业属于国民经济第三产业。保险体现了一种等价交换的经济关系,也就是商品经济关系。这种商品经济关系直接表现为个别保险人与个别投保人之间的交换关系,间接表现为在一定时期内全部保险人与全部投保人之间的交换关系。

3. 互助性

保险具有"一人为众,众为一人"的互助特性。保险在一定条件下分担了个别单位和个人所不能承担的风险,从而形成了一种经济互助关系。这种经济互助关系通过保险人用多数投保人缴纳的保险费所建立的保险基金对少数遭受损失的被保险人提供补偿或给付而得以体现。

4. 法律性

从法律角度看,保险是一种合同行为。保险是依法按照合同的形式体现其存在的。保险双方当事人要建立保险关系,其形式是保险合同;保险双方当事人要履行其权利和义务,其依据也是保险合同。

5. 科学性

保险是以科学的方法处理风险的有效措施。现代保险经营以概率论和大数法则等科学的统计理论为基础,保险费率的厘定、保险准备金的提存等都以科学的统计计算为依据。

三、保险形式的种类

1. 公营保险与民营保险

依保险经营主体分类,保险可以分为公营保险与民营保险。公营保险又分为国家经营的保险和地方政府或自治团体经营的保险,包括国家强制设立的保险机关经营的保险或国家机关提供补助金的保险。民营保险是由私人投资经营的保险,其形式主要有股份保险公司、相互保险公司、保险合作社和个人经营的保险等。

2. 营利保险与非营利保险

依保险经营性质分类,保险可以分为营利保险与非营利保险。营利保险又称商业保险,是指保险业者以营利为目的经营的保险。股份公司经营的保险属于最常见的一种营利保险。非营利保险又称非商业保险,经营此保险的目的不是营利,一般是出于某种特定的目的,由政府资助营运,以保证经济的协调发展和安定社会秩序为目标而实施的保险保障计划,如社会保险、政策保险等;或者以保证加入保险者的相互利益为目的而办理的保险,如相互保险、合作保险等。

3. 原保险、再保险、重复保险和共同保险

依业务承保方式分类,保险可以分为原保险、再保险、重复保险和共同保险。

(1)原保险。原保险是再保险的对称,是指投保人与保险人直接签订保险合同而建立保险关系的一种保险。在原保险关系中,保险需求者将其风险转嫁给保险人,当保险标的遭受保险责任范围内的损失时,保险人直接对被保险人负损失赔偿责任。

(2)再保险。再保险也称分保,是指保险人将其承担的保险业务,部分或全部转移给其他保险人的一种保险。再保险是保险的一种派生形式。原保险是再保险的基础和前提,再保险是原保险的后盾和支柱。

(3)重复保险。重复保险是指投保人以同一保险标的、同一保险利益、同一风险事故分别与数个保险人订立保险合同,且保险金额总和超过保险价值的一种保险。

（4）共同保险。共同保险是指几个保险人，就同一保险利益、同一风险共同缔结保险合同的一种保险。在实务中，数个保险人可能以某一家保险公司的名义签发一张保险单，然后每一家保险公司对保险事故损失按比例分担责任。

共同保险与再保险的区别在于：

1）反映的保险关系不同。共同保险反映的是各保险人与投保人之间的关系，这种保险关系是一种直接的法律关系；再保险反映的是原保险人与再保险人之间的关系，再保险接受人与原投保人之间并不发生直接的关系。

2）对风险的分摊方式不同。共同保险的各保险公司对其承担风险责任的分摊是第一次分摊，而再保险则是对风险责任进行的第二次分摊；共同保险是风险的横向分担，再保险则为风险的纵向分担。

4．定额保险与损失保险

依赔付形式分类，保险可以分为定额保险与损失保险。定额保险是指在保险合同订立时，由保险双方当事人协商确定一定的保险金额，当保险事故发生时，保险人依照预先确定的金额给付保险金的一种保险。定额保险一般适用于人身保险。损失保险是指在保险事故发生后，由保险人根据保险标的实际损失额而支付保险金的一种保险。损失保险一般适用于财产保险。

5．自愿保险与法定保险、社会保险与商业保险、普通保险与政策保险

依保险政策分类，保险可以分为自愿保险与法定保险、社会保险与商业保险、普通保险与政策保险。

（1）自愿保险与法定保险。自愿保险也称任意保险，是指保险双方当事人通过签订保险合同，或是需要保险保障的人自愿组合、实施的一种保险。自愿保险的保险关系，是当事人之间自由决定、彼此合意后所成立的合同关系。投保人可以自行决定是否投保、向谁投保、中途退保等，也可以自由选择保障范围、保障程度和保险期限等。保险人也可以根据情况自愿决定是否承保、怎样承保，并且自由选择保险标的，选择设定投保条件等。法定保险又称强制保险，是国家对一定的对象以法律、法令或条例规定其必须投保的一种保险。法定保险的保险关系不是产生于投保人与保险人之间的合同行为，而是产生于国家或政府的法律效力。法定保险的范围可以是全国性的，也可以是地方性的。法定保险的实施方式有两种选择，一是保险对象与保险人均由法律限定；二是保险对象由法律限定，但投保人可以自由选择保险人。法定保险具有全面性与统一性的特征。

（2）社会保险与商业保险。社会保险是指国家或政府通过立法形式，采取强制手段，对全体公民或劳动者因遭遇年老、疾病、生育、伤残、失业和死亡等社会特定风险而暂时或永久失去劳动能力、失去生活来源或中断劳动收入时的基本生活需要，提供经济保障的一种制度，其主要项目包括养老保险、医疗保险、生育保险、工伤保险和失业保险。商业保险就是通常意义上的保险。

（3）普通保险与政策保险。普通保险是指基于个人或经济单位风险保障的需要，经过自由选择而形成保险关系的一种保险。普通保险的保险关系的形成不含有执行规定的国家政策的成分。政策保险则是政府为了政策上的目的，运用普通保险的技术而开办的一种保险。政策保险的种类包括社会政策保险和经济政策保险两大类，具体项目有社会保险、国民生活保险、农业保险、进出口信用保险等。

6. 财产保险与人身保险

依立法形式分类，保险可以分为财产保险与人身保险。前者包括财产损失保险、责任保险、信用保险等；后者包括人寿保险、健康保险、意外伤害保险等。财产保险与人身保险的划分，在不同的国家，或在同一国家的不同时期，又有不同的称谓，如损失保险与人身保险，损害保险与人寿保险，财产、意外保险与人寿、健康保险等。

四、保险业务的种类

现代保险业务的框架是由财产保险、人身保险、责任保险和信用保证保险四大部分构成的。

1. 财产保险

财产保险是指以财产及其相关利益为保险标的，因保险事故发生导致财产利益损失，保险人以保险赔款进行补偿的一种保险。财产保险有广义与狭义之分。广义的财产保险包括财产损失保险、责任保险和信用保证保险等；狭义的财产保险是以有形的物质财富及其相关利益为保险标的的一种保险，其内容包括：火灾保险、海上保险、汽车保险、航空保险、工程保险、利润损失保险和农业保险等。

2. 人身保险

人身保险是以人的身体或生命为保险标的的一种保险。根据保障范围的不同，人身保险可以分为人寿保险、意外伤害保险和健康保险等。

3. 责任保险

责任保险是以被保险人依法应负的民事赔偿责任或经过特别约定的合同责任为保险标的一种保险。责任保险的种类包括：公众责任保险、产品责任保险、职业保险和雇主责任保险等。

4. 信用保证保险

信用保证保险是一种以经济合同所约定的有形财产或预期应得的经济利益为保险标的的一种保险。信用保证保险是一种担保性质的保险。按担保对象的不同，信用保证保险可分为信用保险和保证保险两种等。

五、保险的作用

保险的作用是保险职能在具体实践中表现的效果。在不同的社会发展时期，由于保险所处的经济条件不同，保险职能在人们的实践中表现的效果也不一样，保险的作用也会不尽相同。在我国社会主义市场经济条件下，保险的作用表现为宏观与微观两个方面。

1. 保险的宏观作用

保险的宏观作用是指保险对全社会及国民经济在总体上所产生的经济效益。

（1）保障社会再生产的正常运行。在社会再生产过程中，各生产部门之间保持合理的比例关系，是社会再生产过程连续进行的必要条件。但是，再生产过程中这种合理的比例关系，以及再生产的连续性，会因各种自然灾害和意外事故而被迫中断和失衡，并导致连带损失。也就是说，就生产单位来讲，这些风险不仅会造成生产单位本身的损失，而且会造成相关生产单位的连带损失。保险的补偿不仅帮助受灾单位恢复了正常生产经营，而且也保证了社会再生产的正常进行。

（2）促进社会经济的发展。通过保险这一保障机制，不仅能补偿投保人的损失，保障生产的正常进行，而且，通过转移被保险人的风险，解除了投保人的后顾之忧，并在保险期间向投保人提供风险管理服务，企业便能专注于发展。因此，保险具有促进经济发展的作用。

（3）有助于推动科技发展。当前，科技进步已成为经济发展中最重要的推动力，面向高新技术的风险投资已成为现代社会重要的经济活动，但高新技术的开发同样有风险。因此，保险公司所提供的保障，有利于企业开发新技术、新产品，推动科技发展。

（4）有利于对外经济贸易发展，有利于平衡国际收支。保险在对外经济贸易和国际经济交往中是不可缺少的环节。保险业的经济补偿和发展，特别是海外保险业务的发展和涉外保险业务的发展，不仅可以有力地促进对外经济贸易，使国际经济交往得到保障，而且可以带来巨额的无形贸易净收入。目前，许多国家的外汇保费收入已构成一项重要的非贸易外汇收入，成为国家积累外汇资金的重要来源。因此，保险业对平衡国际收支具有积极作用。

（5）保障社会稳定。保险通过分散风险及提供经济补偿，建立完善的经济保障制度对全社会的稳定具有积极的作用。

2．保险的微观作用

保险的微观作用是指保险对企业、家庭和个人所起的保障作用。

（1）保险有助于企业及时恢复生产。无论哪种性质的企业，在生产经营和流通过程中，都可能遭受自然灾害和意外事故的损害，造成经济损失，重大的损失甚至会影响企业的正常生产和商品的流通。如果企业参加了保险，在遭受保险责任范围内的风险损害时，就可以从保险公司及时取得相应的赔偿，从而及时购买受损设备和原材料来恢复生产，保证企业生产和商品流通连续不断地进行。

（2）有利于安定人民生活。保险公司对社会成员承保家庭财产险和各种人身意外伤害险，当被保险人遭受各种天灾人祸或收入损失时，保险公司通过及时提供赔偿或给付保险金，就可以帮助被保险人重建家园，安定被保险人的生活。

（3）促进企业的公平竞争。企业的经营会面临各种风险，而风险的存在会阻碍市场的自由竞争。这是因为经营者的风险偏好有差异，风险偏好低者畏惧风险，从而使某些产业为风险偏好高者所垄断。而且，即使在同一产业内，各种经营遭遇的风险损害也不同，所以很难以经营效率为基础开展公平竞争。有了保险，就可消除许多不确定因素，使企业的竞争趋于合理和公平。

（4）促进个人或家庭消费的均衡。保险基金，尤其是人身保险基金的形成，并不是对已经存在的社会财富损失的补偿，而是将节省下来的过去生产的财富用于未来的生活需要。这种用过去节省下来的财富来满足未来的需要，是对人的一生所需消费的一种均衡。根据统计资料，一个人的一生在其青壮年时期收入最高，而人的一生都需要消费，为了保证年老时不因收入减少而影响个人和家庭的消费，就必须参加养老保险和其他人寿保险及健康保险，即在青壮年时，将其收入的一部分缴纳保险费，在年老或伤残、患疾病时从保险公司领取保险金或获得保险补偿，就可以实现个人与家庭消费的均衡。

六、《保险法》及其主要原则

1.《保险法》的概念

保险法律制度是调整保险活动中保险人与投保人、被保险人以及受益人之间法律关系的一切法律规范的总称，其基本法是《保险法》，辅之以其他法律中涉及保险关系的规定和有关保险的行政法规。为了学习和研究的方便，可以将保险法分为两个部分，第一是保险业法，是对保险企业进行监督管理的法律和法规；第二是保险合同法，主要内容是规定保险当事人之间的各种权利义务关系的制度，包括《保险法》和《合同法》中对当事人合同权利义务的规范内容。

2.《保险法》的基本原则

（1）守法原则和公平竞争原则。《保险法》第四条规定："从事保险活动必须遵守法律、行政法规，尊重社会公德，不得损害社会公共利益。"守法原则是每个保险人和投保人都必须遵守的行为准则，也是保险业监管机关和其他中介机构的行为准则，保险法律关系中的所有当事人都必须依法活动，才能取得预期的效果，保险人依法保险才能收入保费；保险中介机构依法进行中介活动才能取得中介费用；投保人依法投保才能在约定的范围内取得赔偿或给付；保险监管机关依法进行监管才能有效维护当事人的合法权益和保险市场秩序的稳定。

公平竞争原则是对守法原则的补充，也是对守法原则的具体化，在市场经济条件下，所有的市场主体都是平等的，无论是卖方或买方、提供服务方或接受服务方，他们的法律地位都是平等的，没有人享有法外优先权。保险业经营者在向市场提供产品或者服务时，除了遵循守法原则外，还要遵守公平竞争原则，在提高和改善服务质量上下功夫，通过增加服务项目和优质服务赢得客户和获得经济效益。保险业的经营者不得通过采取不正当的手段获得或者强占市场份额，不得以损害客户的利益来获取自己的利益，不得以损害其他同业经营者的利益获取自己的利益。

（2）保险利益原则。《保险法》规定无论是财产保险，还是人身保险，当事人所签订的保险合同的效力必须以保险利益的存在为前提。保险利益必须是可保利益，是投保人和受益人对保险标的具有法定利害关系以及由此涉及的经济利益。可保利益是合法利益，在财产保险中投保人必须对保险标的拥有所有权、处分权或者合法占有权；人身保险中投保人对被保险人必须具有一定亲属血缘关系或者被保险人认可的事实。保险利益落实到保险合同中就是转移危险，无危险则无保险，无危险也无利益。《保险法》规定保险利益为保险合同的前提，主要是防止投保人（有时也包括保险公司）的赌博投机，避免当事人为了骗取保险赔付而不惜违反法律或产生不道德观念，根据保险利益原则还可以派生出损害赔偿原则，即按照损失多少补偿多少的原则，限制被保险人和受益人对保险标的损害补偿的过分追求。

1）财产保险利益的基本条件：①须为合法利益，也就是法律上承认的利益，包括投保人根据法律拥有或者占有的财产，以及根据有效合同占有他人的财产；②须为经济上的利益，即投保人对于其财产现在享有的利益或预计享有的利益；③须为确定的利益，即该利益是可以通过金钱计价的，无论现在拥有的利益，还是将来可以恢复的利益都是具有市场价值依据的。

2）人身保险利益的基本条件：①投保人对本人、配偶、子女、父母，以及与投保人有抚养、赡养或者扶养关系的家庭其他成员、近亲属具有保险利益，这些家庭成员和近亲属与我国《继承法》上规定的第一继承顺序者和与名列第一继承顺序者相同；②被保险人同意投保人为其订立保险合同的，视为投保人对被保险人具有保险利益，在此，同意是指被保险人以书面承诺同意投保人为自己投保，如果没有被保险人的书面承诺，该保险合同就没有法律效力。

（3）最大诚信原则。所有的合同，均须以诚实信用为基础，无论是民事合同还是商事合同，当事人都必须将订立合同的背景情况和合同各个条款的真实情况完整准确地告知对方或者在合同中表述清楚。在我国民法原则中，诚实信用原则要求当事人在主张自己权利的同时承认对方当事人的权利，因为自己表述模糊或者有隐瞒误导的情况时，就应当承担相应的法律责任。保险合同涉及当事人规避风险和承受风险的重大财产利益，尤其要讲究诚实信用原则，投保人要将被保险利益的真实情况完全告诉保险人，如有任何隐瞒则可能导致整个保险合同无效，因为投保人的告诉是保险人评估风险和计算保险费率的基本依据；保险人也要将保险合同的承保范围和免责范围如实地告知投保人和被保险人，否则可能因为违反了诚实信用原则，而被迫按照被保险人或者受益人的主张解释合同的条款。

（4）损害赔偿原则。保险人因保险事故所受到的损失，应按合同约定的条件获得赔偿。赔偿的数额不超过损害的数额，即赔偿是使被保险人的利益恢复到保险事故发生前的状态，所以赔偿应当以保险利益的存在为前提，赔偿金额是实际损失、保险金额和保险价值三者中最小的一个数额。凡是不符合最小数额原则的，即可构成道德风险。其中实际损失是指保险标的因保险事故而减少的价值或者利益；保险金额是指投保人投保保险标的的财产价值，也就是保险合同中约定由保险人最大赔偿额的财产价值；保险价值是指投保人拥有的对保险标的合法处分权或者合法占有权的财产价值及其体现的市场价值。

（5）保险代位原则。保险代位是指实现保险利益的权利代位和被保险标的物残余价值产权的代位两种。其中权利代位是指由于第三人的侵权行为导致保险事故的发生，被保险人有权选择请求保险公司赔偿损失，也有权请求第三人损害赔偿，如果被保险人选择保险人赔偿损失，之后有义务将追究造成损害的第三人承担责任的权利转给保险人，由保险公司向侵权人请求赔偿，即代位追偿。

七、保险合同

1. 保险合同的基本内容

（1）保险合同的概念。保险合同是投保人与保险人约定保险权利义务关系的协议。其中投保人是指与保险人订立保险合同，并按照合同负有支付保险费义务的单位或个人；保险人是指与投保人订立保险合同，并承担赔偿或者给付保险金责任的保险公司。保险合同是一种有名合同，根据《合同法》的规定，有名合同首先按照有名合同法的规定处理当事人的权利义务关系，只有当有名合同法没有规定的情况下，才适用《合同法》的总则规定。《保险法》关于保险合同的规定就是保险合同法，保险合同首先要按照《保险法》的规定处理，在《保险法》没有规定的情况下才适用《合同法》的规定。

（2）保险人的主要义务。

1）保险公司须在保险事故或者保险合同中规定的事项发生后，对被保险人的损失按约定的金额予以赔偿，或向受益人支付约定的保险金。保险公司赔偿或给付须满足一个条件：必须是保险标的受到损失。对保险合同约定以外的财产，即使是保险标的引起的，也不属于保险责任范围；财产损失或人身伤害必须是在保险合同中规定的危险引起的；财产保险损失的赔偿不能超过保险金额，财产损失应当发生在合同约定的地点，在约定的地点以外场所发生的损失不在保险责任范围内。人身保险中保险金的给付以保险金额为准，无论被保险人或受益人因疾病或伤亡受到多大的损失，也只能请求保险公司给付合同最大金额的保险金，保险公司也只有按照合同约定的金额标准给付保险金的义务。

2）保险人须承担投保人或被保险人为减少保险标的的损失而付出的施救费用、诉讼费用和理赔费用。

（3）投保人（被保险人和受益人）的主要义务。

1）按时交纳保险费。如果投保人不按照合同约定的时间交纳保险费，保险合同就可能中止效力，在这期间发生保险事故的，保险公司将不会赔付保险金。

2）在保险标的的危险增加时通知保险人。《保险法》第十六条规定，投保人如不履行告知义务造成损失的，保险人不承担赔偿责任。当保险危险增加时，投保人有义务尽快告知保险人，以便保险人能够采取措施防止危险发生或继续增加。如果保险危险增加是由于投保人的过错造成的，保险人可以解除合同，或者要求投保人增加保费，以使风险责任与风险收入相适应。

3）危险事故的补救和通知义务。《保险法》规定，在保险事故发生后，投保人（被保险人）有义务采取一切必要的措施避免损失的扩大，并将事故发生的情况及时通知保险人。如果投保人没有采取措施防止损失的扩大，无权就扩大的部分请求赔偿。

2. 保险合同的基本条款

（1）保险标的及价值。保险标的是指作为保险对象的财产及其有关利益或者人的寿命和身体健康。保险标的决定了保险的险种，并且是判断投保人或被保险人是否有保险利益存在的根据。保险价值是指保险标的的价值，对财产保险而言，保险价值是确定保险金额的依据。保险金额不得超过保险价值；超过的部分无效，被保险人不得对超过保险价值部分请求赔偿。保险金额低于保险价值的，除合同另有约定外，保险人按照保险金额与保险价值的比例承担赔偿责任。

（2）保险金额。保险金额是指投保人和保险人约定在保险事故或事件发生时，保险人应当赔偿或交付的最高限额，是计算保险费的依据。在不同的保险合同里，保险金额有不同的计算方法：在财产保险中，保险金额要由保险价值来确定，保险金额不能超过保险价值；在人身保险中，因为人身的价值无法以金钱计算，所以人身保险的保险金额是合同约定保险人承担的最高限额或实际给付金额。

（3）保险费的支付和保险期限。保险费是投保人向保险人支付的保险保障的代价，这是投保人最基本的义务。保险费金额由双方在保险合同中约定，支付方法有一次付清或分期交纳两种，也须在合同中记载明确，以便投保人履行义务。保险费是保险人根据保险金额、保险费率和保险期限决定的，保险费率是由保险标的的风险率来制定的；而保险期限对确定投保人的保险利益有无、保险危险的发生与消灭与否、保险费的交纳期限和合同是否已经生效等重大事项的确定都有重要的意义。

（4）违约责任和争议的处理。

3. 保险合同的重点条款

（1）保险责任。保险责任是指约定的保险事故或事件发生后，保险人所承担的保险金赔偿或给付责任。保险责任须明确保险人所承担的风险范围，即保险人可能承保的危险。构成可保危险须符合下列5个条件：可能性、合法性、偶然性、确定性和未来性。

（2）责任的免除。责任的免除是指保险人不负责赔偿或给付责任的范围，即一般合同所指的不可抗力事件的范围和对方当事人的过错的范围。

4. 保险合同的特约条款

保险合同的特约条款是指当事人在满足法律规定的基本条款之后，认为还需要将一些没有被基本条款包括的权利义务以合同的形式确定下来的内容。特约条约主要有三种：协议条款、保证条款和附加条款。

八、索赔和理赔

1. 索赔

（1）通知。投保人、被保险人或者受益人知道保险事故或者保险事项发生后，应当及时通知保险人，告知有关的地点、现场，并提供必要的保险合同文本、财产证书和其他法律文件，以便保险人能够及时勘查保险标的受损失的现场和调查保险事故发生的原因和查证保险标的损失情况。

（2）提交证明等文件。保险事故发生后，依照保险合同请求保险人赔偿或者给付保险金时，投保人、被保险人或者受益人应当向保险人提供其所能提供的与确认保险事故的性质、原因、损失程度等有关的证明和资料，包括保险单或保险凭证的正本、已经支付保险费的凭证、账册、收据、发票、装箱单和运输合同等有关保险标的的原始凭据，身份证、工作证、户口簿及其他有关人身保险的被保险人的姓名、年龄、职业等情况的证明，保险事故证明及损害结果证明，索赔受损财产、各种费用的清单。

2. 理赔

（1）履行赔偿或给付保险金义务。保险人收到被保险人或者受益人的赔偿或者给付保险金的请求后，应当及时做出核定，对属于保险责任的，在与被保险人或者受益人达成有关赔偿或者给付保险金额的协议后10日内，履行赔偿或者给付保险金义务。保险合同对保险金额及赔偿或者给付期限有约定的，保险人应当依照保险合同的约定，履行赔偿或者给付保险金的义务。

（2）先予支付。保险人自收到赔偿或者给付保险金的请求和有关证明、资料之日起60日内，对其赔偿或者给付保险金的数额不能确定的，应当根据已有证明和资料可以确定的最低数额先予支付；保险人最终确定赔偿或者给付保险金的数额后，应当支付相应的差额。

第二节　机动车辆保险条款解释

一、运输工具保险及其特征

1. 运输工具保险的含义

运输工具保险是以运输工具本身为保险标的的保险。它主要承保运输工具遭受自然灾害和意外事故而造成的损失。按运输工具的种类不同，运输工具保险分为机动车辆保险（汽车保险）、飞机保险、船舶保险、其他运输工具保险等。

2. 运输工具保险的特征

由于运输工具保险承保的保险标的，即运输工具是处于经常移动状态中的，所以，运输工具保险的特征有：①因为运输工具具有流动性，所以承保的风险具有多样性；②由于驾驶人员的素质及运输工具所面临的地区和环境不同，因而面临的风险也不同，导致保险事故的发生具有复杂性；③由于运输工具保险承保范围除有形的物质损失外，还包括无形的责任风险和相关的费用损失，所以其保险标的的范围具有广泛性。

二、机动车辆保险的对象及其险种

1. 机动车辆保险的对象

机动车辆保险是以机动车辆本身及其第三者责任等为保险标志的一种运输工具保险。其保险客户，主要是拥有各种机动交通工具的法人团体和个人；其保险标的，机动车辆，是指汽车、电车、电瓶车、摩托车、拖拉机、各种专用机械车和特种车。2012年3月份，中国保监会先后发布了《关于加强机动车辆商业保险条款费率管理的通知》和《机动车辆商业保险示范条款》，推动了车辆保险的改革。

机动车辆按使用性质不同，分为营业车辆和非营业车辆；按所有权不同，分为公有车辆和私有车辆；按机动车的种类不同，分为汽车、电车、电瓶车、摩托车、拖拉机、各种专用机械车和特种车。

机动车辆保险的保险标的因险种不同而不同。车辆损失险的保险标的是各种机动车辆；第三者责任险的保险标的是保险车辆因意外事故致使他人遭受人身伤亡或财产的直接损失依法应负的赔偿责任。

机动车辆保险的主要特点有：机动车辆保险属于不定值保险；机动车辆保险的赔偿方式主要是修复；机动车辆保险赔偿中采用绝对免赔方式；机动车辆保险采用无赔款优待方式；机动车辆保险中的第三者责任保险一般采用强制保险的方式。

2. 机动车辆保险的险种

机动车辆保险一般包括交强险和商业保险。商业保险包括主险和附加险两部分。主险分为车辆损失险、第三者责任险、车上人员责任险、全车盗抢险四个独立的险种，投保人可以选择投保全部险种，也可以选择投保其中部分险种。保险人依照本保险合同的约定，按照承保险种分别承担保险责任。

附加险不能独立投保。附加险条款与主险条款相抵触之处，以附加险条款为准，附加险条款未尽之处，以主险条款为准。附加险包括玻璃单独破碎险、自燃损失险、新增加设备损失险、车身划痕损失险、发动机涉水损失险、修理期间费用补偿险、车上货物责任险、精神损害抚慰金责任险、不计免赔率险、机动车损失保险无法找到第三方特约险和指定修理厂险。玻璃单独破碎险、自燃损失险、新增加设备损失险、车身划痕损失险、发动机涉水损失险、修理期间费用补偿险、机动车损失保险无法找到第三方特约险、指定修理厂险，是车辆损失险的附加险，必须先投保车辆损失险后才能投保这几个附加险。车上货物责任险是第三者责任险的附加险，必须先投保第三者责任险后才能投保。精神损害抚慰金责任险只有在投保了第三者责任险或车上人员责任险的基础上方可投保。投保了任一主险及其他设置了免赔率的附加险后，均可投保不计免赔率险。

三、机动车辆保险的保险责任

1. 车辆损失险的保险责任

（1）意外事故或自然灾害造成保险车辆的损失。对于意外事故或自然灾害所致损失，保险人所负的保险责任的具体内容包括：

1）碰撞责任。碰撞是保险车辆与外界静止的或运动中的物体的意外撞击，包括两种情况：①保险车辆与外界物体的意外撞击造成的本车损失；②保险车辆按《道路交通安全法实施条例》关于车辆装载的规定载运货（车辆装载货物与装载规定不符，须报请公安交通管理部门批准，按指定时间、路线、时速行驶），车与货即视为一体，所装货物与外界物体的意外撞击造成的本车损失。例如，保险汽车碰撞其他车或其他车撞保险汽车；保险汽车撞上树木、电线杆或房屋；保险汽车在停车场停车后退时撞坏挡泥板；驾驶人突然开门，碰坏车旁另一辆车。一般因碰撞责任所造成的损失，除驾驶人故意行为外，无论驾驶人有无过失（明确除外者不在内），保险人均负责赔偿。

2）非碰撞责任。非碰撞责任分为自然灾害责任和意外事故责任。自然灾害责任包括雷击、暴风、龙卷风、暴雨、洪水、海啸、地陷、冰陷、崖崩、雪崩、雹灾、泥石流、滑坡，以及载运保险车辆的渡船遭受自然灾害，但只限于驾驶人随车照料者；意外事故责任包括倾覆、火灾、爆炸、外界物体倒塌、空中运行物体坠落、行驶中平行坠落。

（2）合理的施救、保护费用。保险车辆在发生意外事故时，被保险人为了减少车辆损失，对保险车辆采取施救、保护措施所支出的合理费用，保险人负责赔偿。但此项费用的最高赔偿金额以保险车辆的保险金额为限（此项费用不包括车辆的修复费用）。该费用必须合理，即保护施救行为支出的费用是直接的和必要的，并符合国家有关政策。施救措施是指发生保险事故时，为减少和避免保险车辆的损失所施行的抢救行为；保护措施是指保险事故发生以后，为防止保险车辆损失扩大和加重的行为。例如，保险车辆受损后不能行驶，雇人在事故现场看守的合理费用，由当地有关部门出具证明的可以赔偿；合理费用是指保护、施救行为支出的费用是直接的、必要的，并符合国家有关政策规定。

2. 第三者责任险的保险责任

第三者责任险的保险责任包括：被保险人或其允许的合格驾驶员在使用保险车辆过程中发生意外事故，致使第三者遭受人身伤亡或财产的直接损毁，依法应当由被保险人支付的赔偿金额，保险人依照《道路交通安全法实施条例》和保险合同的规定给予赔偿。但因事故产生的善后工作，由被保险人负责处理。

四、机动车辆交通事故责任强制保险

1. 交强险的概念

机动车交通事故责任强制保险（以下简称"交强险"）是我国首个由国家法律规定实行的强制保险制度。

《机动车交通事故责任强制保险条例》（以下简称《条例》）是根据《道路交通安全法》和《保险法》而制定的条例。

《条例》于2006年3月21日以中华人民共和国国务院令第462号公布；根据2012年12月17日中华人民共和国国务院令第630号公布的《国务院关于修改〈机动车交通事故责任强制保险条例〉的决定》第2次修订。分总则、投保、赔偿、罚则、附则5章47条，自2006年7月1日起施行。

《条例》规定，交强险是由保险公司对被保险机动车发生道路交通事故造成受害人（不包括本车人员和被保险人）的人身伤亡、财产损失，在责任限额内予以赔偿的强制性责任保险。"交强险是责任保险的一种。目前现行的第三者责任险是按照自愿原则由投保人选择购买。在现实中，第三者责任险投保比率比较低（2005年约为35%），致使发生道路交通事故后，有的因没有保险保障或致害人支付能力有限，受害人往往得不到及时的赔偿，也就造成了大量经济赔偿纠纷。因此，实行交强险制度就是通过国家法律强制机动车所有人或管理人购买相应的责任保险，以提高第三者责任险的投保面，最大程度上为交通事故受害人提供及时和基本的保障。

建立交强险制度有利于道路交通事故受害人获得及时的经济赔付和医疗救治；有利于减轻交通事故肇事方的经济负担，化解经济赔偿纠纷；通过实行"奖优罚劣"的费率浮动机制，有利于促进驾驶人增强交通安全意识；有利于充分发挥保险的保障功能，维护社会稳定。

2. 交强险和现行第三者责任险的差异

（1）赔偿原则不同。根据《道路交通安全法》的规定，对机动车发生交通事故造成人身伤亡、财产损失的，由保险公司在交强险责任限额范围内予以赔偿。而第三者责任险中，保险公

司是根据投保人或被保险人在交通事故中应负的责任来确定赔偿责任。

（2）保障范围不同。除了《条例》规定的个别事项外，交强险的赔偿范围几乎涵盖了所有道路交通责任风险。而第三者责任险中，保险公司不同程度地规定有免赔额、免赔率或责任免除事项。

（3）交强险具有强制性。根据《条例》规定，机动车的所有人或管理人都应当投保交强险，同时，保险公司不能拒绝承保、不得拖延承保和不得随意解除合同。

（4）根据《条例》规定，交强险实行全国统一的保险条款和基础费率，保监会按照交强险业务总体上"不赢利不亏损"的原则审批费率。

（5）交强险实行分项责任限额。

3．责任限额与费率

交强险责任限额是指被保险机动车发生道路交通事故，保险公司对每次保险事故所有受害人的人身伤亡和财产损失所承担的最高赔偿金额。交强险责任限额分为死亡伤残赔偿限额110 000元、医疗费用赔偿限额10 000元、财产损失赔偿限额2 000元，以及被保险人在道路交通事故中无责任的赔偿限额。其中无责任的赔偿限额分别为死亡伤残赔偿限额11 000元、医疗费用赔偿限额1 000元、财产损失赔偿限额100元。

交强险实行的12.2万元总责任限额方案综合考虑了赔偿覆盖面和消费者支付能力。交强险责任限额过低，将起不到保障作用，而责任限额过高将导致费率大幅度上涨，使消费者难以承受。根据数据分析，在12.2万元总责任限额下可以解决大部分交通事故的赔偿问题。交强险的目的是为交通事故受害人提供基本的保障。交通事故受害人获得赔偿的渠道是多样的，交强险只是最基本的渠道之一。交强险实行12.2万元的总责任限额，并不是说交通事故受害人从所有渠道最多只能得到12.2万元赔偿。除交强险外，受害人还可通过其他方式得到赔偿，如从第三者责任险、人身意外保险、健康保险等均可获得赔偿。除此之外，交通事故受害人还可根据受害程度，通过法律手段要求致害人给予更高的赔偿。

机动车所有人或管理人在购买交强险后，还可根据自身的支付能力和保障需求，在交强险基础之上同时购买第三者责任险作为补充。

4．道路交通事故社会救助基金与交强险的关系

根据《条例》规定，在抢救费用超过交强险责任限额、肇事机动车未参加交强险和机动车肇事后逃逸的三种情形下，将由道路交通事故社会救助基金（以下简称"救助基金"）先行垫付交通事故受害人人身伤亡的丧葬费用、部分或者全部抢救费用。同时，救助基金管理机构有权向道路交通事故责任人追偿。救助基金的来源包括：①按照交强险的保险费的一定比例提取的资金；②地方政府按照保险公司经营交强险缴纳营业税数额给予的财政补助；③对未按照规定投保交强险的机动车的所有人、管理人的罚款；④救助基金孳息；⑤救助基金管理机构依法向机动车道路交通事故责任人追偿的资金；⑥社会捐款；⑦其他资金。

《道路交通事故社会救助基金管理试行办法》经国务院同意，自2010年1月1日起施行。

五、机动车辆保险的责任免除

1．车辆损失险的责任免除

（1）下列原因导致的被保险机动车的损失和费用，保险人不负责赔偿：
1）地震及其次生灾害。

2）战争、军事冲突、恐怖活动、暴乱、污染（含放射性污染）、核反应、核辐射。

3）人工直接供油、高温烘烤、自燃、不明原因火灾。

4）违反安全装载规定。

5）被保险机动车被转让、改装、加装或改变使用性质等，被保险人、受让人未及时通知保险人，且因转让、改装、加装或改变使用性质等导致被保险机动车危险程度显著增加。

6）被保险人或其允许的驾驶人的故意行为。

（2）下列损失和费用，保险人不负责赔偿：

1）因市场价格变动造成的贬值、修理后因价值降低引起的减值损失。

2）自然磨损、朽蚀、腐蚀、故障、本身质量缺陷。

3）遭受保险责任范围内的损失后，未经必要修理并检验合格继续使用，致使损失扩大的部分。

4）投保人、被保险人或其允许的驾驶人知道保险事故发生后，故意或者因重大过失未及时通知，致使保险事故的性质、原因、损失程度等难以确定的，保险人对无法确定的部分，不承担赔偿责任，但保险人通过其他途径已经及时知道或者应当及时知道保险事故发生的除外。

5）因被保险人违反《中国保险行业协会机动车综合商业保险示范条款》第十六条约定，导致无法确定的损失。

6）被保险机动车全车被盗窃、被抢劫、被抢夺、下落不明，以及在此期间受到的损坏，或被盗窃、被抢劫、被抢夺未遂受到的损坏，或车上零部件、附属设备丢失。

7）车轮单独损坏，玻璃单独破碎，无明显碰撞痕迹的车身划痕，以及新增设备的损失。

8）发动机进水后导致的发动机损坏。

2. 第三者责任险的责任免除

（1）下列原因导致的人身伤亡、财产损失和费用，保险人不负责赔偿：

1）地震及其次生灾害、战争、军事冲突、恐怖活动、暴乱、污染（含放射性污染）、核反应、核辐射。

2）第三者、被保险人或其允许的驾驶人的故意行为、犯罪行为，第三者与被保险人或其他致害人恶意串通的行为。

3）被保险机动车被转让、改装、加装或改变使用性质等，被保险人、受让人未及时通知保险人，且因转让、改装、加装或改变使用性质等导致被保险机动车危险程度显著增加。

（2）下列人身伤亡、财产损失和费用，保险人不负责赔偿：

1）被保险机动车发生意外事故，致使任何单位或个人停业、停驶、停电、停水、停气、停产、通讯或网络中断、电压变化、数据丢失造成的损失以及其他各种间接损失。

2）第三者财产因市场价格变动造成的贬值、修理后因价值降低引起的减值损失。

3）被保险人及其家庭成员、被保险人允许的驾驶人及其家庭成员所有、承租、使用、管理、运输或代管的财产的损失，以及本车上财产的损失。

4）被保险人、被保险人允许的驾驶人、本车车上人员的人身伤亡。

5）停车费、保管费、扣车费、罚款、罚金或惩罚性赔款。

6）超出《道路交通事故受伤人员临床诊疗指南》和国家基本医疗保险同类医疗费用标准的费用部分。

7）律师费，未经保险人事先书面同意的诉讼费、仲裁费。

8）投保人、被保险人或其允许的驾驶人知道保险事故发生后，故意或者因重大过失未及时通知，致使保险事故的性质、原因、损失程度等难以确定的，保险人对无法确定的部分，不承担赔偿责任，但保险人通过其他途径已经及时知道或者应当及时知道保险事故发生的除外。

9）因被保险人违反《中国保险行业协会机动车综合商业保险示范条款》第三十四条约定，导致无法确定的损失。

10）精神损害抚慰金。

11）应当由机动车交通事故责任强制保险赔偿的损失和费用。

保险事故发生时，被保险机动车未投保机动车交通事故责任强制保险或机动车交通事故责任强制保险合同已经失效的，对于机动车交通事故责任强制保险责任限额以内的损失和费用，保险人不负责赔偿。

3．车辆损失险和第三者责任险共同的责任免除

（1）保险车辆的损失或第三者赔偿责任的责任免除。

1）战争、军事冲突、暴乱、扣押、罚没、政府征用。

2）非被保险人或非被保险人允许的驾驶员使用保险车辆。

3）被保险人或其允许的合格驾驶员的故意行为。

4）竞赛、测试、在营业性修理场所修理期间。

5）车辆所载货物掉落、泄漏。

6）机动车辆拖带车辆（含挂车）或其他拖带物，二者当中至少有一个未投保第三者责任险。

7）驾驶员饮酒、吸毒、被药物麻醉。

8）保险车辆肇事逃逸。

9）驾驶员有下列情形之一者：没有驾驶证；驾驶与驾驶证准驾车型不相符合的车辆；持军队或武警部队驾驶证驾驶地方车辆，或持地方驾驶证驾驶军队或武警部队车辆；持学习驾驶证学习驾车时，无教练员随车指导，或不按指定时间、路线学习驾车；实习期驾驶大型客车、电车、起重车和带挂车的汽车时，无正式驾驶员并坐监督指导；实习期驾驶执行任务的警车、消防车、工程救险车、救护车和载运危险品的车辆；持学习驾驶证及实习期在高速公路上驾车；驾驶员持审验不合格的驾驶证，或未经公安交通管理部门同意，持未审验的驾驶证驾车；使用各种专用机械车、特种车的人员无国家有关部门核发的有效操作证；公安交通管理部门规定的其他属于无有效驾驶证的情况。

10）保险事故发生前，未按书面约定履行交纳保险费的义务。

11）除保险合同另有书面约定处，发生保险事故时保险车辆没有公安交通管理部门核发的行驶证和号牌，或未按规定检验或检验不合格。

（2）损失和费用的责任免除。

1）保险车辆发生意外事故，致使被保险人或第三者停业、停驶、停电、停水、停气、停产，中断通信及其他各种间接损失。

2）因保险事故引起的任何有关精神损害的赔偿。

3）因污染引起的任何补偿和赔偿。

4）保险车辆全车被盗窃、被抢劫、被抢夺，在此期间受到损坏或车上零部件、附属设备丢失，以及第三者人员伤亡或财产损失。

5）其他不属于保险责任范围内的损失和费用。

六、机动车辆保险的保险金额和赔偿限额

1. 车辆损失险的保险金额

车辆损失险的保险金额是保险人对投保车辆损失的机动车辆，在发生保险责任范围内的自然灾害或意外事故造成损失时，给予赔偿的最高金额。车辆损失险的保险金额，可以按投保时新车购置价或实际价值确定；也可以由被保险人与保险人协商确定，但保险金额不得超过保险价值，超过部分无效。其中：保险价值是指投保时作为确定保险金额的保险标的价值；投保车辆损失险的车辆的保险价值按保险合同签订地购置与保险车辆同类型新车的价格确定；新车购置价是指在保险合同签订地购置与保险车辆同类型新车的价格，含车辆购置附加费；实际价值是指同类型车辆市场新车购置价减去该车已使用年限折旧金额后的价格，折旧按每满一年扣除一年计算，不足一年的部分不计折旧，其折旧率则按国家有关规定执行，但最高折旧金额不得超过新车购置价的80%。

投保人和保险人可根据实际情况，选择新车购置价、实际价值、协商价值三种方式之一确定保险金额。

2. 第三者责任险的赔偿限额

第三者责任险的赔偿限额是保险人计算保险费的依据，同时也是保险人承担第三者责任险每次事故赔偿的最高限额，采取的是按每次事故最高赔偿限额的确定方式。第三者责任险的每次事故最高赔偿限额应根据不同车辆种类选择确定。

（1）对摩托车、拖拉机第三者责任险的赔偿限额分为4个档次：2万元、5万元、10万元和20万元，但在不同的区域选择原则是不同的，与《机动车辆保险费率规章》有关摩托车定额保单销售区域的划分相一致。

（2）对摩托车、拖拉机以外的机动车辆第三者责任险的赔偿限额分为6个档次：5万元、10万元、20万元、50万元、100万元和100万元以上1 000万元以内。

（3）挂车投保后与主车视为一体。发生保险事故时，挂车引起的赔偿责任视同主车引起的赔偿责任。保险人对挂车赔偿责任与主车赔偿责任所负赔偿金额之和，以主车赔偿限额为限。

投保人和保险人在投保时可以根据不同车辆的类型，自行协商选择确定第三者责任险每次事故最高赔偿限额。

3. 保险金额或赔偿限额的调整

被保险人调整保险金额或赔偿限额必须履行批改手续。在保险合同有效期内，被保险人要求调整保险金额或赔偿限额，应向保险人书面申请办理批改。在保险人签发批单后，申请调整的保险金额或赔偿限额才有效。对车辆损失险调整的原因一般有：车辆增添或减少设备；车辆经修复后有明显增值；车辆改变用途；车辆牌价上涨或下跌幅度较大。

七、机动车辆保险的保险期限

机动车辆保险的保险期限通常为1年，自保险单载明之日起，到保险期满日24时止。对于当天投保的车辆，起保时间应为次日零时，期满续保需另办手续。

八、保险费的计算与无赔款优待

1. 保险费的计算

（1）机动车辆损失险费率。确定机动车辆损失险费率时一般应考虑下述因素：车辆的用途，

地域,车辆类型,车龄,投保人的年龄、性别、职业、驾驶记录和婚姻状况等。但不同国家具体运用时有所不同。我国确定机动车辆保险费率主要依据车辆的使用性质和车辆种类两个因素。根据我国《机动车辆保险费率表》及有关规定核定费率,费率表中的车辆使用性质分为两类:营业用车和非营业用车,对于兼有两类使用性质的车辆,按高档费率计算。

车辆损失险保险费计算公式为

$$保险费=车辆损失保险费基本保费+(保险金额×费率)$$

例如,若某车主购买一辆新的进口小轿车,用做非营业性车辆,其购置价为24万元。该车主到保险公司投保车辆损失险,基本保费为600元,费率为1.2%,则:

$$该车的保险费=600 元+240\ 000 元×1.2\%=3\ 480 元$$

(2)第三者责任险的保险费。第三者责任险的保险费是根据车辆种类、使用性质按投保人选择的赔偿限额档次从费率表中查出其保险费收费标准的,它是一种固定保险费。我国机动车辆第三者责任险的固定保费是按不同车辆种类和使用性质对应的第三者责任险每次最高赔偿限额确定的。

2. 无赔款优待

保险车辆在上一年保险期限内无赔偿,续保时可享受无赔款减收保险费优待,优待金额为本年度续保险种应交保险费的10%。被保险人投保车辆不止一辆的,无赔款优待分别按车辆计算。上年度投保的车辆损失险、第三者责任险和附加险中任何一项发生赔款,续保时均不能享受无赔款优待;不续保者不享受无赔款优待。如果续保的险种与上年度相同,但投保金额不同,无赔款优待则以本年度保险金额对应的应交保险费为计算基础。不论机动车辆连续几年无事故,无赔款优待一律为应交保险费的10%。

无赔款优待的规定是为了鼓励被保险人及其驾驶员严格遵守交通规则、安全行车,减少保险事故。优待的条件为:保险期限必须满1年;保险期内无赔款;保险期满前办理续保等。

九、机动车辆的承保与赔偿处理

(一)机动车辆的承保

1. 情况调查

保险人要充分了解承保机动车辆的情况,以便确定采用合适的承保方式。调查内容包括:

(1)车辆本身、其维修情况及与之有关的危险,包括车身、车型、维护状况、意外损失和火灾风险。如果加保盗窃险,还应考虑被盗的可能性。

(2)车辆的用途和行驶区域。同一类型的车辆,用途不同,危险程度不一样,保险费率就不同;车辆的行驶区域对其风险程度有一定影响。

(3)车辆的驾驶人。在承保机动车车辆险时,对所保车辆的驾驶人主要应考虑投保人或驾驶人的年龄、视力、听力、四肢健康状况,驾车经验,驾车习惯和职业等因素。

(4)驾驶人以往的损失记录。据此确定是否承保及保险费率。在国外,每张投保单必须由投保人详细填具有关投保车辆以往的损失记录,一般为过去3~4年的记录。

(5)关于续保。保险人在续保时,发现以往的业务不好,要查清原因,确定续保条件。

2. 变更、批改与加费、退费

保险单在未到期前,原承保事项如有补充或变更的,可由原保户填写批改申请书,送经承保公司同意办理批改手续。保户申请变更事项，其批改的保险期限，仍然与原保单到期日相符者才得另加批单。保单遇有变更时，其保费如有增减，应按未到期日数比例计算加费或退费，并在批单上同时批注清楚。

(二) 赔偿处理

1. 理赔流程

理赔流程为：得到出险通知、登记立案、查抄单底、现场查勘、确定责任、协商定损、计算赔款、缮制赔款计算书、复核审批、分理单据、结案登记、案卷归档。其赔款金额经保险合同双方确认后，保险人在10天内一次性赔偿结案。

2. 免赔的规定

我国机动车辆保险条款规定了机动车辆保险每次保险事故的赔款计算应按责任免赔比例的原因。根据保险车辆驾驶员在事故中所负责任，车辆损失险和第三者责任险在符合赔偿规定的金额内实行绝对免赔率：负全部责任的免赔20%，负主要责任的免赔15%，负同等责任的免赔10%，负次要责任的免赔5%，单方肇事事故的绝对免赔为20%。单方肇事事故是指不涉及与第三方有关的损害赔偿的事故，但不包括自然灾害引起的事故。

3. 理赔计算

车辆肇事后，业务经办人员经现场查勘或事后了解情况，并由被保险人提供保险单、事故证明、事故责任认定书、事故调解书、判决书、损失清单和有关费用单据，经审核无误后，应按车辆损失险、施救费、第三者责任险分别计算赔款金额。保险人依据保险车辆驾驶员在事故中所负责任比例，相应承担赔偿责任。

保险车辆因保险事故受损或致使第三者财产损坏，应当尽量修复。修理前被保险人须会同保险检验，确定修理项目、方式和费用，否则，保险人有权重新核定或拒绝赔偿在机动车辆保险合同有效期内，保险车辆发生保险事故而遭受的损失或费用支出。保险人按以下规定赔偿：

（1）车辆损失险的赔偿计算。其计算方法依损失程度的不同而不同，具体要求如下：

1）全部损失。全部损失是指保险标的整体损毁或保险标的受损严重，失去修复价值，或保险标的的修复费用达到或超过出险当时的实际价值，保险人推定全损。全部损失时按保险金额计算赔偿，但保险金额高于实际价值时，以不超过出险当时的实际价值计算赔偿。

① 当足额或不足额保险时：保险车辆发生全部损失后，如果保险金额等于或低于出险当时的实际价值，则按保险金额计算赔偿，即

$$赔款 = \left(\begin{array}{c}保险\\金额\end{array} - 残值\right) \times \begin{array}{c}事故责\\任比例\end{array} \times (1 - 免赔率)$$

② 当超额保险时：保险车辆发生全部损失后，如果保险金额高于出险当时的实际价值，按出险当时的实际价值计算赔偿，即

$$赔款 = \left(\begin{array}{c}实际\\价值\end{array} - 残值\right) \times \begin{array}{c}事故责\\任比例\end{array} \times (1 - 免赔率)$$

出险当时的实际价值可按以下方式确定：按出险时的同类型车辆市场新车购置价减去该车已使用年限折旧金额后的价值合理确定；或按照出险当时同类车型、相似使用时间、相似使用状况的车辆在市场上的交易价格确定。折旧按每满1年扣除1年计算，不足1年的部分，不计折旧。

折旧率按国家有关规定执行。但最高折旧金额不超过新车购置价的80%。

如果加保了盗抢险，车辆被窃3个月后无法寻回，应按全损赔付，已寻回原车而车主因车损坏而要求赔偿，则以修复方式赔偿；如果车主不肯领回原车，则按全损赔偿，原车归保险公司处理。

2）部分损失。部分损失是指保险车辆受损后未达到"整体损毁"或"推定全损"程度的局部损失，其赔款计算的基本方法为：

① 如果保险车辆的保险金额是按投保时新车购置价确定的，无论保险金额是否低于出险当时的新车购置价，发生部分损失均按照实际修复费用赔偿，即

$$赔款 = (实际修复费用 - 残值) \times 事故责任比例 \times (1-免赔率)$$

② 如果保险车辆的保险金额低于投保时的新车购置价，发生部分损失按照保险金额与投保时的新车购置价比例计算赔偿修复费用，即

$$赔款 = (实际修复费用 - 残值) \times (保险金额 / 新车购置价) \times 事故责任比例 \times (1-免赔率)$$

保险车辆损失最高赔款金额及施救费分别以保险金额为限。保险车辆按全部损失计算赔偿或部分损失一次赔款加免赔金额之和达到保险金额时，车辆损失险的保险责任即行终止。但保险车辆在保险期限内，不论发生一次或多次保险责任范围内的部分损失或费用支出，只要每次赔款加免赔金额之和未达到保险金额，其保险责任仍然有效。

3）施救费。施救费仅限于对保险车辆的必要、合理的施救支出。如果施救财产中含有保险车辆以外的财产，则应按保险车辆的实际价值占施救总财产的实际价值的比例分摊施救费用。

① 保险金额等于投保新车购置价的：

$$施救费 = 实际施救费用 \times 事故责任比例 \times (保险车辆实际价值 / 实际施救财产价值) \times (1-免赔率)$$

② 保险金额低于投保时的新车购置价的：

$$施救费 = 实际施救费用 \times 事故责任比例 \times (保险金额 / 新车购置价) \times (保险车辆实际价值 / 实际施救财产价值) \times (1-免赔率)$$

（2）第三者责任险的赔偿计算。保险车辆发生第三者责任事故时，按《道路交通事故处理办法》确定的赔偿范围、项目和标准，以及保险合同的规定，在保险单载明的赔偿限额内核定赔偿数额。对被保险人自行承诺或支付的赔偿金额，保险人有权重新核定或拒绝赔偿。

1）当被保险人按事故责任比例应负的赔偿金额超过赔偿限额时：

$$赔款=赔偿限额\times（1-免赔率）$$

2）当被保险人按事故责任比例应负的赔偿金额低于赔偿限额时：

$$赔款=应负赔偿金额\times（1-免赔率）$$

机动车辆保险采用一次性赔偿结案的原则，保险人对第三者责任险保险事故赔偿结案后，对被保险人追加受害人的任何赔偿费用不再负责。

第三者责任险的保险责任为连续责任：保险车辆发生第三者责任保险事故，保险人赔偿后，每次事故无论赔款是否达到保险赔偿限额，在保险期限内，第三者责任险的保险责任仍然有效，直至保险期满。

保险车辆、第三者的财产遭受损失后的残余部分，可协商作价折归被保险人，并在赔款中扣除。

例如，若两个不同公司的甲车和乙车在行驶中相撞。甲车车辆损失5 000元，车上货物损失10 000元；乙车车辆损失4 000元，车上货物损失5 000元。交通管理部门裁定甲车负主要责任，承担经济损失的70%，为16 800元；乙车负次要责任，承担经济损失的30%，为7 200元。则其赔款计算公式为

$$\text{甲车应承担经济损失} = \left(\text{甲车车损} + \text{乙车车损} + \text{甲车车上货损} + \text{乙车车上货损}\right) \times \text{甲车应负的经济损失比例}$$

$$= (5\,000 + 4\,000 + 10\,000 + 5\,000)\text{元} \times 70\%$$

$$= 16\,800\text{元}$$

$$\text{乙车应承担经济损失} = \left(\text{甲车车损} + \text{乙车车损} + \text{甲车车上货损} + \text{乙车车上货损}\right) \times \text{乙车应负的经济损失比例}$$

$$= (5\,000 + 4\,000 + 10\,000 + 5\,000)\text{元} \times 30\%$$

$$= 7\,200\text{元}$$

这两辆车都投保了车辆损失险（按新车购置价确定保险金额）和第三者责任险，由于第三者责任险不负责本车上货物的损失，所以，保险人的赔款计算与交通管理部门的赔款计算不一样，其赔款计算如下：

甲车自负车损=甲车车损×甲车应负的经济损失比例

$$= 5\,000\text{元} \times 70\%$$

$$= 3\,500\text{元}$$

$$\text{甲车应赔乙车} = \left(\text{乙车车损} + \text{乙车车上货损}\right) \times \text{甲车应负的经济损失比例}$$

$$= (4\,000 + 5\,000)\text{元} \times 70\%$$

$$= 6\,300\text{元}$$

$$\text{保险人负责甲车车损和第三者责任赔款} = \left(\text{甲车自负车损} + \text{甲车应赔乙车}\right) \times (1 - \text{免赔率})$$

$$= (3\,500 + 6\,300)\text{元} \times (1 - 15\%)$$

$$= 8\,330\text{元}$$

乙车自负车损=乙车车损×乙车应负的经济损失比例

$$= 4\,000\text{元} \times 30\%$$

$$= 1\,200\text{元}$$

$$\text{乙车应赔甲车} = \left(\text{甲车车损} + \text{甲车上货损}\right) \times \text{乙车应负的经济损失比例}$$

$$= (5\,000 + 10\,000)\text{元} \times 30\%$$

$$= 4\,500\text{元}$$

$$\text{保险人负责乙车车损和第三者责任赔款} = \left(\text{乙车自负车损} + \text{乙车应赔乙车}\right) \times (1-\text{免赔率})$$
$$= (1\,200 + 4\,500)\text{元} \times (1-15\%)$$
$$= 4\,845\text{元}$$

这样，此案甲车应承担经济损失16 800元，得到保险人赔款8 330元；乙车应承担经济损失7 200元，得到保险人赔款4 845元。这里的差额部分即保险合同规定不赔的部分。此例是以足额保险为条件的，若为不足额保险，则采用比例赔偿的方式。

第三节　交通事故赔偿标准

《道路交通安全法实施条例》第九十五条规定："交通事故损害赔偿项目和标准依照有关法律的规定执行。"《道路交通安全法实施条例》第一百一十五条规定："本条例自2004年5月1日起施行。1960年2月11日国务院批准、交通部发布的《机动车管理办法》，1988年3月9日国务院发布的《中华人民共和国道路交通管理条例》，1991年9月22日国务院发布的《道路交通事故处理办法》，同时废止。"

废止后交通事故损害赔偿项目和标准依照有关法律的规定执行。现行的关于人身损害赔偿的法律是《民法通则》及其实施解释、《最高人民法院关于审理人身损害赔偿案件适用法律若干问题的解释》。其规定的赔偿项目和标准如下：

1. **人身损害赔偿项目和标准**

受害人因就医治疗支出的各项费用及因误工减少的收入，包括医疗费、误工费、护理费、交通费、住宿费、住院伙食补助费和必要的营养费，赔偿义务人应当予以赔偿。

2. **致残赔偿项目和标准**

受害人因增加生活上的需要所支出的必要费用及因丧失劳动能力导致的收入损失，包括残疾赔偿金、残疾辅助器具费、被扶养人生活费，以及因康复护理、继续治疗实际发生的必要的康复费、护理费、后续治疗费，赔偿义务人也应当予以赔偿。

3. **死亡的赔偿项目和标准**

赔偿义务人除应当根据抢救治疗情况赔偿"人身损害赔偿项目和标准"中规定的相关费用外，还应当赔偿丧葬费、被扶养人生活费、死亡补偿费以及受害人亲属办理丧葬事宜支出的交通费、住宿费和误工损失等其他合理费用。

4. **精神损害项目和标准**

赔偿权利人（受害人或者死者近亲属）向人民法院请求赔偿精神损害抚慰金的，适用《最高人民法院关于确定民事侵权精神损害赔偿责任若干问题的解释》予以确定。精神损害抚慰金的请求权，不得让与或者继承。但赔偿义务人已经以书面方式承诺给予金钱赔偿，或者赔偿权利人已经向人民法院起诉的除外。

5. **具体赔偿项目和标准**

（1）医疗费。根据医疗机构出具的医药费、住院费等收款凭证，结合病历和诊断证明等相关证据确定。赔偿义务人对治疗的必要性和合理性有异议的，应当承担相应的举证责任。

医疗费的赔偿数额，按照一审法庭辩论终结前实际发生的数额确定。器官功能恢复训练所必要的康复费、适当的整容费以及其他后续治疗费，赔偿权利人可以待实际发生后另行起诉。但根据医疗证明或者鉴定结论确定必然发生的费用，可以与已经发生的医疗费一并予以赔偿。

（2）误工费。根据受害人的误工时间和收入状况确定。

误工时间根据受害人接受治疗的医疗机构出具的证明确定。受害人因伤致残持续误工的，误工时间可以计算至定残日前一天。

受害人有固定收入的，误工费按照实际减少的收入计算。受害人无固定收入的，按照其最近3年的平均收入计算；受害人不能举证其最近3年的平均收入状况的，可以参照受诉法院所在地相同或者相近行业上一年度职工的平均工资计算。

（3）护理费。根据护理人员的收入状况和护理人数、护理期限确定。

护理人员有收入的，参照误工费的规定计算；护理人员没有收入或者雇佣护工的，参照当地护工从事同等级别护理的劳务报酬标准计算。护理人员原则上为一人，但医疗机构或者鉴定机构有明确意见的，可以参照确定护理人员人数。

护理期限应计算至受害人恢复生活自理能力时止。受害人因残疾不能恢复生活自理能力的，可以根据其年龄、健康状况等因素确定合理的护理期限，但最长不超过25年。

受害人定残后的护理，应当根据其护理依赖程度并结合配制残疾辅助器具的情况确定护理级别。

（4）交通费。根据受害人及其必要的陪护人员因就医或者转院治疗实际发生的费用计算。交通费应当以正式票据为凭；有关凭据应当与就医地点、时间、人数及次数相符合。

（5）住院伙食补助费。可以参照当地国家机关一般工作人员的出差伙食补助标准予以确定。

受害人确有必要到外地治疗，因客观原因不能住院，受害人本人及其陪护人员实际发生的住宿费和伙食费，其合理部分应予赔偿。

（6）营养费。根据受害人伤残情况参照医疗机构的意见确定。

（7）残疾赔偿金。根据受害人丧失劳动能力程度或者伤残等级，按照受诉法院所在地上一年度城镇居民人均可支配收入或者农村居民人均纯收入标准，自定残之日起按20年计算。但60周岁以上的，年龄每增加1岁减少1年；75周岁以上的，按5年计算。

受害人因伤致残但实际收入没有减少，或者伤残等级较轻但造成职业妨害严重影响其劳动就业的，可以对残疾赔偿金做相应调整。

（8）残疾辅助器具费。按照普通适用器具的合理费用标准计算。伤情有特殊需要的，可以参照残疾辅助器具配制机构的意见确定相应的合理费用标准。残疾辅助器具的更换周期和赔偿期限参照配制机构的意见确定。

（9）丧葬费。按照受诉法院所在地上一年度职工月平均工资标准，以6个月的总额计算。

（10）被扶养人生活费。根据扶养人丧失劳动能力程度，按照受诉法院所在地上一年度城镇居民人均消费性支出或农村居民人均年生活消费支出标准计算。被扶养人为未成年人的，计算至18周岁；被扶养人无劳动能力又无其他生活来源的，计算20年。但60周岁以上的，年龄每增加1岁减少1年；75周岁以上的，按5年计算。

被扶养人是指受害人依法应当承担扶养义务的未成年人或者丧失劳动能力又无其他生活来源的成年近亲属。被扶养人还有其他扶养人的，赔偿义务人只赔偿受害人依法应当负担的部分。被扶养人有数人的，年赔偿总额累计不超过上一年度城镇居民人均消费性支出额或者农村居民人均年生活消费支出额。

（11）死亡赔偿金。按照受诉法院所在地上一年度城镇居民人均可支配收入或者农村居民人均纯收入标准，按20年计算。但60周岁以上的，年龄每增加1岁减少1年；75周岁以上的，按5年计算。

赔偿权利人举证其住所地或者经常居住地城镇居民人均可支配收入或者农村居民人均纯收入高于受诉法院所在地标准的，残疾赔偿金或者死亡赔偿金可以按照其住所地或者经常居住地的相关标准计算。被扶养人生活费的相关计算标准，依照前款原则确定。

（12）财产损失的实际赔偿金额。《民法通则》第一百一十七条第二款、第三款规定："损坏国家的、集体的财产或者他人财产的，应当恢复原状或者折价赔偿。""受害人因此遭受其他重大损失的，侵害人并应当赔偿损失。"因此可以根据最高人民法院《关于审理人身损害赔偿案件适用法律若干问题的解释》第三十一条与《民法通则》第一百三十一条确定财产损失的实际赔偿金额。

超过确定的护理期限、残疾辅助器具费给付年限或者残疾赔偿金给付年限，赔偿权利人向人民法院起诉请求继续给付护理费、残疾辅助器具费或者残疾赔偿金的，人民法院应予受理。赔偿权利人确需继续护理、配制残疾辅助器具，或者没有劳动能力和生活来源的，人民法院应当判令赔偿义务人继续给付相关费用5～10年。

赔偿义务人请求以定期金方式给付残疾赔偿金、被扶养人生活费、残疾辅助器具费的，应当提供相应的担保。人民法院可以根据赔偿义务人的给付能力和提供担保的情况，确定以定期金方式给付相关费用。但一审法庭辩论终结前已经发生的费用、死亡赔偿金及精神损害抚慰金，应当一次性给付。

人民法院应当在法律文书中明确定期金的给付时间、方式以及每期给付标准。执行期间有关统计数据发生变化的，给付金额应当适时进行相应调整。定期金按照赔偿权利人的实际生存年限给付。

案例分析

案例一

一、案情简介

李某将其自用车向A保险公司投保了交强险、100万的第三者责任险，保险期限自20×1年3月3日至20×2年3月2日。同年5月，王某将其家用车向B保险公司投保了交强险、50万第三者责任险、车辆损失险、盗抢险，保险期限自20×1年5月21日至20×2年5月20日。

20×1年12月，李某驾驶被保险机动车在省级公路上行驶，因车辆突然爆胎撞击路中间的护栏后发生侧翻，李某在车内晕倒、随车乘客张某多处骨折，无法离开车辆。5分钟后，王某驾驶机动车途经同一路段时，因车速过快未能及时躲避，将侧翻的李某车辆撞至路边水沟内，张某当场死亡，王某、李某受伤，两车不同程度受损。经事故发生地交警认定，李某车辆发生爆胎，系该车违反装载规定，在车内装载货物过重导致，由李某承担全部责任。而第二次事故（即王某与李某车辆碰撞）由李某承担全部责任。而第二次事故（即王某与李某车辆碰撞事故），由王某负主要责任，李某负次要责任，死者张某无责。事故发生后，当事人达成了调解协议，由王某向张某家属支付死亡赔偿金35万。王某支付上述费用后，向B保险公司索赔。B保险公司在审定事故赔偿时认为：王某、李某均对第二次事故承担责任，应由两车承保交强险的公司在交强险分项赔偿限额内予以先行赔付，故在其确认的赔款金额中对李某投保A保险公司的交强险死亡赔偿范围内予以赔付的11万元予以扣除。王某不服，遂向法院提起诉讼，要求A保险公司和B保险公司向其支付11万元赔款，一审法院经审理认为，B保险公司对A保险公司应承担的交强险死亡伤残赔偿限额内的11万元无权扣除，应予以赔偿。B保险公司不服，提起上诉。

二审法院认为：李某与A保险公司之间形成的保险合同关系属于另一法律关系，与本案无关，当事人可另行通过诉讼解决。因此，B保险公司无权对应由A保险公司承担的交强险死亡伤残赔偿限额11万元予以扣除。故驳回上诉，维持原判。

二、分析

本案中，王某和李某均同时投保了商业险与交强险，法律虽然规定交强险、商业险的保险人可以向受害人直接做出赔付，并赋予交强险的受害人以直接请求权，但保险人和投保人之间仍应以双方保险合同约定行使权利并承担义务。依第三者责任险合同条款，保险人对交强险限额之外的金额进行赔付。投保人与保险人签订第三者责任险合同并发生保险事故后，保险人对被保险人赔偿后，即使另一个交强险公司做出交强险赔付，也不影响第三者责任险合同义务的履行。依据合同相对性原则，保险人负有在交强险限额之外进行赔付的义务，而不受另一份交强险合同的影响，因此一、二审法院判决合理。

A、B两家保险公司对受害人均是以统一给付内容为标的（张某的死亡），王某、李某两个侵害人作为连带债务人应共同承担张某的赔偿责任。故应对一份交强险赔偿承担给付义务。依据侵权之债的原理，本案中保险人的赔偿责任与被保险人的责任大小无关，承保交强险的公司之间应由A保险公司先行赔付，之后再由B保险公司分摊其应负担的赔偿比例份额。

案/例/二

一、案情简介

刘某驾车行驶至某路段时，因操作不当撞上道旁树木，造成刘某本人受伤，本车受损的交通事故。经交警队认定，刘某负此次事故全部责任。刘某只投保了交强险。

二、分析

首先我们要明确交强险的责任范围，被保险人使用机动车过程中发生的交通事故，致使第三者遭受人身伤亡或财产损失，依法应由被保险人承担的损害赔偿责任。即交强险的责任仅为被保险车辆所造成的非本车的损失，而本车的人和车损是不在保险范围内的。刘某此次事故造成的第三方的损失只有道旁树木，故此次事故在交强险的限额内赔付道旁树木，刘某本人及其车辆无法赔付。

复习思考题

1. 保险的含义及要素是什么？
2. 保险合同的一般规定有哪些？
3. 机动车辆保险的保险责任有哪些？
4. 试述车险的理赔程序。

第四部分 PART 04
道路交通行政处罚管理法规

第九章　道路交通行政处罚规定

【学习目的】

通过学习本章内容，了解道路交通行政处罚的概念和种类，了解交通行政处罚的操作与运用，掌握道路交通行政处罚的原则、执法主体、违法行为与处罚、处罚程序规定的有关内容等。

第一节　概　　述

行政处罚制度是我国行政法律责任制度的重要组成部分。1996年3月17日第八届全国人民代表大会第四次会议审议通过了《中华人民共和国行政处罚法》（以下简称《行政处罚法》），2009年8月27日由中华人民共和国第十一届全国人民代表大会常务委员会第十次会议依据《关于修改部分法律的决定》进行了第一次修订，2017年9月1日第十二届全国人民代表大会常务委员会第二十九次会议进行了最新修改。这标志着我国已经系统地建立了行政处罚的设定和实施的法律制度。为进一步规范道路运输行政处罚行为，维护道路运输市场秩序，保证道路运输经营者、旅客、货主和其他当事人的合法权益，交通运输部根据《行政处罚法》的有关规定，具体规定了道路交通行政处罚的原则、执法主体、违法行为与处罚和行政处罚运用与执行等内容。

一、道路交通行政处罚的概念和特征

道路交通行政处罚是指县级以上人民政府交通行政主管部门、法律法规授权的交通管理机构（以下统称为交通行政执法机关）在其职权范围内，对实施了违反道路运输管理行为的行政相对人的行政制裁。

道路交通行政处罚的基本特征是：

（1）主体的特定性。道路交通行政处罚只能由县级以上人民政府交通行政主管部门及其委托的机构和地方性法规授权的机构在授权范围内行使。除此之外任何行政机关和团体组织都不能成为道路交通行政处罚的主体。

（2）对象的相对性。道路交通行政执法的对象涉及道路运输经营者、旅客、货主和其他当事人。

（3）对交通违法行为的惩罚。道路交通行政处罚通过维护道路运输市场秩序来保障道路运输经营者、旅客、货主和其他当事人的合法权益，同时也是对违反道路交通行政法律、法规的行政相对人具体行为的惩罚。

二、道路交通行政处罚应遵循的原则

道路交通行政处罚的基本原则是根据《行政处罚法》的有关规定，明确了道路交通行政处罚设定和实施所应遵循的基本指导思想。它主要包括以下四项原则。

（1）行政处罚法定原则。法无明文规定不处罚，即法律未规定可以给予处罚的，不得处罚，法律规定必须处罚的才可以处罚。

（2）行政处罚的公开、公正原则。公开原则是指实施行政处罚的依据必须是通过公布的程序向社会公开，以体现行政执法的公开性和透明度。公正原则要求做到过罚相当，设定和实施行政处罚必须以确凿的事实为依据，与违法行为的事实、性质、情节及社会危害程度相当；行政违法所应当承担的责任和所要受到的处罚相适应。

（3）保护当事人合法权益的原则。在行政处罚的实施过程中，保护当事人合法权益是非常必要的，因为行政处罚是对行政管理相对人权利的限制和剥夺，也可能会在行政处罚过程中出现显失公平或出现差错，因此保护当事人的合法权益是十分必要的。这一原则主要体现在：行政处罚决定过程中当事人的陈述权、申辩权和其他程序权；当案件承办人员与案件有利害关系可能影响公正处理时，当事人有申请回避的权利；行政处罚做出决定后当事人有申请行政复议权、提起行政诉讼权；当行政机关非法侵害当事人权利而受到损失时当事人有提出赔偿权等救济权。

（4）行政处罚与教育相结合的原则。处罚与教育相结合的原则包括两个方面：①要对违反行政管理法律、法规、规章规定的行政相对人给予惩罚；②要教育他们遵守法律、法规。对已处罚的行政相对人，再对他们进行教育，使他们认识到自己行为的危害性，做到以后不再违法，达到自觉守法的目的。

行政处罚是一种手段，这仅是表层的目的，更深层的目的是纠正违法行为，教育行政相对人自觉守法，维护社会利益和道路运输市场秩序。

第二节 道路交通行政处罚与设定

根据《行政处罚法》和现行法律、法规的规定，目前我国行政处罚种类有7种：警告，罚款，没收违法所得、没收非法财物，责令停产停业，暂扣或者吊销许可证、暂扣或者吊销执照，行政拘留，法律、行政法规规定的其他行政处罚。

行政处罚设定权属于立法权范畴，是指通过立法规定在何种情况、何种条件下应予何种处罚的权力。《行政处罚法》第九条至十四条对上述问题做了明确的规定。

（1）法律的设定权。全国人大及其常委会制定的法律可以设定各种行政处罚。但是限制人身自由的行政处罚，只能由法律设定。

（2）行政法规的设定权。国务院是我国最高的国家行政机关，可以设定除限制人身自由以外的行政处罚。

如果法律对违法行为做出行政处罚规定，行政法规需要做出具体行政规定的，必须在法律规定的给予行政处罚的行为、种类和幅度的范围内规定。

（3）地方性法规的设定权。有地方性法规制定权的地方人大及其常委会可以设定除限制人身自由、吊销企业营业执照以外的行政处罚。

如果法律、行政法规对违法行为已经做出行政处罚规定，地方性行政法规需要做出具体规定的，必须在法律、行政法律规定的给予行政处罚的行为、种类和幅度的范围内规定。

（4）部委规章的设定权。国务院部、委员会制定的规章可以在法律、行政法规规定的给予行政处罚的行为、种类和幅度内做出具体规定。对于法律、行政法规尚未就某些违反行政管理秩序的行为做出规定的，国务院各部委制定的规章可以设定警告或者一定数量罚款的行政处罚。罚款的限额由国务院规定。

（5）地方政府规章的设定权。省、自治区、直辖市人民政府和省、自治区人民政府所在地的市人民政府以及经国务院批准的较大的市人民政府制定的规章可以在法律、法规规定的给予行政处罚的行为、种类和幅度的范围内做出具体规定。尚未制定法律、法规的，上述政府规章可以设定警告或者一定数量罚款的行政处罚。罚款的限额由省、自治区、直辖市人民代表大会常务委员会制定。《行政处罚法》还对行政处罚设定权做了限制性规定，除法律、法规和规章可以设定行政处罚外，其他规范性文件一律不得设定行政处罚。

第三节　道路交通行政处罚的适用与处罚

行政处罚的适用也称行政处罚的实施，是指行政机关依法认定行政管理相对人的违法行为，依照法律规定实施处罚的活动。

行政处罚除适用处罚法定、公正、公开，处罚与教育相结合，保证当事人合法权益等行政处罚的基本原则之外，还应适用纠正违法行为原则和一事不再罚原则。

（1）纠正违法行为原则。《行政处罚法》规定，行政机关实施行政处罚时，应当责令当事人改正或限期改正违法行为。道路运输行政机关在实施行政处罚时，无论对违法相对人做出何种行政处罚，都应当要求行政相对人及时纠正违法行为。及时纠正违法行为，可以教育公民、法人和其他社会组织自觉地遵守法律。

（2）一事不再罚原则。《行政处罚法》规定，对当事人的同一个违法行为，不得给予两次以上罚款的行政处罚。例如，道路交通行政管理部门对同一个违法行为已经给予行政相对人罚款处罚的，其他行政机关不得再次给予罚款处罚。一事不再罚，就是对行政管理相对人的同一违法行为，不能重复处罚，避免给行政相对人造成不应有的损失。

（3）关于行政处罚适用的规定。《行政处罚法》第二十五、二十六、二十七条中明确规定了行政处罚适用的方法。行政处罚的方法也是处罚的裁量方法，包括以下内容。

1）不予处罚的规定。行政机关在适用行政处罚之前必须查明事实，事实不清的，不得给予行政处罚。一般以下4种情形，对其行为不予处罚：①违法事实不清的；②不满14周岁的人有违法行为的；③精神病人在不能辨认或者不能控制自己行为时有违法行为的；④违法行为轻微并及时纠正，没有造成危害后果的。

2）从轻或减轻行政处罚的规定。行政机关拟适用的法律、法规或者规章必须合法有效，并且其内容必须与已查清的违法事实特征相一致，依法应当从轻、减轻行政处罚的情形有以下5种：①已满14周岁不满18周岁的人有违法行为的；②主动消除或者减轻违法行为危害后果的；③受他人胁迫有违法行为的；④配合行政机关查处违法行为有立功表现的；⑤其他依法应当从轻或者减轻行政处罚的。

从轻处罚是指对违法当事人在法定的处罚幅度内给以较轻的处罚，从轻处罚不能低于法定处罚幅度的最低限。减轻处罚是指对违法当事人在法定幅度的最低限以下给予处罚。

3）行政处罚与刑罚重合的规定。在一种行为同时构成行政违法和刑事犯罪并可同时给予行政处罚或刑事处罚的情况下，《行政处罚法》第二十八条规定："违法行为构成犯罪，人民法院判处拘役或者有期徒刑时，行政机关已经给予当事人行政拘留的，应当依法折抵相应刑期。"

违法行为构成犯罪，人民法院判处罚金时，行政机关已经给予当事人罚款的，应当折抵相应罚金。行政处罚规定的目的在于要杜绝以罚代刑、以罚代赔的行为。

4）行政处罚的追究时效。行政处罚追究时效是指行政机关追究行政相对人的违法责任、给予行政处罚的有效期限。《行政处罚法》第二十九条规定："违法行为在2年内未被发现的，不再给予行政处罚。法律另有规定的除外。"其计算办法，2年是从违法行为发生之日起计算；违法行为有连续或者继续状态的，从行为终了之日起计算。

第四节　交通行政处罚的管辖

交通行政处罚的管辖是交通管理部门在管辖和处理交通行政违法案件上的分工和权限。

交通管理部门是具有行政处罚权的下列部门或者机构：县级以上人民政府的交通主管部门，法律法规授权的交通管理机构（以下统称为交通行政执法机关）。交通行政处罚的管辖主要有：职能管辖、级别管辖、地域管辖、指定管辖及移送管辖。

（1）职能管辖。《行政处罚法》第十五条规定："行政处罚由具有行政处罚权的行政机关在法定职权范围内实施。"根据职能管辖的原则，交通管理机构只能对违反交通管理法规的行政管理相对人实施行政处罚。

（2）级别管辖。《行政处罚法》规定，行政处罚由县级以上地方人民政府具有行政处罚权的行政机关管辖。法律、行政法规另有规定的除外。

《交通行政处罚程序规定》中明确指出：

1）各级交通管理部门依法可以做出警告、罚款、没收违法所得、没收非法财物及暂扣证件的行政处罚。

2）县级以上人民政府交通主管部门、交通运输部直接设置的管理机构依法可以做出吊销许可证、责令停产停业的行政处罚。

3）省级人民政府交通主管部门直接设置的管理机构的下设机构，根据省级人民政府交通主管部门的约定，依法可以做出吊销证件、责令停产停业的行政处罚。

（3）地域管辖。《行政处罚法》第二十条规定："行政处罚由违法行为发生地的县级以上地方人民政府具有行政处罚权的行政机关管辖。法律、行政法规另有规定的除外。"

（4）指定管辖。指定管辖是指两个或两个以上行政机关对管辖权发生争议时，由共同的上一级行政机关以决定的方式指定某一行政机关管辖。《行政处罚法》第二十一条规定："对管辖发生争议的，报请共同的上一级行政机关指定管辖。"

（5）移送管辖。《行政处罚法》第二十二条规定："违法行为构成犯罪的，行政机关必须将案件移送司法机关，依法追究刑事责任。"另外，《交通行政处罚程序规定》对违法行为需要给予的行政处罚超出本级交通管理部门的权限时，应将案件及时报送有处罚权的上级交通管理部门调查处理；上级交通管理部门可以办理下一级交通管理部门管辖的行政处罚案件；下级交通管理部门对其管辖的交通行政处罚案件，认为需要由上级交通管理部门办理时，可以报请上一级交通管理部门决定。

第五节　交通行政处罚决定程序

交通行政处罚决定程序是交通行政处罚程序的关键环节，是保障正确实施行政处罚的前提条件。行政处罚决定程序有简易程序、一般程序和听证程序。

一、简易程序

简易程序即当场处罚程序,主要适用于事实清楚、情节简单、后果轻微的违法行为。简易程序简单快捷,有利于提高行政处罚的效率。

(1)适用简易程序的条件。根据《行政处罚法》的规定,适用简易程序必须符合以下3个条件:

1)违法事实确凿。即当场确认违法事实有充足的证据,不需要再进一步调查取证。

2)有法定依据。即对于该违法行为,法律、法规或者规章有明确的规定,实施处罚的人员针对行政违法者的违法行为,当场告知其法律、法规或规章的依据,如果没有法律依据,有确凿的违法事实,也不能当场处罚。

3)处罚权限仅限于对公民处以50元以下、对法人或其他组织处以1 000元以下罚款或者警告的行政处罚的,可以当场做出行政处罚决定。

(2)简易程序的内容。简易程序的内容主要包括以下几点:

1)表明身份。实施处罚的人员应当向当事人出示执法身份证件并查明对方身份,以证明自己有权对当事人做出处罚。

2)制作检查、询问笔录,收集必要的证据。

3)实施处罚的人员要当场指出违法行为的事实,说明要做出处罚的理由和依据,并告知当事人有陈述和申辩的权利,当事人可以当场申辩,而不得因当事人的申辩而加重处罚。当事人提出的事实、理由和证据成立的,应当采纳。

4)说明处罚理由和告知权利。行政处罚是要式行为,当场处罚必须有处罚决定书。要填写统一编号的《交通行政(当场)处罚决定书》,当场交付行政管理相对人,并应告知其如果不服行政处罚决定可以依法申请行政复议或提起行政诉讼。

5)当事人在《行政(当场)处罚决定书》上签字。

6)做出当场处罚决定之日起5日内,将《行政(当场)处罚决定书》副本提交所属交通行政执法机关备案。

二、一般程序

一般程序是除简易程序以外做出行政处罚所适用的程序。一般程序比简易程序要复杂、严格,是行政处罚中的基本程序。行政处罚的一般程序包括以下几个步骤:

1. 立案

交通管理部门通过行政检查监督发现行政相对人实施了违法行为,或者通过其他渠道知悉行政相对人实施了违法行为,首先应立案。

2. 调查取证

调查取证是案件承办人对所要处罚的行政违法行为客观、全面、公正地调查或者进行检查时了解、核实和收集证据的过程。

交通管理部门必须对案件情况进行全面、客观、公正的调查,收集证据;必要时,依据法律、法规的规定,可以进行检查。交通管理部门向社会调查和收集证据。对此,被调查、取证的单位和个人有义务支持和协助。询问证人时,证人有义务如实反映情况。询问也应制作笔录,证人经核对认为无误后，应在其上签名或盖章。

交通管理部门收集的证据有：书证、物证、视听资料、证人证言、当事人陈述、鉴定结论、勘验笔录和现场笔录等。在证据可能灭失或者以后难以取得的情况下，经交通管理部门负责人批准，可以先行登记保存，制作"证据保存清单"，并应在7日内做出处理决定。

（1）案件调查人员调查、收集证据，应当遵守下列规则：

1）执法人员不得少于2人，并应当向当事人或者有关人员出示表明身份的证件。

2）询问证人和当事人时，应当个别进行并告知其作伪证的法律责任；制作"询问笔录"须经被询问人阅核后签名或者盖章，被询问人拒绝签名或者盖章的，由询问人在询问笔录上注明情况。

3）对与案件有关的物品或者现场进行勘验检查的应当通知当事人到场，制作"勘验检查笔录"；当事人拒不到场的，可以请在场的其他人见证。

4）对需要采取抽样调查的，应当制作"抽样取证凭证"。

5）对涉及专门性问题的，应当指派或聘请有专业知识和技术能力的部门和人员进行鉴定，并制作"鉴定意见书"。

6）证据可能灭失或者以后难以取得的情况下，经交通管理部门负责人批准，可以先行登记保存，制作"证据登记保存清单"，并应当在7日内做出处理决定。

（2）案件调查人员有下列情况之一的，应当回避。

1）本人是本案的当事人或者其近亲属。

2）本人或者近亲属与本案有利害关系。

3）本人与本案当事人有其他关系，可能影响案件的公正处理的。

案件调查人员的回避，由交通管理部门负责人决定。回避做出之前，案件调查人员不得擅自停止对案件的调查处理。

案件调查人员在初步调查结束后认为案件事实基本清楚，主要证据齐全，应当制作"交通违法行为调查报告"，提出处理意见，报送交通管理部门负责人审查。

3. 核审

《行政处罚法》规定，在行政机关负责人做出决定之前，应当由从事行政处罚决定审核的人员进行审核。行政机关中初次从事行政处罚决定审核的人员，应当通过国家统一法律职业资格考试取得法律职业资格。

（1）交通行政执法机关负责法制工作的内设机构审核案件应当采取书面形式进行，主要内容包括：

1）案件是否属于本交通行政执法机关管辖。

2）当事人的基本情况是否清楚。

3）案件事实是否清楚，证据是否准确、充分。

4）定性是否准确。

5）适用法律、法规、规章是否准确。

6）行政处罚是否适当。

7）办案程序是否合法。

（2）交通行政执法机关负责法制工作的内设机构审核完毕后，应当及时退卷。办案人员应将"违法行为调查报告"、案卷及审核意见及时报交通行政执法机关负责人审查批准决定。

（3）交通行政执法机关负责人对"违法行为调查报告"批准后，拟对当事人予以行政处罚的，办案人员应当制作"违法行为通知书"，以交通行政执法机关的名义，告知当事人拟做出行政处罚的事实、理由、依据、处罚内容，并告知当事人依法享有陈述、申辩权或听证权。

（4）办案人员可以将"违法行为通知书"直接送达当事人，也可以委托当事人所在地的交通行政执法机关代为送达，还可以采取邮寄送达的方式送达当事人。采用上述方式无法送达的，可以由交通行政执法机关采取留置、公告的方式送达当事人。

（5）交通行政执法机关在告知当事人拟做出的行政处罚后，当事人要求陈述申辩的，应当制作"陈述申辩书"，如实记录当事人的陈述申辩意见。当事人要求组织听证的，交通行政执法机关应当按照有关规定组织听证。

交通行政执法机关应当充分听取当事人的意见，对当事人提出的事实、理由、证据认真进行复核，提出最终处罚决定的建议。当事人提出的事实、理由或者证据成立的，交通行政执法机关应当予以采纳。不得因当事人陈述、申辩、申请听证而加重行政处罚。

4．听证

（1）在做出较大数额罚款、责令停产停业、吊销证照的行政处罚决定之前，交通行政执法机关应当告知当事人有要求举行听证的权利；当事人要求听证的，交通行政执法机关应当组织听证。

（2）听证主持人由交通行政执法机关负责人指定本交通行政执法机关负责法制工作的机构的非本案调查人员担任。听证员由听证主持人指定1～2名本交通行政执法机关的非本案调查人员担任，协助听证主持人组织听证。

（3）听证主持人应当在听证结束后5日内制作出"听证报告书"并签名，连同"听证笔录"一并上报本交通行政执法机关负责人。

（4）根据《行政处罚法》第四十二条规定，听证的程序为：

1）听证提出。当事人要求听证的，应当在行政机关告知后3日内提出。

2）听证通知。交通管理部门应当在举行听证会的7日前向当事人送达"听证会通知"，告知当事人组织听证的时间、地点、听证会主持人名单及是否申请其回避和可以委托代理人的权利。

3）举行听证会。听证会由主持人、案件调查人员、当事人或者其委托代理人、证人、书记员参加。除涉及国家机密、商业秘密或者个人隐私外，听证会公开举行。听证会首先由主持人宣布开始，然后由案件调查人员介绍案件的违法事实和调查过程、宣读或者出示证据，说明拟做出行政处罚的内容和依据；当事人进行质证和申辩；听证会主持人向当事人、案件调查人员、证人询问；当事人或代理人做最后陈述。

4）制作听证笔录。在听证会进行过程中应制作笔录。当事人或代理人阅读、修改"交通行政处罚案件听证会笔录"，经审核无误后，当事人应签字或盖章。

当事人逾期未提出陈述、申辩或者要求组织听证的，视为放弃其权利；当事人或者其委托代理人无正当理由不按时出席听证会或者中途擅自退出听证会的，视为当事人放弃要求听证的权利。

5．做出处罚决定

（1）交通行政执法机关负责人经对违法行为调查报告、当事人的陈述申辩意见、听证会报告书、拟做出的行政处罚决定建议进行审查，根据不同情况分别做出给予行政处罚、不予行政处罚、销案、移送其他机关等处理决定。

（2）重大、复杂案件，或者重大违法行为给予较重处罚的案件，应当提交交通行政执法机关重大案件集体讨论会议集体讨论决定。

重大案件集体讨论会议应当由办案机构组织召开，交通行政执法机关负责人、法制工作机构负责人及相关工作人员参加会议。必要时可邀请相关专家参加会议。

重大案件集体讨论会议应当制作"重大案件集体讨论记录"，并由全体出席会议人本人签名。

6. 制作行政处罚决定书

交通行政执法机关做出行政处罚决定，应当制作"行政处罚决定书"。行政处罚决定书的内容包括：

（1）当事人的姓名或者名称、地址等基本情况。

（2）违反法律、法规或者规章的事实和证据。

（3）行政处罚的内容和依据。

（4）采纳当事人陈述、申辩的情况及理由。

（5）行政处罚的履行方式和期限。

（6）不服行政处罚决定，申请行政复议或者提起行政诉讼的途径和期限。

（7）做出行政处罚决定的交通行政执法机关的名称和做出决定的日期。

行政处罚决定书应当加盖做出行政处罚决定的交通行政执法机关的印章。

7. 送达行政处罚决定书

"交通行政处罚决定书"应当在宣告后当场交付当事人；当事人不在场的，交通管理部门应当在7日内送达当事人，由受送达人在"交通行政处罚文书送达回证"上注明收到日期、签名或者盖章。受送达人在"交通行政处罚文书送达回证"上的签收日期为送达日期。交通行政处罚文书送达有以下方式：

（1）直接送达受送达人。

（2）受送达人已指定代收人，交代收人签收。

（3）受送达人拒绝接收的，送达人应当邀请有关基层组织的代表或者其他人到场，说明情况，在"交通行政处罚文书送达回证"上写明拒收事由和日期，由送达人、见证人签名或者盖章，把交通行政处罚文书留在受送达人的住处，即视为送达。

（4）直接送达交通行政处罚文书困难的，可以委托其他交通管理部门代为送达，或者以邮寄、公告的方式送达。邮寄送达，挂号回执上注明的收件日期为送达日期；公告送达，自发出公告之日起经过60天，即视为送达。

第六节 交通行政处罚执行程序

行政处罚执行程序是指确保行政处罚决定所确定的内容得以实现的程序。

行政处罚一旦做出，就具有法律效率，处罚决定中所确定的义务必须得到履行。交通行政处罚决定依法做出后，当事人应当在行政处罚决定的期限内予以履行。

处罚执行程序具体表现在以下三个方面：

一、交通管理部门与收缴罚款的机构相分离制度

《行政处罚法》确立了罚款决定机关与收缴罚款机构相分离的制度,在行政处罚决定做出后,做出罚款决定的行政机关及其工作人员不能自行收缴罚款。当事人应当自收到行政处罚决定书之日起15日内,到指定的银行缴纳罚款。银行应当收受罚款,并将罚款直接上缴国库。

根据《行政处罚法》第四十七条、第四十八条的规定,当场收缴罚款的适用范围有以下3种:

(1)依法给予20元以下的罚款的。

(2)依照简易程序当场对公民处以20元以上50元以下、对法人或者其他组织处以1 000元以下罚款,不当场收缴事后难以执行的;

(3)在边远、水上、交通不便的地区,交通管理部门及其执法人员依照法律、法规及规章的规定做出罚款规定后,当事人向指定的银行缴纳罚款确有困难,经当事人书面提出,交通管理部门及其执法人员可以当场收缴罚款。

二、严格执行收支制度

交通管理部门及其执法人员当场收缴罚款的,必须向当事人出具省级财政部门统一制发的罚款收据。

办案人员当场收缴的罚款,应当自收缴罚款之日起2日内交至其所在交通行政执法机关,交通行政执法机关应当在2日内将罚款缴付指定银行。罚款必须全部上缴财政,任何单位和个人不得截留、私分或者变相私分。

三、交通行政处罚的强制执行

1. 交通行政处罚强制执行的概念

交通行政处罚强制执行是指当事人在法定期限内不申请行政复议或提起行政诉讼,又不履行行政处罚决定的,交通行政执法机关依法向人民法院制发"行政强制执行申请书",申请人民法院强制执行。

交通行政处罚强制执行的特点有:

(1)交通行政处罚强制的主体是交通主管部门或法律、法规授权的交通执法部门。

(2)交通行政处罚强制执行的对象是拒不履行法定义务的交通行政管理相对人。没有这一前提的存在,行政强制执行就不可能发生。

(3)交通行政处罚强制执行的目的是保证法定义务的彻底实现,维护正常的交通秩序,保障公民、法人或者其他社会组织的人身权、财产权免受侵害。

(4)交通行政处罚强制措施的法律是一种可诉的具体行政行为。交通行政处罚强制执行是单方面的行政行为,由交通行政主体单方面做出,不需要交通行政管理相对人的同意。在实施交通行政处罚强制执行过程中,交通管理部门与交通管理行政相对人不存在执行与调解的问题。

2. 交通行政处罚强制执行的措施

交通行政处罚决定做出之后,当事人应当在法定期限内自觉履行处罚决定的义务,如果当事人没有正当理由逾期不履行行政处罚决定,做出交通行政处罚的交通主管部门可以采取下列措施:

(1)当事人无正当理由逾期不缴纳罚款的,交通行政执法机关依法每日按罚款数额的3%加处罚款。

(2)根据法律、法规的规定,将查封、扣押的财务拍卖或将冻结的存款划拨抵缴罚款。

（3）申请人民法院强制执行。

当事人确有经济困难，需要分期或者延期缴纳罚款的，应当填写"分期（延期）缴纳罚款申请书"。经交通行政执法机关负责人批准后，由办案人员以本交通行政执法机关的名义，向当事人送达"同意分期（延期）缴纳罚款通知书"或"不予分期（延期）缴纳罚款通知书"。

行政处罚案件执行完毕后，办案人员应当填写"处罚结案报告"，并将全部案件材料立卷归档，由交通行政执法机关的档案管理机构统一登记保存。

案例分析

一、案情简介

2018年3月，中山市交通运输局综合行政执法局向滴滴出行科技有限公司开出"违法行为通知书"，以滴滴出行科技有限公司提供服务车辆未取得《网络预约出租汽车运输证》，涉嫌违反了《网络预约出租汽车经营服务管理暂行办法》第十七条的规定，依据《网络预约出租汽车经营服务管理暂行办法》第三十五条第一款第（一）项的规定，拟对滴滴出行科技有限公司做出罚款5 000元的处罚决定。

二、分析

早在2017年的5月4日，中山市人民政府就颁布实施了《中山市网络预约出租汽车经营服务管理实施细则（暂行）》（以下简称《细则》）。根据《细则》，任何企业和个人不得向未取得中山市合法营运资质的车辆、驾驶员提供信息对接开展网约车经营服务，不得以私人小客车合乘名义提供网约车经营服务。网约车车辆和驾驶员不得通过未取得经营许可的网络服务平台提供运营服务。《细则》过渡期为6个月，在此期间，各网约车平台对存量的专车、快车须有序开展清理规范工作，同步申请办理网约车平台、车辆、驾驶员的经营许可手续。但自《细则》出台以来，"滴滴出行"并未在中山市办理相关手续。中山市交通运输局于2017年8月已向"滴滴出行"送达《关于督促网约车平台公司尽快办理经营许可及规范经营的通知》，且于2017年11月3日约谈滴滴出行珠三角区域总负责人，再次向其送达了《关于再次督促滴滴出行网约车平台公司尽快办理经营许可及规范经营的通知》，并明确在中山市网约车政策过渡期后不再对平台宽限，将按照相关规定对平台实施处罚，并要求其尽快办理经营许可和制订不符合标准的车辆清理计划并抓紧落实，但截止日前滴滴出行平台公司尚未办理相关手续及证件。下一步，执法局将继续联合有关部门加大力度查处网约车平台的违法行为，确保合法经营者的权益，坚决维护我市运输市场的良好秩序。

复习思考题

1. 简述道路运输行政处罚的概念与特征。
2. 道路运输行政处罚的基本原则有哪些？
3. 交通行政处罚的一般程序包括哪些步骤？
4. 简述当场收缴罚款适用的条件及收缴后的处理。
5. 简述交通行政处罚强制执行的具体实施方式。

第十章　交通运输行政复议规定

【学习目的】

通过学习本章内容，了解交通运输行政复议规定的内容，掌握交通运输行政复议基本制度，熟练掌握交通运输行政复议的程序。

《中华人民共和国行政复议法》（以下简称《行政复议法》）于1999年4月29日第九届全国人民代表大会常务委员会第九次会议通过，根据2009年8月27日第十一届全国人民代表大会常务委员会第十次会议《关于修改部分法律的决定》第一次修正，根据2017年9月1日第十二届全国人民代表大会常务委员会第二十九次会议《关于修改<中华人民共和国法官法>等八部法律的决定》第二次修正。2000年3月29日第四次交通部部长办公会通过并公布了《交通行政复议规定》，根据2015年9月9日《交通运输部关于修改〈交通行政复议规定〉的决定》修正。这标志着我国交通运输行政复议制度的全面建立。

第一节　概　　述

一、交通运输行政复议的概念和特征

1. 交通运输行政复议的概念

交通运输行政复议是指公民、法人或者其他组织认为交通运输管理部门做出的具体行政行为侵犯其合法权益，在法定期限内向上一级交通运输管理部门或者法律、法规规定的其他机关提出行政复议申请，行政复议机关依法做出交通运输行政复议决定的一种法律制度。对于交通运输管理部门来说，行政复议是交通运输管理部门内部自我监督的一种重要形式；对于行政相对人来说，行政复议是对其被侵犯的权益的一种救济手段或途径。

2. 交通运输行政复议的特征

（1）交通运输行政复议是行政机关的行政行为。交通运输行政复议的主体是交通运输管理部门。交通运输行政复议是指行政管理的相对人认为交通运输管理部门的具体行政行为侵犯其合法权益，依法向法定的机关提出申请，由受理机关根据法定程序对具体交通运输行政行为的合法性和适当性进行审查并做出相应决定的活动。它的前提是交通运输管理部门做出具体行政行为和存在交通运输行政管理相对人对具体行政行为不服而产生的行政争议。

（2）交通运输行政复议是由行政管理相对人启动的。行政管理相对人是主动提出申请的当事人，即为申请人；交通运输管理部门为被动的当事人，即为被申请人。交通运输行政复议的提起，只能由认为自己的合法权益受到侵害的行政管理相对人主动向交通运输行政复议机关提出申请。没有交通运输行政管理相对人的申请，行政机关不能主动进行复议活动。

（3）交通运输行政复议必须按照法定的程序进行。管理相对人提出复议申请必须在法律、法规规定的期限内提出，交通运输行政复议机关受理复议申请、进行调查取证、组织审理都须

依法进行，并在法定期限内做出复议决定。

（4）交通运输行政复议的程序是法定的安排。《行政复议法》第十条、十七条、二十三条、二十八条规定行政复议的程序。行政复议程序要依次序连贯进行，包括复议申请、复议受理、复议审理、复议决定和执行几个阶段。

二、交通运输行政复议的原则

1. 合法原则

交通运输行政复议机关必须依照法律、法规的职责权限，以事实为依据，以法律为准绳，对行政管理相对人申请行政复议的具体行政行为，按照法定程序进行审查。根据审查的不同情况，依法做出不同的行政复议决定。合法性原则体现在：主体合法、程序合法、依据合法及使用的文书规范。

2. 公正原则

交通运输行政复议机关在行使复议权时，应当公正地对待复议双方当事人，不能有所偏袒。双方当事人也不能以各种非法手段干预交通运输行政复议机关依法行使行政复议权。

3. 及时原则

交通运输行政复议机关应当在法律规定的期限内，尽快完成复议的审查，并做出相应的决定。及时的要求是指以下几点：

（1）交通运输行政复议机关收到交通运输行政复议申请后，应当在5日内进行审查。

（2）交通运输行政复议机关受理案件后，应当抓紧调查、取证，及时地对收集的资料、证据进行分析，决定是书面审理还是采取其他方式审理。

（3）交通运输行政复议机关审理案件后，应当及时拟订行政复议决定，并报复议机关法定代表人。复议机关法定代表人须及时审签，交通运输行政复议机关应当自受理交通运输行政复议申请之日起60日内做出行政复议决定。

（4）交通运输行政机关对行政复议申请人逾期不起诉又不履行行政复议决定的，起诉期限届满后，复议机关应依法强制执行或申请人民法院强制执行。对做出具体行政行为的行政机关不履行行政复议决定的，复议机关应责令其履行，并追究或建议追究有关人员的法律责任。

4. 便民原则

交通运输行政复议机关应当采取方便行政复议申请人进行复议的方式、方法以确保公民、法人和其他社会组织能够有效地行使复议的权利，保护其合法的权利。这一原则主要表现在：申请人可以口头申请，也可以书面申请；口头申请的，行政机关应当当场记录申请人的基本情况、行政复议请求、申请行政复议的主要事实、理由和时间。这可以使申请人能够节约时间、费用（交通运输行政复议机关受理交通运输行政复议申请，不得向申请人收取任何费用）和精力。

第二节 交通运输行政复议基本制度

交通运输行政复议基本制度是交通运输行政复议基本原则在行政复议某一阶段、某一方面的体现。了解交通运输行政复议基本制度，对于行政复议的具体操作有重要的指导作用。

一、书面复议制度

《行政复议法》第二十二条规定："行政复议原则上采用书面审查的办法，但是申请人提出要求或者行政复议机关负责法制工作的机构认为有必要时,可以向有关组织和人员调查情况,听取申请人、被申请人和第三人的意见。"《交通运输行政复议规定》第十四条明确规定,交通运输行政复议机关应当自行政复议申请受理之日起7日内,将申请书副本或者"交通运输行政复议申请笔录"复印件及"交通运输行政复议申请受理通知书"送达被申请人,被申请人应当在收到通知之日起10日内向交通运输行政复议机关提交"交通运输行政复议答复意见书",并提交做出具体行政行为的证据、依据和其他材料进行非出庭的审查,在此基础上交通运输行政复议机关应及时做出"交通运输行政复议决定书"。书面复议制度体现了及时原则、便民原则等。

二、复议不调解制度

交通运输行政管理部门做出行政处罚决定后,行政管理相对人不服时,行政复议机关应对被申请人做出的具体行政行为进行审查与裁判,合法的决定维持,违法的决定撤销,不当的决定变更,不能进行调解,也不能以调解的方式结案。交通运输行政管理是国家意志的体现,所以行政复议不适用调解。

三、一事不再理制度

一事不再理制度,包含两种情况:①申请人(交通运输行政管理相对人)对交通运输行政复议机关做出的行政复议不服,不得以同一事实、理由再申请行政复议;②申请人要求撤回行政复议申请的,经说明理由并由复议机关记录在案,可以撤回。但撤回行政复议申请后,标志着行政复议以撤回终结案件,申请人不得以同一事实、理由再申请行政复议。

四、被申请人承担举证责任制度

被申请人承担的举证责任,首先要证明被申请人的具体行政行为是否合法、是否适当;证据是用来证明被申请人的行政行为真实的一切材料;举证由被申请人提出,并应是有效的(被申请人不作为除外)。被申请人提交的证据必须是做出行政行为时的证据。被申请人举证自己做出具体行政行为的事实和法律、法规依据是至关重要的。因此,交通运输行政管理部门及交通运输行政执法人员要注意证据的积累。

《行政复议法》第二十三条和第二十四条对被申请人的举证有明确的规定。《交通运输行政复议规定》中规定被申请人举证的时间为收到复议申请书副本10日内提交,如果被申请人在法定的时间内未提交做出具体行政行为的全部证据、依据和其他有关的材料,则视为该行政管理机关做出的行政行为没有证据、依据,行政复议机关有权撤销该行政行为。另外,被申请人在复议过程中,不得自行向申请人和其他有关社会组织或个人收集证据。

五、复议不停止的制度

根据《行政复议法》第二十一条规定,交通运输管理部门做出行政处罚后不因申请人提出行政复议申请而停止执行;但是,有法律规定情形的除外。

第三节 交通运输行政复议受案范围与管辖

一、交通运输行政复议受案范围

《行政复议法》第六条对申请行政复议范围做了规定，交通运输行政复议受案范围，依据所做出的具体行政行为，主要有以下几类：

（1）交通运输行政处罚案件。行政处罚在交通运输行政处罚过程中运用的较为广泛。目前，交通运输管理部门依据法律、法规、规章制定的处罚形式主要有警告、罚款、没收非法所得、暂扣或者吊销执照及责令停产停业等。

（2）交通运输行政强制措施案件。行政强制措施主要是指限制人身自由或者查封、扣押、冻结财产等强制措施。行政强制措施是行政机关为了预防、制止违法行为或危害社会的状态，以及为了查明案件事实或执行法律、法规及行政决定，根据需要对公民、法人或其他组织的人身或财产采取的强制性手段。在交通运输行政管理活动中采取的强制措施主要限于财产方面。

（3）交通运输行政机关侵犯法定经营自主权案件。行政机关侵犯合法经营自主权是指公民、法人和其他组织依据法律、法规赋予的在生产经营活动中依法享有的自主支配和使用自己的人力、财力和物力以及决定产、供、销环节中自主决定不受干涉的权利，受到行政机关的干预或剥夺的行为。法律允许对这种具体的行政行为提起行政复议：首先行政相对人对行政机关提起行政复议的具体行政行为必须是受法律、法规保护的；行政相对人认为经营自主权受到侵害是行政机关的具体行政行为引起的。

（4）交通运输行政管理机关行政许可案件。行政许可案件是指公民、法人或其他组织认为符合法定条件，申请行政机关颁发许可证、执照、资质证、资格证等证书，行政机关没有办理而提起的行政复议。在此类案件中，行政机关的行为表现为两种：①行政机关不予答复；②拒绝颁发。交通运输行政管理机关颁发证照，是一种具体行政行为，也是行政相对人从事某种职业的前提条件。

（5）交通运输行政管理机关违法要求履行义务的案件。交通运输行政管理相对人的义务必须由法律事先规定。任何超越法律、法规、规章的规定所设定的义务，都是违法行为，主要包括行政机关乱摊派、乱收费及违法集资等。交通运输行政管理机关违法要求行政管理相对人履行义务的行为，行政相对人都可以申请行政复议。

（6）交通运输行政管理机关不履行保护人身权、财产权职责的案件。

二、交通运输行政复议管辖

交通运输行政复议管辖是指行政复议机关受理复议申请的权限和分工，即某一行政争议发生后，应由哪一个行政机关来行使行政复议权。

依照《行政复议法》和《交通运输行政复议规定》，履行交通运输行政复议职责的交通运输行政机关是交通运输行政复议机关。交通运输行政复议机关设置的法制工作机构具体办理交通运输行政复议事项，履行《行政复议法》第三条规定的职责。

（1）对县级以上地方政府交通运输主管部门的具体行政行为不服的，申请人既可以向本级人民政府申请行政复议，也可以向其上一级人民政府交通运输主管部门申请行政复议。

（2）对县级以上地方人民政府交通运输主管部门依法设立的交通运输管理派出机构依照法律、法规或者规章规定，以自己的名义做出的具体行政行为不服的，申请人既可以向设立该派出机构的交通运输主管部门申请行政复议,也可以向该交通运输主管部门的本级地方人民政府申请行政复议。

（3）对县级以上地方人民政府交通运输主管部门依法设立的交通运输管理机构，依照法律、法规授权，以自己的名义做出的具体行政行为不服的，申请人可以向设立该管理机构的交通运输主管部门申请行政复议。

（4）对下列具体行政行为不服的，应向交通运输部申请行政复议。

1）省级人民政府交通运输主管部门的具体行政行为。

2）交通运输部直属海事管理机构的具体行政行为。

3）长江航务管理局、珠江航务管理局的具体行政行为。

4）交通运输部的具体行政行为。

第四节　交通运输行政复议程序

交通运输行政复议程序是交通运输行政复议申请人向交通运输行政复议机关申请行政复议，至交通运输行政复议机关做出行政复议决定的各项步骤、形式、顺序和时限的总和。行政复议程序一般依次为：行政复议的申请、行政复议的受理、行政复议的审理、行政复议决定、行政复议的送达。

一、交通运输行政复议的申请

根据《行政复议法》的规定，行政复议的申请要由有权提出行政复议申请的申请人在法定申请期限内申请复议，申请复议应符合法定的条件和形式。

（1）申请人应在法定申请期限内提出复议申请。依照《行政复议法》第九条、《交通运输行政复议规定》第八条的规定，公民、法人或者其他组织向交通运输行政复议机关申请交通运输行政复议，应当自知道该具体行政行为之日起60日内提出行政复议申请，但是法律规定的申请期限超过60日的除外。因不可抗力或者其他正当理由耽误了法定申请期限的，经交通运输行政复议机关依法确认的，申请期限自障碍消除之日起继续计算。

（2）申请复议应符合法定的条件。

1）申请人认为具体行政行为侵犯公民、法人或者其他组织合法权益。

2）做出具体行政行为的行政机关是被申请人。

3）有具体的请求事项和事实根据。

4）属于行政复议范围。

5）属于复议机关管辖。

6）法律、法规规定的其他条件。

（3）交通运输行政复议申请书应符合法定形式。《交通运输行政复议规定》第九条规定："申请人申请交通运输行政复议，可以书面申请，也可以口头申请。申请人口头申请的，交通行政复议机关应当当场记录申请人、被申请人的基本情况，行政复议请求，主要事实、理由和时间；申请人应当在行政复议申请笔录上签名或者署印。"书面申请的，应当向行政机关递交行政复议申请书。

二、行政复议的受理

《交通运输行政复议规定》第十一条规定："交通运输行政复议机关收到交通运输行政复议申请后，应当在5日内进行审查。对符合《行政复议法》规定的行政复议申请，应当决定予以受理，并制作"交通运输行政复议申请受理通知书"送达申请人、被申请人；对不符合《行政复议法》规定的行政复议申请，决定不予受理，并制作"交通运输行政复议申请不予受理决定书"送达申请人；对符合《行政复议法》规定，但是不属于本机关受理的行政复议申请，应当告知申请人向有关行政复议机关提出。"行政复议申请自行政复议机关设置的法制工作机构收到之日起即为受理。

《交通运输行政复议规定》第十二条规定:"公民、法人或者其他组织依法提出交通运输行政复议申请,交通运输行政复议机关无正当理由不予受理的,上级交通运输行政机关应当制作'责令受理通知书'责令其受理;必要时,上级交通运输行政机关可以直接受理。"

三、交通运输行政复议的审理

1. 审理前的准备

(1)交通运输行政复议机关设置的法制工作机构应当自行政复议申请受理之日起7日内,将交通运输行政复议申请书副本或者"交通运输行政复议申请笔录"复印件及"交通运输行政复议申请受理通知书"送达被申请人。被申请人自收到申请书副本或申请笔录复印件及申请受理通知书之日起10日内提出书面答复,并提交当初做出具体行政行为的证据、依据和其他有关资料。

(2)向有关组织和人员调查情况、收集证据、查阅文件和资料等。

2. 审理的内容

行政复议是监督行政的一种形式。《行政复议法》第七条规定,公民、法人或者其他组织对具体行政行为提起行政复议时,可以一并向行政复议机关提出对该具体行政行为所依据的规定的审查申请,受审查的规定包括国务院部门的规定,县级以上地方各级人民政府及其工作部门的规定以及乡、镇人民政府的规定。也就是行政管理相对人不仅可以对具体行政行为是否合法和适当要求进行审查,还可以对有关抽象行政行为要求进行附带审查。

3. 审理的方式

交通运输行政复议原则上采取书面审查的办法,但是申请人提出要求或者交通运输行政复议机关设置的法制工作机构认为有必要时,可以向有关组织和个人调查情况,听取申请人、被申请人和第三人的意见。

4. 审理的期限

《交通运输行政复议规定》第二十条规定:"交通运输行政复议机关应当自受理交通运输行政复议申请之日起60日内做出交通运输行政复议决定;但是法律规定的行政复议期限少于60日的除外。情况复杂,不能在规定期限内做出交通运输行政复议的,经交通运输行政复议机关的负责人批准,可以适当延长,并告知申请人、被申请人、第三人,但是延长期限最长不超过30日。"

5. 审理中的其他问题

(1)《交通运输行政复议规定》第十五条规定,交通运输行政复议决定做出前,申请人要求撤回行政复议申请,经说明理由并由复议机关记录在案,可以撤回。撤回行政复议申请的,交通运输行政复议终止。

(2)《行政复议法》第二十一条规定,行政复议期间具体行政行为不停止执行。但是,有下列情形之一的,可以停止执行:①被申请人认为需要停止执行的;②行政复议机关认为需要停止执行的;③申请人申请停止执行,行政复议机关认为其要求合理,决定停止执行的;④法律规定停止执行的。

四、交通运输行政复议决定

交通运输行政复议决定是指复议机构对案件审查提出意见,经交通运输行政复议机关依法审

理后就有关具体行政行为是否合法、适当,做出的书面裁决。交通运输行政复议决定有以下4种:

(1)维持决定。维持决定是交通运输行政复议机关对具体行政行为审理后,认定事实清楚、证据确凿,适用依据正确,程序合法,肯定被审查的具体行政行为,驳回行政复议申请。

(2)履行决定。履行决定是交通运输行政复议机关经审查后,认定被申请人不履行法律、法规规定的职责,从而做出责令在一定期限内履行职责的决定。

(3)撤销、变更或确定具体行政行为违法的决定。交通运输行政复议机关认为有下列情形之一的,决定撤销、变更或者确认该具体行政行为违法;决定撤销或者确认该行政行为违法的,可以责令被申请人在一定期限内重新做出具体行政行为。

1)主要事实不清、证据不足的。
2)适用依据错误的。
3)违反法定程序的。
4)超越或者滥用职权的。
5)具体行政行为明显不当的。

《交通运输行政复议规定》第十八条第四款规定:"被申请人不按照《行政复议法》第二十三条的规定提出书面答复、提交当初做出具体行政行为的证据、依据和其他有关材料的,视为该具体行政行为没有证据、依据,决定撤销该具体行政行为。"

交通运输行政复议机关责令被申请人重新做出具体行政行为的,被申请人不得以同一的事实和理由做出与原同一行政行为相同或者基本相同的具体行政行为。

(4)赔偿决定。申请人在申请行政复议时可以一并提出行政赔偿请求,行政复议机关对符合国家赔偿法的有关规定应当给予赔偿的,在决定撤销、变更具体行政行为或者确认具体行政行为违法时,应当同时决定被申请人依法给予赔偿。

交通运输行政复议机关做出交通运输行政复议决定时,应当制作"交通运输行政复议决定书",加盖交通运输行政复议机关印章,分别送达申请人、被申请人和第三人;"交通运输行政复议决定书"一经送达即发生法律效力。申请人如果不服行政复议的决定,可以依法提出行政诉讼。

五、交通运输行政复议的送达

交通运输行政复议机关送达复议决定书,应直接送交受送达人;受送达人本人不在,应交其同住的成年家属或者所在单位签收;本人已向复议机关指定代收人的,交代收人签收;受送达人拒绝接受复议决定书的送达人应邀请有关人员在场,说明情况,在"送达回证"上记明拒收的事由和日期,由送达人、见证人签名或者盖章,把复议决定书留在受送达人的住处或者收发部门,即视为送达。

交通运输行政复议机关向当事人送达复议决定书及其他交通行政复议文书(除邮寄、公告送达外)应当使用"送达回证",受送达人应当在送达回证上注明日期,并签名或署印。

案例分析

一、案情简介

201×年1月17日,申请人薛某驾驶小型轿车行驶至人行横道线时,遇行人正在通过人行横道线而未停车让行,被被申请人某市公安局交通警察支队监控设备拍摄。同年1月29日,申请人至被申请人非现场违法处理地点接受处理,被申请人民警口头告知了申请人违法事实、拟做出的行政处罚、处罚依据和申请人依法享有的权利后,适用简易程序做出"公安交通管理简易程序处罚决定书",对申请人予以100元罚款,并根据《机动车驾驶证申领和使用规定》,对本次违法记2分。申请人申请复议的主要理由是:采用简易程序违反了处罚法规定;执法人员未出示证件或表明执法身份以及未告知申请人依法享有的陈述申辩权等。经审理,复议机关依法维持了上述处罚决定。

二、分析

根据《行政处罚法》的规定,对公民处以五十元以下的罚款,可以适用简易程序,当场做出处罚。而《道路交通安全法》第一百零七条第一款规定:"对道路交通违法行为人予以警告、二百元以下罚款,交通警察可以当场做出行政处罚决定,并出具行政处罚决定书。"这里涉及两方面的问题。一是《行政处罚法》对简易程序的规定与《道路交通安全法》不同,根据后法优于先法、特别法优于一般法的原则,交通警察对公民处以二百元以下的罚款,可以适用简易程序。二是当场处罚与现场处罚的区别问题。当场做出行政处罚,这是简易程序案件的主要特征。相关法律规定执法人员可以当场做出行政处罚,简易程序的当场处罚不等同于现场处罚,行政处罚程序的开始并非以违法行为发生时起算,而是从申请人至被申请人处要求对违法行为进行处理时开始。被申请人在收到申请人处理请求后,至做出行政处罚决定时止,其调查、审查和决定等程序均简化在"当场"这个短时间之内完成,因此被申请人适用简易程序并无不当。

《行政处罚法》第三十一条规定的告知程序,是行政机关实施行政处罚的重要程序。设立告知程序的目的,就是要做到处罚公开,保护当事人的申辩权。兼听则明,也有利于保证执法质量。即使是简易程序,也要充分保障当事人的权利。从本案查明事实看,被申请人民警通过询问申请人有无异议的方式听取申请人对违法行为处理的陈述、申辩,这一方式已保障了申请人充分行使陈述、申辩的权利。执勤民警虽未直接表述"陈述、申辩"字眼,但并未实际影响申请人陈述、申辩权利的行使,故并未违反法定程序。

《行政处罚法》要求执法人员执法时出示执法证件,目的在于向行政相对人表明执法者的具体身份,体现执法公开,便于保障行政相对人的知情权。《人民警察法》规定,警察执行公务时可采用"按照规定着装、佩戴人民警察标志"或者"出示人民警察证件"两种方式表明身份。从本案查明的事实和采信的证据来看,申请人在被申请人非现场违法处理大厅即被申请人的执法场所要求对违法行为进行处理,且被申请人执勤民警身着警服、佩戴警衔,上述信息的呈现足以使申请人知悉执勤民警系人民警察执法的身份,故未出示执法证件并不能成为程序违法的充分理由。

复习思考题

1. 什么是交通运输行政复议?交通运输行政复议有哪些特征?
2. 交通运输行政复议的基本原则有哪些?
3. 交通运输行政复议的基本制度有哪些?
4. 简述交通运输行政复议的程序。

第十一章 交通运输行政诉讼规定

【学习目的】

通过学习本章内容，了解交通运输行政诉讼规定的基本内容，熟悉交通运输行政诉讼基本知识，熟练掌握交通运输行政诉讼的受案范围和管辖，以及交通运输行政诉讼证据与法律适用。

《中华人民共和国行政诉讼法》（以下简称《行政诉讼法》）于1989年4月4日第七届全国人民代表大会第二次会议通过，1989年4月4日中华人民共和国主席令第16号公布，1990年10月1日起施行；根据2014年11月1日全国人民代表大会常务委员会《关于修改〈中华人民共和国行政诉讼法〉的决定》修订。人民法院审理交通运输行政案件时，依照《行政诉讼法》、最高人民法院《关于执行〈中华人民共和国行政诉讼法〉若干问题的解释》和《关于行政诉讼证据若干问题的规定》等法律依据。

第一节 交通运输行政诉讼的基本知识

一、交通运输行政诉讼的概念与特征

1. 交通运输行政诉讼的概念

交通运输行政诉讼是指公民、法人或其他组织认为交通运输管理部门的行政行为侵犯自己的合法权益时，依法向法院申请，并由法院对交通运输管理部门的行政行为进行审查和裁判的一种诉讼活动。关于交通运输行政诉讼的概念，有以下几点需要加以说明：

（1）能够提起行政诉讼的公民、法人或其他组织，即行政法学上的行政相对人。在某些情况下，行政机关也可以提起行政诉讼，但它不是以行政机关的身份而是以机关法人的身份充当行政诉讼的原告。因为在充当原告的行政机关与充当被告的行政机关相互之间的行政法律关系中，前者处于行政相对人的地位，后者处于行政主体的地位。

（2）"认为"是行政相对人的单方面判断，这意味着法院对行政相对人的起诉，只能进行形式审查而不进行实质审查。相对人的起诉只要符合起诉的形式条件，法院即须受理。

（3）关于交通运输行政诉讼的标的——交通运输行政行为，可以分为抽象行政行为和具体行政行为。根据我国《行政诉讼法》的规定，目前法院只受理有关具体行政行为的诉讼，对于有关抽象行政行为的诉讼法院则不受理。

（4）法院只审查交通运输行政行为的合法性，不审查其合理性，这是法治国家的通例。我国《行政诉讼法》规定，法院只对具体的交通运输行政行为的合法性进行审查，不审查其合理性，但交通运输行政处罚显失公正的，人民法院可以判决变更。

2. 交通运输行政诉讼的特征

（1）它是一种诉讼活动，有三方主体，是典型的司法活动，这是行政诉讼与民事诉讼、刑

事诉讼的共同点。

（2）它是公民（法人、组织）与政府交通运输管理部门"打官司"，法院的司法活动主要体现为对政府交通运输管理部门权力的监督。在这点上，行政诉讼与刑事诉讼相同，而与民事诉讼不同。但是，行政诉讼的原告是公民（法人、组织），被告是政府交通运输管理部门；而刑事诉讼的原、被告则相反，在这点上，行政诉讼与刑事诉讼又是不同的。

二、交通运输行政诉讼与行政复议、民事诉讼的区别

1. 交通运输行政诉讼与行政复议的区别

（1）活动的性质不同。交通运输行政诉讼有三方主体，其中法院是审理主体，这是典型的司法活动、诉讼活动；交通运输行政复议有两方主体（因为被申请人与复议机关都是行政主体），是典型的具体行政行为（但考虑到复议机关毕竟与被申请人不是同一个机关，因此行政复议又被称为行政司法行为、准司法活动）。

（2）价值追求不同。交通运输行政诉讼的首要价值是公平，而交通运输行政复议的首要价值是效率，这是由两种法律程序所决定的。因为交通运输行政诉讼程序比较复杂、严格，诉讼期间比较长，而且在举证、执行等方面加重了行政主体的负担；同时，审判者是司法机关，这对于弱势方——相对人而言是比较公平的。而交通行政复议程序比较粗疏，期间比较短，而且审理主体是与被申请人具有隶属关系的行政机关，体现了对行政效率的追求。

（3）决定的法律效力不同。按照法治原则，只有法院的裁判（当然是指生效的裁判）具有最终的法律效力，一切行政决定都不具有最终的法律效力。

2. 交通运输行政诉讼与民事诉讼的区别

（1）交通运输行政诉讼体现了司法权对行政权力的监督，这是行政诉讼区别于民事诉讼的一个显著特点。民事诉讼要解决的是平等主体之间的法律纠纷，法官居中裁判并充分尊重诉讼双方当事人的意见，因此调解是法官处理民事诉讼案件的重要手段。交通运输行政诉讼要解决的是不平等主体之间的法律纠纷，其中行政主体居于强势地位，国家设立行政诉讼制度的宗旨就是防止行政权力的专横，给予相对人以必要的法律救济，所以《行政诉讼法》规定人民法院处理行政诉讼案件不适用调解。

（2）交通运输行政诉讼中原告和被告的地位具有恒定性。在民事诉讼中，原告和被告可以互为原、被告。但在行政诉讼中，公民、法人和其他组织只能是原告，被告则只能是行政主体，而且被告不能反诉。这是因为，在实体行政法律关系中，行政行为推定有效，行政主体没有必要请求法院确认其行政行为的法律效力，故法律没有必要赋予行政主体以原告资格。

（3）行政诉讼证据来源的特定性。民事诉讼证据一般产生于民事法律行为成立的过程中或之后，但交通运输行政诉讼证据必须在具体行政行为成立之前即已存在，这是具体行政行为"先取证，后作为"原则的要求。从狭义上说，交通运输行政诉讼证据仅指那些与具体行政行为是否合法有关的证据，不包括具体行政行为是否侵害原告合法权益的证据。

（4）交通运输行政诉讼中的举证责任具有特殊性。在民事诉讼中，实行"谁主张，谁举证"原则，原、被告具有平等的举证义务。在交通运输行政诉讼中，法律规定行政主体负有证明自己行为合法性的责任，否则即应承担败诉的法律后果。可见，被告承担着比原告更重的举证责任。

三、《行政诉讼法》的表现形式

我国《行政诉讼法》的表现形式,包括:

(1)宪法、组织法中有关行政诉讼的条款。例如,我国《宪法》第一百二十五条规定:"人民法院审理案件,除法律规定的特别情况外,一律公开进行。"《人民法院组织法》关于两审终审、合议、公开、回避等原则的规定。

(2)民事诉讼法中能适用于行政诉讼活动的条款。2015年《最高人民法院关于执行〈中华人民共和国行政诉讼法〉若干问题的解释》,人民法院审理行政案件,除依照行政诉讼法的规定外,对本规定没有规定的,可以参照民事诉讼的有关规定。

(3)有关行政诉讼的司法解释。目前包括《最高人民法院关于执行〈中华人民共和国行政诉讼法〉若干问题的解释》和《最高人民法院关于行政诉讼证据若干问题的规定》。

(4)有关行政诉讼的国际条约。

第二节 交通运输行政诉讼的受案范围和管辖

一、交通运输行政诉讼的受案范围

交通运输行政诉讼的受案范围是指人民法院受理交通运输行政案件的范围,即法律规定的人民法院受理交通运输行政案件的权限。

(一)人民法院受理案件的范围

根据《行政诉讼法》第十二条的规定,人民法院受理的公民、法人或者其他组织提起的诉讼包括:

(1)对行政拘留、暂扣或者吊销许可证和执照、责令停产停业、没收违法所得、没收非法财物、罚款、警告等行政处罚不服的。

(2)对限制人身自由或者对财产的查封、扣押、冻结等行政强制措施和行政强制执行不服的。

(3)申请行政许可,行政机关拒绝或者在法定期限内不予答复,或者对行政机关做出的有关行政许可的其他决定不服的。

(4)对行政机关做出的关于确认土地、矿藏、水流、森林、山岭、草原、荒地、滩涂、海域等自然资源的所有权或者使用权的决定不服的。

(5)对征收、征用决定及其补偿决定不服的。

(6)申请行政机关履行保护人身权、财产权等合法权益的法定职责,行政机关拒绝履行或者不予答复的。

(7)认为行政机关侵犯其经营自主权或者农村土地承包经营权、农村土地经营权的。

(8)认为行政机关滥用行政权力排除或者限制竞争的。

(9)认为行政机关违法集资、摊派费用或者违法要求履行其他义务的。

(10)认为行政机关没有依法支付抚恤金、最低生活保障待遇或者社会保险待遇的。

(11)认为行政机关不依法履行、未按照约定履行或者违法变更、解除政府特许经营协议、土地房屋征收补偿协议等协议的。

（12）认为行政机关侵犯其他人身权、财产权等合法权益的。

除前款规定外，人民法院受理法律、法规规定可以提起诉讼的其他行政案件。

（二）人民法院不受理的事项

根据《行政诉讼法》第十三条的规定，人民法院不受理公民、法人或者其他组织对下列事项提起的行政诉讼：①国防、外交等国家行为；②行政法规、规章或者行政机关制定、发布的具有普遍约束力的决定、命令；③行政机关对行政机关工作人员的奖惩、任免等决定；④法律规定由行政机关最终裁决的行政行为。

二、交通运输行政诉讼的管辖

交通运输行政诉讼管辖是指上下级法院之间和同级法院之间受理第一审行政案件的分工和权限。交通运输行政诉讼的受案范围所关注的是人民法院与行政机关或其他组织在处理行政争议上的分工，而管辖所要解决的则是人民法院组织系统内部在受理第一审案件方面的分工。根据我国《行政诉讼法》第三章的规定，管辖可以分为级别管辖、地域管辖（一般地域管辖、特殊地域管辖、共同管辖）和裁定管辖（移送管辖、指定管辖和管辖权的转移）。另外，还涉及管辖权的异议。

（一）级别管辖

级别管辖是指上下级人民法院受理第一审行政案件的分工和权限。我国行政诉讼的级别管辖分为：基层人民法院的管辖、中级人民法院的管辖、高级人民法院的管辖和最高人民法院的管辖。

1. 基层人民法院的管辖

《行政诉讼法》第十四条规定："基层人民法院管辖第一审行政案件。"这一规定的含义是，除法律规定应由上级人民法院管辖的第一审行政案件外，行政案件都由基层人民法院管辖。

2. 中级人民法院的管辖

根据《行政诉讼法》第十五条和《最高人民法院关于执行〈中华人民共和国行政诉讼法〉若干问题的解释》的规定，中级人民法院管辖的第一审行政案件包括：①对国务院部门或者县级以上地方人民政府所做的行政行为提起诉讼的案件；②海关处理的案件；③本辖区内重大、复杂的案件；④其他法律规定由中级人民法院管辖的案件。

3. 高级人民法院的管辖

《行政诉讼法》第十六条规定："高级人民法院管辖本辖区内重大、复杂的第一审行政案件。"高级人民法院的主要任务是对本辖区内中级人民法院、基层人民法院的审判工作进行监督和指导，根据这一规定，高级人民法院管辖的第一审行政案件是极少数，绝大多数第一审行政案件由基层人民法院和中级人民法院管辖。

4. 最高人民法院的管辖

《行政诉讼法》第十七条规定："最高人民法院管辖全国范围内重大、复杂的第一审行政案件。"最高人民法院是全国最高审判机关，其主要任务是对全国各级、各类法院的审判工作进行监督和指导，因此，它所管辖的第一审行政案件是极少数在全国范围内重大、复杂的案件。

（二）地域管辖

地域管辖是指同级人民法院之间受理第一审行政案件的分工和权限。地域管辖又可以分为一般地域管辖、特殊地域管辖和共同管辖。

1. 一般地域管辖

一般地域管辖是指由最初做出具体行政行为的行政机关所在地的法院管辖，即按照"原告就被告"原则确定的管辖。《行政诉讼法》第十八条规定："行政案件由最初做出具体行政行为的行政机关所在地人民法院管辖。经复议的案件，也可以由复议机关所在地人民法院管辖。"

2. 特殊地域管辖

特殊地域管辖是指法律针对特别案件所规定的地域管辖。根据《行政诉讼法》第十九和第二十条的规定，特殊地域管辖有以下两种情况：①对限制人身自由的行政强制措施不服提起的诉讼，由被告所在地或者原告所在地人民法院管辖；②因不动产提起的行政诉讼，由不动产所在地人民法院管辖。

3. 共同管辖

共同管辖是指两个以上的法院对同一个案件都有合法的管辖权。根据《行政诉讼法》第二十一条的规定："两个以上人民法院都有管辖权的案件，原告可以选择其中一个人民法院提起诉讼。原告向两个以上有管辖权的人民法院提起诉讼的，由最先立案的人民法院管辖。"

（三）裁定管辖——移送管辖、指定管辖和管辖权的转移

移送管辖是指法院受理行政案件后，发现所受理的行政案件确实不属于自己管辖而应由其他法院管辖，因而将案件移送给有管辖权的法院审理的一种管辖形式。指定管辖是指上级法院以指定行为将行政案件交由下级法院管辖的制度。管辖权的转移是指基于上级法院的同意与决定，将下级法院有管辖权的行政案件转交由上级法院审理，或者上级法院将自己有管辖权的行政案件交由下级法院审理的管辖形式。

在这里，应当注意区分移送管辖与管辖权的转移：移送管辖是指将案件由无管辖权的法院移交有管辖权的法院，它发生在上下级或同级法院之间；管辖权的转移是指案件从本来有管辖权的法院移交给本来没有管辖权的法院，只能发生在上下级法院之间。

（四）管辖权异议

当事人提出管辖权异议，应当在接到法院应诉通知之日起10日内以书面形式提出。

第三节 交通运输行政诉讼证据与法律适用

一、交通运输行政诉讼证据

（一）证据的种类

根据《行政诉讼法》，行政诉讼的证据包括书证、物证、视听资料、电子数据、证人证言、当事人的陈述、鉴定意见、勘验笔录、现场笔录。

以上证据经法庭审查属实，才能作为认定案件事实的根据。

现场笔录是指交通运输管理部门工作人员在做出具体行政行为的现场对具体行政行为的实际情况所做的书面的即时记录。现场笔录为什么是行政诉讼的证据而不是民事诉讼的证据？我们认为，民事法律行为是平等主体之间的法律行为，根本原则是当事人意思自治，民事法律关系的成立以符合实体法为限；具体行政行为是不平等主体之间的法律行为，这种行为不仅要符

合实体法，还要符合程序法，"先取证，后作为"。应有现场笔录而没有的，表明行政行为在程序上存在缺陷。因此，现场笔录体现了法律对行政权力的程序性限制。

（二）举证责任与举证期限

1. 被告的举证责任与举证期限

根据《行政诉讼法》第三十四条的规定，被告对做出的具体行政行为负有举证责任。行政诉讼的举证责任是指作为被告的行政机关应当证明自己所为的具体行政行为合法，否则即承担败诉的法律后果。

根据《最高人民法院关于执行〈中华人民共和国行政诉讼法〉若干问题的解释》和《最高人民法院关于行政诉讼证据若干问题的规定》的规定，在行政诉讼中，被告对其做出的具体行政行为承担举证责任。被告应当在收到起诉状副本之日起10日内提交答辩状，并提供做出具体行政行为时的证据、依据；被告不提供或者无正当理由逾期提供的，应当认定被诉具体行政行为没有证据、依据。

与民事诉讼中的"谁主张，谁举证"原则相比，行政诉讼法上的被告举证原则加重了被告的举证义务。证明具体行政行为合法性的责任为什么要由被告承担？原因有二：①在实体法律关系中，具体行政行为推定有效，具有强制执行力。而在诉讼法律关系中，加重行政机关的举证责任，将其置于不利地位，在制度设计上体现了行政机关与相对人权利义务的平衡。②行政行为合法性的要求是"先取证，后作为"，行政主体只能以事先取得的证据为根据做出具体行政行为，因此，由被告证明自己的行政行为合法是顺理成章的。

2. 被告的举证规则

根据《行政诉讼法》第三十五条的规定："在诉讼过程中，被告及其代理人不得自行向原告、第三人和证人收集证据。"这是因为，被告及其代理人"自行"收集证据，说明被告在当初做出具体行政行为时没有证据或者证据不足，这本身就说明被告所做出的具体行政行为是违法的。

3. 原告的举证问题（一般不称为举证责任）

《最高人民法院关于行政诉讼证据若干问题的规定》第四条规定：①原告向法院起诉时，应当提供其符合起诉条件的相应的证据材料。②在起诉被告不作为的案件中，原告应当提供其在行政程序中曾经提出申请的证据材料，但下列情形除外：被告应当依职权主动履行法定职责的；原告因被告受理申请的登记制度不完善等正当事由不能提供相关证据，并能够做出合理说明的；被告认为原告起诉超过法定期限的。以上三种情况应由被告承担举证责任。

《最高人民法院关于行政诉讼证据若干问题的规定》第五条规定："在行政赔偿诉讼中，原告应当对被诉具体行政行为造成损害的事实提供证据。"

《最高人民法院关于行政诉讼证据若干问题的规定》第六条规定："原告可以提供证明被诉具体行政行为违法的证据。原告提供的证据不成立的，不免除被告对被诉具体行政行为合法性的举证责任。"

4. 原告或第三人举证的期限

（1）原告或第三人应当在开庭审理前或者法院指定的交换证据之日提供证据。

（2）原告或第三人在第一审程序中无正当事由未提供证据而在第二审程序中提供的证据，法院不予采纳。

（三）法院的调查取证

（1）原告或第三人不能自行收集，但能够提供确切线索的，可以申请法院调取下列证据材料：①由国家有关部门保存而须由法院调取的证据材料；②涉及国家秘密、商业秘密、个人隐私的证据材料；③确因客观原因不能自行收集的其他证据材料。

（2）法院不得为证明被诉具体行政行为的合法性，调取被告在做出具体行政行为时未收集的证据。

（四）证据保全、鉴定、勘验

证据保全是指人民法院在证据可能灭失或以后难以取得的情况下，采取制作笔录、绘图、拍照、录音、录像、提取并保管有关证据等措施使证据价值保存下来的一种诉讼行为。在以下两种情况下，人民法院可以对证据进行保全：①证据有可能灭失；②证据以后难以取得。人民法院可以依职权或者当事人申请对证据进行保全，并根据证据的属性采取相应的保全措施。

（五）证据的对质辨认和核实

证据的对质辨认和核实是指在法官的主持下，当事人就有关证据进行辨认和对质，围绕证据的真实性、关联性、合法性，证据的说服力和说服力大小进行辩论的活动。

证据的对质辨认和核实是对证据进行审查的重要环节。

原则上，一切证据均应在法庭上出示，并经庭审质证，才能作为定案的依据，即使人民法院调取的证据也是如此。但当事人在庭前证据交换过程中没有争议并记录在卷的证据经审判人员在庭审中说明后，可以作为认定案件事实的依据。

在对证据进行对质和辨认的过程中，经法庭准许，当事人及其代理人可以就证据问题相互发问，也可以向证人、鉴定人或者勘验人发问。

注意：《最高人民法院关于行政诉讼证据若干问题的规定》第四十六条规定："证人应当陈述其亲历的具体事实。证人根据其经历所做的判断、推测或者评论，不能作为定案的依据。"

（六）人民法院对证据的审核认定

根据《最高人民法院关于行政诉讼证据若干问题的规定》第五十四条的规定，法庭应当对全部证据进行综合审查，遵循法官职业道德，运用逻辑推理和生活经验，进行全面、客观和公正的分析判断，确定证据材料与案件事实之间的证明关系，排除不具有关联性的证据材料，准确认定案件事实。

二、行政诉讼的法律适用

根据《行政诉讼法》第六十三条的规定，人民法院审理交通运输行政案件，参照国务院部委根据法律和国务院的行政法规、决定、命令制定、发布的规章以及省、自治区、直辖市和省、自治区的人民政府所在地的市和经国务院批准的较大的市的人民政府根据法律和国务院的行政法规制定、发布的规章。

人民法院认为地方人民政府制定、发布的规章与国务院部委制定、发布的规章不一致的，以及国务院部委制定、发布的规章之间不一致的，由最高人民法院送请国务院做出解释或者裁决。

人民法院在审理行政案件中，认为行政机关的主管人员、直接责任人员违法违纪的，应当将有关材料移送监察机关、该行政机关或者其上一级行政机关；认为有犯罪行为的，应当将有关材料移送公安机关和检察机关。

人民法院对被告经传票传唤无正当理由拒不到庭，或者未经法庭许可中途退庭的，可以将被告拒不到庭或者中途退庭的情况予以公告，并可以向监察机关或者被告的上一级行政机关提出依法给予其主要负责人或者直接责任人员处分的司法建议。

第四节　交通运输行政诉讼程序

交通运输行政诉讼程序包括起诉和受理、第一审程序、第二审程序、审判监督程序和执行程序。

一、起诉和受理

1. 起诉

（1）起诉的类型与期限。

交通运输行政诉讼的起诉有两种类型。①直接向人民法院起诉。只要法律法规没有明确规定必须经过复议的，公民、法人或其他组织对具体行政行为不服时，都可以直接向人民法院起诉。相对人直接向法院起诉的，应当在知道做出具体行政行为之日起3个月内提出，法律另有规定的除外。②经复议后向人民法院起诉。有的法律法规规定，公民、法人或其他组织对具体行政行为不服必须先由复议机关处理，对复议决定仍然不服才可起诉的，公民、法人或其他组织必须先申请行政复议，然后向人民法院起诉。大多数情况下，法律法规没有规定必须经过复议，但公民、法人或者其他组织自愿选择，先申请行政复议，对复议决定不服的，可以再向法院起诉。相对人向行政机关申请复议的，复议机关应当在收到申请书之日起2个月内做出决定，法律、法规另有规定的除外。申请人不服复议决定的，可以在收到复议决定书之日起15日内向法院起诉。复议机关逾期不做决定的，申请人可以在复议期满之日起15日内向法院起诉。法律另有规定的除外。

（2）起诉的条件。

根据《行政诉讼法》的规定，提起交通行政诉讼应当符合下列条件：①原告是认为具体行政行为侵犯其合法权益的公民、法人或者其他组织；②有明确的被告；③有具体的诉讼请求和事实根据；④属于人民法院受案范围和受诉人民法院管辖。

2. 受理与立案

受理是人民法院对公民、法人或者其他组织的起诉进行审查，认为符合法律规定的起诉条件而决定立案的诉讼行为。

人民法院接到起诉状，经过审查，认为符合起诉条件的，应当在7日内立案；不符合起诉条件的，应当在7日内裁定不予受理。7日内不能决定是否受理的，应当先予受理；受理后经审查不符合起诉条件的，裁定驳回起诉。法院应当在立案之日起5日内，将起诉状副本发送被告。法院应当在收到答辩状之日起5日内，将答辩状副本发送原告。

受诉人民法院在7日内既不立案，又不做出裁定的，起诉人可以向上一级人民法院申诉或者起诉。上一级人民法院认为符合受理条件的，应予受理；受理后可以移交或者指定下级人民法院审理，也可以自行审理。

二、第一审程序

交通运输行政诉讼的第一审程序是指人民法院自立案至做出第一审判决的诉讼程序。重点掌握管辖异议的处理、开庭前审查与调整诉讼参加人等问题。

1. 审理前的准备

（1）组成合议庭。合议庭是人民法院审理行政案件唯一的组织形式。人民法院审理第一审行政案件时，由审判员或审判员、陪审员组成合议庭。合议庭成员应是3人以上的单数。

（2）交换诉状。交换诉状主要是指向被告和原告发送有关文书。一方面，人民法院应在立案之日起5日内，将起诉状副本和应诉通知书发送被告，通知被告应诉。另一方面，人民法院应在收到被告答辩状之日起5日内，将答辩状副本发送原告。被告应当在收到起诉状副本之日起10日内提交答辩状，并提供做出具体行政行为的证据和依据。

（3）处理管辖异议。当事人对受诉人民法院的管辖，有权提出异议。当事人提出管辖异议，应在收到人民法院应诉通知书之日起10日内以书面形式提出。

（4）审查诉讼文书和调查收集证据。

（5）审查其他内容。

2. 庭审程序

（1）庭审方式。行政诉讼第一审程序必须进行开庭审理。开庭审理应遵循以下原则：

1）必须采取言词审理的方式。言词审理与书面审理相对，是指在开庭审理的整个过程中，人民法院的所有职权行为和当事人以及其他诉讼参与人的一切诉讼行为，皆必须直接以言词方式进行。

2）以公开审理为原则。

3）审理行政案件一般不适用调解。

（2）庭审过程。

1）开庭准备。人民法院应在开庭前3日传唤、通知当事人、诉讼参与人按时出庭参加诉讼。对公开审理的案件，应当张贴公告，载明开庭时间、地点、案由等。

2）开庭审理。

3）法庭调查。法庭调查的基本顺序是：①询问当事人；②通知证人到庭作证，告知证人的权利和义务，询问证人，宣读未到庭证人的证人证言；③通知鉴定人到庭，告知其权利和义务，询问鉴定人，宣读鉴定结论；④出示书证、物证和视听资料；⑤通知勘验人到庭，告知其权利和义务，宣读勘验笔录。

4）法庭辩论。

5）合议庭评议。法庭辩论结束后，合议庭休庭，由合议庭全体成员对案件进行评议。评议不对外公开，采取少数服从多数原则。

6）宣读判决。

行政行为证据确凿，适用法律、法规正确，符合法定程序的，或者原告申请被告履行法定职责或者给付义务理由不成立的，人民法院判决驳回原告的诉讼请求。

行政行为有下列情形之一的，人民法院判决撤销或者部分撤销，并可以判决被告重新做出行政行为：①主要证据不足的；②适用法律、法规错误的；③违反法定程序的；④超越职权的；⑤滥用职权的；⑥明显不当的。

(3) 审理期限。人民法院审理第一审行政案件，应当自立案之日起3个月内做出判决。不过，鉴定、处理管辖权异议和中止诉讼的期间不计算在内。

3. 妨害行政诉讼行为的排除

妨害行政诉讼行为的排除是指人民法院在行政诉讼过程中，为了保障行政审判的顺利进行，对实施妨害行政诉讼行为的人采取的强制手段。

（1）妨害行政诉讼的行为。妨害行政诉讼的行为是指诉讼参加人和其他人在行政诉讼过程中，故意干扰、破坏诉讼秩序，妨碍诉讼活动正常进行的行为。根据《行政诉讼法》规定，妨害行政诉讼行为包括：

1）有义务协助执行的人，对人民法院的协助执行通知书，无故推托、拒绝或者妨碍执行的。

2）伪造、隐藏、毁灭证据的。

3）指使、贿买、胁迫他人作伪证或者威胁、阻止证人作证的。

4）隐藏、转移、变卖、毁损已被查封、扣押、冻结的财产的。

5）以暴力、威胁或者其他方法阻碍人民法院工作人员执行职务或者扰乱人民法院工作秩序的。

6）对人民法院工作人员、诉讼参与人、协助执行人侮辱、诽谤、诬陷、殴打或者打击报复的。

（2）排除妨害行政诉讼的强制措施。对上述妨害行政诉讼的行为，人民法院可以采取下列强制措施予以排除：训诫、责令具结悔过、罚款和拘留。

4. 案件的移送和司法建议

（1）案件的移送。案件的移送是指人民法院在审理行政案件时，发现行政机关工作人员有违纪或犯罪行为，或被处罚人的行为构成犯罪，应追究刑事责任，将案件全部或部分移送有关部门处理的措施。

（2）司法建议。根据《行政诉讼法》的规定，行政机关拒绝履行判决、裁定时，人民法院可以向该行政机关的上一级行政机关或者监察、人事机关提出司法建议。接受司法建议的机关，根据有关规定进行处理，并将处理情况告知人民法院。因此，在行政诉讼中，司法建议是保证行政裁判执行的手段之一。

三、第二审程序

交通运输行政诉讼第二审程序，又称上诉审程序，是指上一级人民法院依照法律规定，根据当事人对第一审人民法院做出的裁判或判决不服，而在法定期限内向一审法院的上一级人民法院提起的上诉，对一审的人民法院做出的尚未生效的判决或裁定重新进行审理，并做出裁判的程序。

1. 提起上诉、上诉的受理和上诉的撤回

（1）提起上诉。诉讼当事人对一审法院的判决或裁定不服的，可以在法定期限内提起上诉。一审的原告、被告和第三人都有权提起上诉。提起上诉的当事人应当采用书面的上诉状形式。上诉可以直接向一审法院的上一级法院提起，也可以通过一审法院提起，实践中多采用后者。

（2）上诉的受理。二审法院收到上诉状后，经审查认为诉讼主体合格，未超过法定的上诉期限，应当予以受理，并在5日内将上诉状副本送达被上诉人，被上诉人应在收到上诉状副本后10日内提出答辩状。

（3）上诉的撤回。二审法院自受理上诉案件至做出二审裁判之前，上诉人可以向二审法院申请撤回上诉。撤回上诉应提交撤诉状。撤回上诉是否准许，应由二审法院决定。经审查，法院认为上诉人撤回上诉没有规避法律和损害国家、社会、集体和他人利益，符合撤诉条件的，应当准许撤诉。

不准许撤回上诉的情形有：①发现行政机关对上诉人有胁迫的情况或者行政机关为了息事宁人，对上诉人做了违法让步的；②第二审程序中，行政机关改变原具体行政行为，而上诉人因行政机关改变原具体行政行为而申请撤回上诉的；③双方当事人都提出上诉，而只有一方当事人提出撤回上诉的；④原审人民法院的裁判确有错误，应予以纠正或发回重审的。

2. 二审的审理

二审法院审理上诉案件，首先应当组成合议庭。合议庭应当全面审查一审法院的判决或裁定认定的事实是否清楚，适用法律是否正确，诉讼程序是否合法，审查不受上诉人在诉状中止范围和上诉内容的限制。行政诉讼的二审审理方式可以分为两种：

（1）书面审理。二审的书面审理适用于一审裁判认定事实清楚的上诉案件。二审法院对一审法院报送的案卷材料、上诉状、答辩状、证据材料等进行审查，认为事实清楚的，可以不再传唤当事人、证人和其他诉讼参与人到庭调查核实，只通过书面审理后，即可做出裁判。

（2）开庭审理。二审法院开庭审理与一审相同，主要适用于当事人对一审法院认定的事实有争议，或认为一审法院认定事实不清楚、证据不足等情形。

3. 二审的裁判

二审法院经过对案件的审理，应根据具体行政行为的不同情况做出不同裁判。二审裁判分为以下几种：

（1）裁定撤销一审判决，或裁定发回重审。这种裁判主要适用于：原判认定事实不清楚，证据不足或违反法定程序，可能影响案件的正确判决的；一审判决遗漏了当事人或者遗漏部分诉讼请求的；对上诉人不服一审不予受理的裁定，二审认为应当受理的，应撤销一审裁定，指令一审法院立案受理；对一审法院驳回起诉而二审法院认为有错误的，应裁定撤销一审裁定，指令一审法院进行审理。对于二审法院发回重审的行政案件，原审法院应当另行组成合议庭进行审理。

（2）依法改判。经二审法院审理，认为一审判决认定事实清楚，但适用法律法规有错误的，应依法改判。

（3）维持原判。二审法院经过审理，认为一审认定案件事实清楚，适用法律、法规正确，应驳回上诉人的上诉，维持原判。

四、审判监督程序

审判监督程序又称"再审程序"，是指司法机关对已发生法律效力的判决、裁定，发现确有错误，依职权提起再行审理的特殊诉讼程序，目的在于对已生效而确实有错误的判决和裁定，通过再次审理并做出裁判予以纠正。

我国《诉讼法》规定，当事人等对已生效裁判，认为确有错误，可以向有关机关申诉，但不能停止裁判的执行；各级法院院长对本院已生效裁判，发现确有错误，有权提交审判委员会处理；最高法院对各级法院、上级法院对下级法院已生效裁判，发现确有错误，有权提审或指令下级法院再审；最高检察院对各级法院已生效的刑事裁判、行政裁判，发现确有错误，有权依审判监督程序提出抗诉；地方各级检察院发现同级或上级法院已生效裁判确有错误，可报请上级检察院抗诉。法院决定再审的案件，应另行组成合议庭审理。对原审裁判所认定的事实和适用法律的情况进行全面审查。原系一审案件，按一审程序审判，所做裁判，可以上诉或抗诉；原系二审的案件，或者是上级法院提审的案件，依照二审程序审判，所做裁判，是终审裁判，宣告后即发生法律效力，不得依二审程序上诉或抗诉。

审判监督程序的意义是通过审判监督程序，可依法纠正已经发生法律效力的错误判决、裁定，有利于保证国家法律的统一，正确实施，准确有效地惩罚犯罪分子，充分体现和贯彻实事求是、有错必纠的方针政策；有利于加强最高人民法院对地方各级人民法院，上级人民法院对下级人民法院以及人民检察院对人民法院审判工作的监督，及时发现审判中存在的问题，改进审判工作方法和作风，提高审判人员的素质。

审判监督程序就是指对判决、裁定或调解协议已经发生效力的案件提起再行审理以及人民法院依法对这些案件进行再行审理的程序。审判监督程序作为司法补救程序，是一种特别地审判程序。除少数由检察机关、上级法院或本院依职权提起再审外，审判监督案件多数是由当事人申请再审引起的，因此在事实上包含着两个程序：再审申请复查程序和再审程序。整个审判监督程序过程可以简单地表述为：申请再审——申请再审审查——决定再审（或予以驳回）——再审。可见从申请再审审查到再审，是一个前后衔接的完整过程。申请再审是前置程序，再审程序是后续程序，因此，申请再审程序实质上是审判监督工作不可或缺的重要组成部分。申请再审工作也是审判监督工作最重要的基础性工作。

五、执行程序

（1）当事人必须履行人民法院发生法律效力的判决、裁定、调解书。

（2）公民、法人或者其他组织拒绝履行判决、裁定、调解书的，行政机关或者第三人可以向第一审人民法院申请强制执行，或者由行政机关依法强制执行。

（3）行政机关拒绝履行判决、裁定、调解书的，第一审人民法院可以采取下列措施：

1）对应当归还的罚款或者应当给付的款额，通知银行从该行政机关的账户内划拨。

2）在规定期限内不履行的，从期满之日起，对该行政机关负责人按日处50~100元的罚款。

3）将行政机关拒绝履行的情况予以公告。

4）向监察机关或者该行政机关的上一级行政机关提出司法建议。接受司法建议的机关，根据有关规定进行处理，并将处理情况告知人民法院。

5）拒不履行判决、裁定、调解书，社会影响恶劣的，可以对该行政机关直接负责的主管人员和其他直接责任人员予以拘留；情节严重，构成犯罪的，依法追究刑事责任。

（4）公民、法人或者其他组织对行政行为在法定期间不提起诉讼又不履行的，行政机关可以申请人民法院强制执行，或者依法强制执行。

案例 分析

一、案情简介

庄某违法超载，被交警查出，处以200元罚款。庄某不服，情绪激动，和交警吵了起来，交警说要加罚到300元。庄某向法院提起行政诉讼，交警大队律师代理人向现场目击证人重新取证。请问本案应该如何审理？交警说要加罚到300元的行为是否合法？为什么？本案中谁应该承担举证责任？为什么？交警大队律师代理人向现场目击证人重新取证的行为是否合法。

二、分析

交警大队为公安局的内部机构，不具备行政主体资格，本案应以交警大队所属的公安局为被告提起行政诉讼。另外，行政诉讼不适用独任审判，法院应当组成合议庭开庭审理此案，但加罚不合法。当事人有辩解的权利，行政机关不得因当事人的申辩而加重对当事人的处罚。

原告应当证明其起诉符合法定条件，被告则应当对其做出的具体行政行为负举证责任，并应当提供法律依据。在诉讼过程中，被告及其代理人不得自行收集证据，所以"交警大队律师代理人向现场目击证人重新取证的行为"是不合法的。《行政诉讼法》第三十四条规定："被告对做出的具体行政行为负有举证责任，应当提供做出该具体行政行为的证据和所依据的规范性文件。"第三十五条规定："在诉讼过程中，被告及其诉讼代理人不得自行向原告、第三人和证人收集证据。"

复习思考题

1. 什么是交通运输行政诉讼？交通运输行政诉讼有哪些特征？
2. 交通运输行政诉讼与交通运输行政复议的区别有哪些？
3. 交通运输行政诉讼的举证责任与举证期限是什么？
4. 简述交通运输行政诉讼的程序。

参 考 文 献

[1] 胡锦光. 行政处罚研究[M]. 北京：法律出版社，1998.
[2] 王学辉，谭宗泽. 行政处罚法教程[M]. 重庆：重庆出版社，2001.
[3] 方世荣. 行政法与行政诉讼法[M]. 北京：中国政法大学出版社，1999.
[4] 罗豪才，湛中乐. 行政法学[M]. 北京：北京大学出版社，2001.
[5] 陈光中. 刑事诉讼法[M]. 北京：北京大学出版社，高等教育出版社，2002.
[6] 张树义. 行政法与行政诉讼法学[M]. 北京：高等教育出版社，2002.
[7] 雷孟林. 公路交通法学[M]. 北京：人民交通出版社，1998.
[8] 苗泽青，谷志杰. 交通安全法规及管理[M]. 北京：人民交通出版社，2003.